Web-Seiten mit HTML und JavaScript

Erarbeitet von

Thorsten H. Krebs

Björn Krebs

unter Mitarbeit der Verlagsredaktion

Cornelsen

Die in diesem Buch erwähnten Software- und Hardwarebezeichnungen sind in den meisten Fällen auch eingetragene Warenzeichen und unterliegen als solche gesetzlichen Bestimmungen.

Hinweise zu den Links auf Internetseiten in diesem Buch:

Mit Urteil vom 12. Mai 1998 - 312 O 85/98 - „Haftung für Links" hat das Landgericht (LG) Hamburg entschieden, dass man durch die Erstellung eines Links die Inhalte der gelinkten Seite ggf. mit zu verantworten hat. Dies kann – so das Gericht – nur dadurch verhindert werden, dass man sich ausdrücklich von diesen Inhalten distanziert.

Daher distanzieren wir uns hiermit vorsorglich von den Inhalten aller verlagsfremden Internetseiten, zu denen die in diesem Buch genannten Links führen.

Die im Buch angegebenen Internetadressen entsprechen dem Stand vom November 2001. Da das Internet sehr schnelllebig ist, kann es sein, dass einige der angegebenen Adressen nicht mehr gültig sind. Wir können auch nicht ausschließen, dass unter einer solchen Adresse inzwischen ein ganz anderer Inhalt angeboten wird. Deshalb empfehlen wir dringend, die Adressen vor der Nutzung im Unterricht selbst noch einmal zu überprüfen.

Die Rechtschreibung und die Zeichensetzung der Zitate wurden der aktuellen Rechtschreibung angepasst, soweit dies den Sinn der zitierten Aussage nicht entstellt.

Hilfen und Hinweise zu diesem Lehrwerk finden Sie unter folgender Homepage:
http://www.cornelsen-teachweb.de/co/informatik/html

Redaktion: Dr. Jürgen Wolff
Herstellung: Wolf-Dieter Stark

Cornelsen online http://www.cornelsen.de

1. Auflage Druck 4 3 2 1 Jahr 05 04 03 02

Alle Drucke dieser Auflage sind inhaltlich unverändert
und können im Unterricht nebeneinander verwendet werden.

Druck: CS-Druck Cornelsen Stürtz, Berlin

ISBN 3-464-56150-X

Bestellnummer 561500

Gedruckt auf säurefreiem Papier, umweltschonend
hergestellt aus chlorfrei gebleichten Faserstoffen.

Inhaltsverzeichnis

Vorwort

Ein Buch über **HTML** und **JavaScript** zu schreiben bedeutet eigentlich immer, dass man die Fülle der kreativen Möglichkeiten, die mit diesen beiden Sprachen verbunden sind, niemals alle in einem Werk unterbringen kann. Und so ist es auch hier. Dieses Buch soll die wichtigsten Grundlagen von HTML und JavaScript vermitteln und keine schlichte Aufzählung der einzelnen Befehle darstellen. Daher wurde ein Ansatz gewählt, der sich als problemorientiert und anwendungsbezogen bezeichnen lässt. Pädagogen und Didaktiker werden jetzt denken: *Ach, diesen Ansatz kenne ich ja!* Und das ist auch gut so.

Das Konstruieren von irgendwelchen Pseudo-Beispielen, die gerade so zu dem zu behandelnden Themenkomplex passen, ist mitunter für den Lernenden nicht gerade ergiebig. Sinnvoller Weise sollte man sich Themen widmen, die auch praxistauglich sind. In diesem Buch gibt es ein großes, nämlich das Thema **Intranet**. Manch ein Leser wird sich jetzt fragen, warum ein Buch über das Erstellen von Web-Seiten zum Thema Intranet? Die Antwort ist relativ einfach – es hat sich noch keiner damit beschäftigt, oder etwa doch?

Nein, Spaß beiseite. Das Intranet bietet eine Vielzahl von Möglichkeiten, die gerade für den Einsatz von HTML und JavaScript prädestiniert sind. Insbesondere wenn es sich um ein **Schulintranet** handelt. An konkreten Beispielen lässt sich der Nutzen der beiden Sprachen verdeutlichen – anwendungsbezogen und problemorientiert eben. Sei es bei der Erstellung von Formularen für Fehlerbeschreibungen an die Rechnerbetreuung oder aber einfach die Suche nach Informationen in einer Datenbank. Ein Schulintranet ist für die Schüler und Lehrer gleichermaßen ergiebig und erleichtert den Schulalltag. Eine ganz neue Art von Kommunikation sowie ein effektiverer Informationsfluss sind damit verbunden. Zwar verfügen viele Schulen über eine Homepage im Internet – ein eigenes Schulintranet besitzen jedoch die wenigsten.
Natürlich kann dieses Buch auch dazu verwendet werden, sich die Grundlagen für die Erstellung einer privaten Homepage oder einer schulischen anzueignen. Die verschiedenen multimedialen Möglichkeiten sind hierbei gleich. Die Unterschiede stecken eher im Design der Web-Seiten sowie der zu vermittelnden Inhalte.

Das Erlernen von HTML und JavaScript zum Erstellen von Web-Seiten erscheint auf den ersten Blick etwas überzogen. Manch einer wird sich denken, dass ein Web-Editor, wie beispielsweise Microsoft Frontpage, völlig ausreicht, um ein Paar Seiten zu konzipieren. Dazu ist zu sagen, dass man von derartigen Programmen HTML-Befehlszeilen geliefert bekommt, die eine individuelle Gestaltung und Nachbearbeitung zu einem Suchspiel werden lassen. Ohne konkretes Wissen über HTML steht man hier sowieso auf verlorenen Posten und ärgert sich über Seiten, die doch irgendwie alle gleich aussehen. Die Verwendung von JavaScript bringt Dynamik auf eine Web-Seite.
Egal, ob man nur eine einfache kleine Animationen zur Auflockerung platzieren möchte oder aber eine effektive Kommunikation mit dem Anwender hergestellt werden soll – die objektbasierte Programmiersprache JavaScript ermöglicht beides und noch vieles mehr. Mit JavaScript lassen sich die grundlegenden Strukturen einer Programmiersprache erlernen. Dabei kann sie als Einstieg genutzt werden, um eventuell später die objektorientierte Programmiersprache **Java** zu erlernen – die ja ebenfalls ihre große Popularität dem Internet verdankt.

Um dem Problem der unterschiedlichen Interpretationsfähigkeit der einzelnen Browser, wie etwa Netscape und dem MS Internet Explorer, aus dem Weg zu gehen, haben wir uns auf die offizielle Spezifikation HTML 4.0 des W3-Konsortiums beschränkt.
Bei JavaScript kommt die Version 1.3 zum Einsatz, wobei jedoch einzelne Browser ab einer bestimmten Versionsnummer diese erst interpretieren können. Bei Netscape ist dies bereits ab der Version 4.06 möglich – beim Internet Explorer ab Version 5.5.

Im Buch werden die folgenden zwei Symbole verwendet, die jeweils am linken Seitenrand auftauchen:

Die kleine Lampe weist auf die Besonderheiten von HTML und JavaScript hin, die bei der Arbeit zu beachten sind.

Mit dem Bücherwurm gekennzeichnete Textabschnitte beinhalten zusätzliche Informationen, die zur Vertiefung des Stoffes dienen.

Weiterhin sei noch kurz der kostenlose HTML-Editor **Phase 5** von Ulli Meybohm erwähnt, der durch seine intuitive Benutzerführung die Eingabe des HTML- und JavaScript-Codes erleichtert. Insbesondere für Anfänger bietet dieser Editor eine willkommene Erleichterung bezüglich der nicht immer vermeidbaren JavaScript-Fehlermeldungen. In diesem Zusammenhang ist noch das Tutorial **SELFHTML** von Stefan Münz zu nennen, das alle Sprachelemente von HTML und JavaScript sehr übersichtlich und mit vielen kleinen Beispielen zeigt. Als Nachschlagewerk ein Muss für jeden HTML-Bastler. Insbesondere ist es für die Bearbeitung der einzelnen Übungsaufgaben im Buch sehr hilfreich. Es liegt als kostenloses HTML-Dokument vor oder kann als Buch im Handel erworben werden.

So, nun genug der vielen Worte und viel Spaß beim Lesen!

Thorsten H. Krebs
Björn Krebs

1 Web-Seiten planen

Das ***Internet*** bietet eine Vielzahl von Diensten an, die es dem Benutzer erlauben, schnell und unproblematisch an gewünschte Informationen zu kommen. Insbesondere das ***World Wide Web*** (WWW) als gewaltiges Informationssystem sticht hier hervor, da es gerade durch seinen multimedialen Charakter einen großen Reiz auf den Anwender ausübt. Die Kombination von Texten, Verweisen, Bildern, ***Animationen***, Videos, interaktiven Elementen etc. bringt eine ganz neue Art der Informationsgewinnung sowie Kommunikation hervor.

Das besondere am World Wide Web ist seine offene Struktur. Jeder, der möchte, kann daran teilnehmen. Sei es als passiver Nutzer, der das WWW nur in Anspruch nehmen möchte, oder aber als aktiver Gestalter, der selbst Informationen bereitstellen will. Für letzteren ist dieses Buch gedacht, denn mit dem Aufbau einer eigenen Internet-Präsenz sind bestimmte Anforderungen verbunden.

1.1 Allgemeines zur Web-Gestaltung

Bevor man sich an den Aufbau einer eigenen Web-Seite heranwagt, sollte man sich zunächst im Klaren sein, was man mit der Seite verfolgen möchte. Häufig kommt es nämlich vor, dass vorhandene Seiten im WWW die tollsten multimedialen Effekte dem Besucher präsentieren, aber man nach bestimmten sinnvollen Informationen vergebens sucht. Eine Web-Seite, die mit tollen Animationen aufwartet und keinerlei verwertbare Inhalte bietet, ist spätestens bei langen Ladezeiten beim Besucher schnell unten durch. Anbieter, die nur auf viele Besucher auf ihrer Seite aus sind und durch nervige Werbebanner in Erscheinung treten, sind ein schlechtes Beispiel für die Gestaltung von Web-Seiten.

Es gilt also, eine ausgewogene Kombination der verschiedenen multimedialen Möglichkeiten zu erreichen, die den Erfolg einer Web-Seite sowie einen gewissen Spaßfaktor für den Besucher gewährleisten. Wie man dies erreichen kann, wollen wir nun behandeln.

Ziele und Zielgruppe festlegen

Als erstes sollte man sich Gedanken machen, welche Ziele man mit der Web-Seite verfolgen möchte. Dabei ist zu unterscheiden, ob eine Einzelperson sich präsentieren möchte oder aber Institutionen, Verbände, Vereine oder Firmen. Alle diese Anbieter haben natürlich unterschiedliche Intentionen, die sie mit einer Web-Seite erreichen wollen.

Eine Privatperson möchte beispielsweise ihre Aktivitäten, Hobbys oder bestimmte fachliche Qualifikationen präsentieren. Ein Verein oder eine Institution wirbt mit speziellen Angeboten bzw. Aktivitäten. Man stelle sich beispielsweise einen Golfverein vor, der neue Mitglieder werben möchte und die tolle Platzanlage anpreist. Bei Firmen steht der Verkaufs- und Dienstleistungsbereich im Vordergrund. Bestimmte Produkte sollen beispielsweise an den Mann und die Frau gebracht werden.

Man sieht also, das ein bestimmter Anbieter mit den unterschiedlichsten Zielen eine Web-Seite aufbauen kann. Dazu muss er sich natürlich auch Gedanken um die zu erreichende Zielgruppe machen. Ein Anwender, der beispielsweise nach Computerzubehör im Internet sucht, wird mit einer Web-Seite über Damen- und Herrenoberbekleidung wohl kaum zum gewünschten Artikel gelangen. Kinder und Jugendliche, die auf der Suche nach bestimmten Trends und Computerspielen sind, werden sich womöglich nicht auf einer Seite für Antiquitäten verirren.

Welche Zielgruppe sich bevorzugt auf der Web-Seite aufhalten soll, ist also ein weiteres wichtiges Kriterium für eine effektive Seitengestaltung. In Abbildung 1.1 ist ein Ausschnitt der Web-Seite der bekannten Firma New Yorker zu erkennen, die nicht nur mit den neuesten Modetrends aufwartet, sondern auch eine Vielzahl weiterer interessanter Informationen aus den Bereichen Musik, Sport und Lifestyle bietet. Eine Web-Seite, die insbesondere auf die Bedürfnisse der Jugend eingeht.

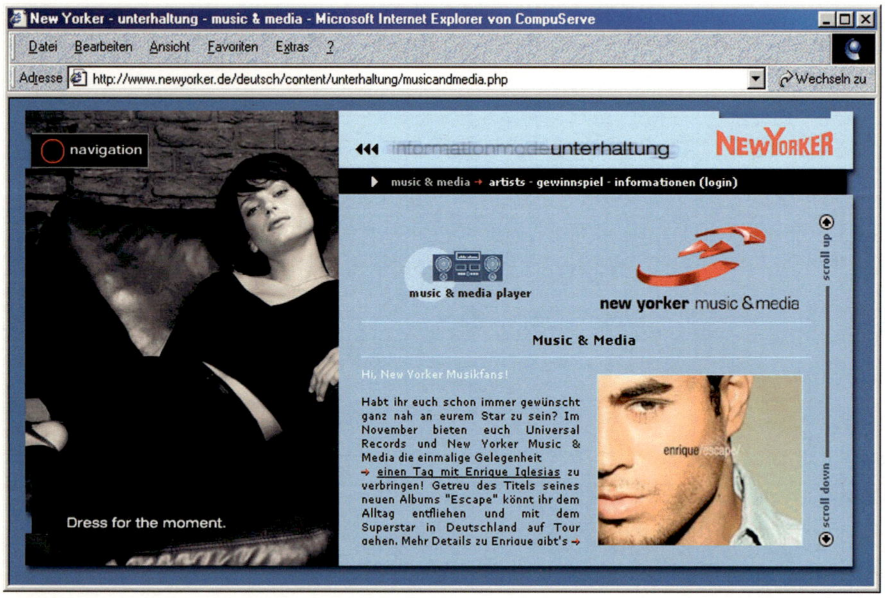

Abbildung 1.1: Die Web-Seite der Firma New Yorker besticht durch ihren graphischen Aufbau. (www.newyorker.de)

Große Modebilder auf der linken Seite und alle relevanten Informationen rechts stehen für den Charakter dieser Seite: jung, dynamisch und innovativ. Die Aufmachung der Web-Seite sowie die verwendeten graphischen Elemente sind also auf einen bestimmten Personenkreis zugeschnitten.
Neben graphischen Akzenten lässt sich natürlich auch mit einfachen Textbotschaften die gewünschte Zielgruppe ansprechen. Eine Web-Seite für Computerspiele könnte beispielsweise auf der Startseite mit der Botschaft aufwarten: *Neue Spiele-Highlights für den joystickverliebten Gamer*.

Inhalte festlegen, gliedern und strukturieren

Eine Web-Seite ohne konkrete Inhalte ist eine überflüssige – so hart es auch klingen mag. Denn was nützt eine aufwendig gestaltete Seite, wenn dabei die Informationen für den Betrachter auf der Strecke bleiben. Es gibt beinahe nichts schlimmeres wie Web-Seiten, die nur darauf aus sind, hohe Besucherraten zu erzielen und den Informationsgehalt auf ein Minimum reduzieren. Hier steht meistens dann noch der Profitgedanke im Hintergrund, da mit derartigen Seiten sogar Geld verdient werden kann.

Deshalb ist es extrem wichtig, dass man sich zunächst über die Inhalte der Web-Seite Gedanken macht und für mögliche Themenschwerpunkte nach bereits vorhandenen Informationen Ausschau hält. Fertige Texte, Bilder, Daten etc. können beispielsweise als Grundlage verwendet werden. Weitere Inhalte müssen eventuell erst noch beschafft bzw. geschrieben werden. Es muss also recherchiert, ausgewertet und bei selbst erstellten Informationen Korrektur gelesen werden. Hat man dann die grundlegenden Inhalte fixiert und alle relevanten Informationen für den Aufbau der Web-Seite zusammen, ist zu überlegen, wie diese sich gliedern und strukturieren lassen.

Hierbei ist zu beachten, dass mit dem *World Wide Web* dem Benutzer ein Medium zur Verfügung steht, welches insbesondere durch seinen ***Hypertext***-Charakter besticht. Man muss nicht mehr linear ein Dokument lesen, sondern kann an die Stellen springen, die einen wirklich interessieren. Ein Text, der beispielsweise mit vielen technischen Begriffen durchzogen ist, sollte dem Leser die Möglichkeit bieten, weitere Informationen zu den jeweiligen Begriffen abzurufen.

Man muss sich deshalb im klaren sein, welche Inhalte auf welchen Seite präsentiert werden sollen und wie diese Inhalte miteinander in Beziehung stehen. Der Besucher einer Web-Seite sollte das Gefühl vermittelt bekommen, sich in jeder Situation zurecht finden zu können. Textverweise, die beispielsweise zu verschiedenen Unterthemen führen, sollten auch wieder verlassen werden können. Hierbei spielt also eine sinnvolle Strukturierung der Web-Seiten eine wichtige Rolle, die in Verbindung mit einer ansprechenden Navigation dem Besucher alle Freiheiten einräumt.

Mit Hilfe eines sogenannten ***Flussdiagramms*** lässt sich die Struktur einer Web-Seite bereits vor der eigentlichen Umsetzung aufzeigen. Dadurch ist es beispielsweise möglich, die Gestaltung der verschiedenen Seiten auf mehrere Personen bzw. Gruppen aufzuteilen. Die einzelnen Navigationsmöglichkeiten können dann später direkt realisiert werden. Ein solches Flussdiagramm für die Web-Seiten einer Firma zeigt die nachfolgende Abbildung:

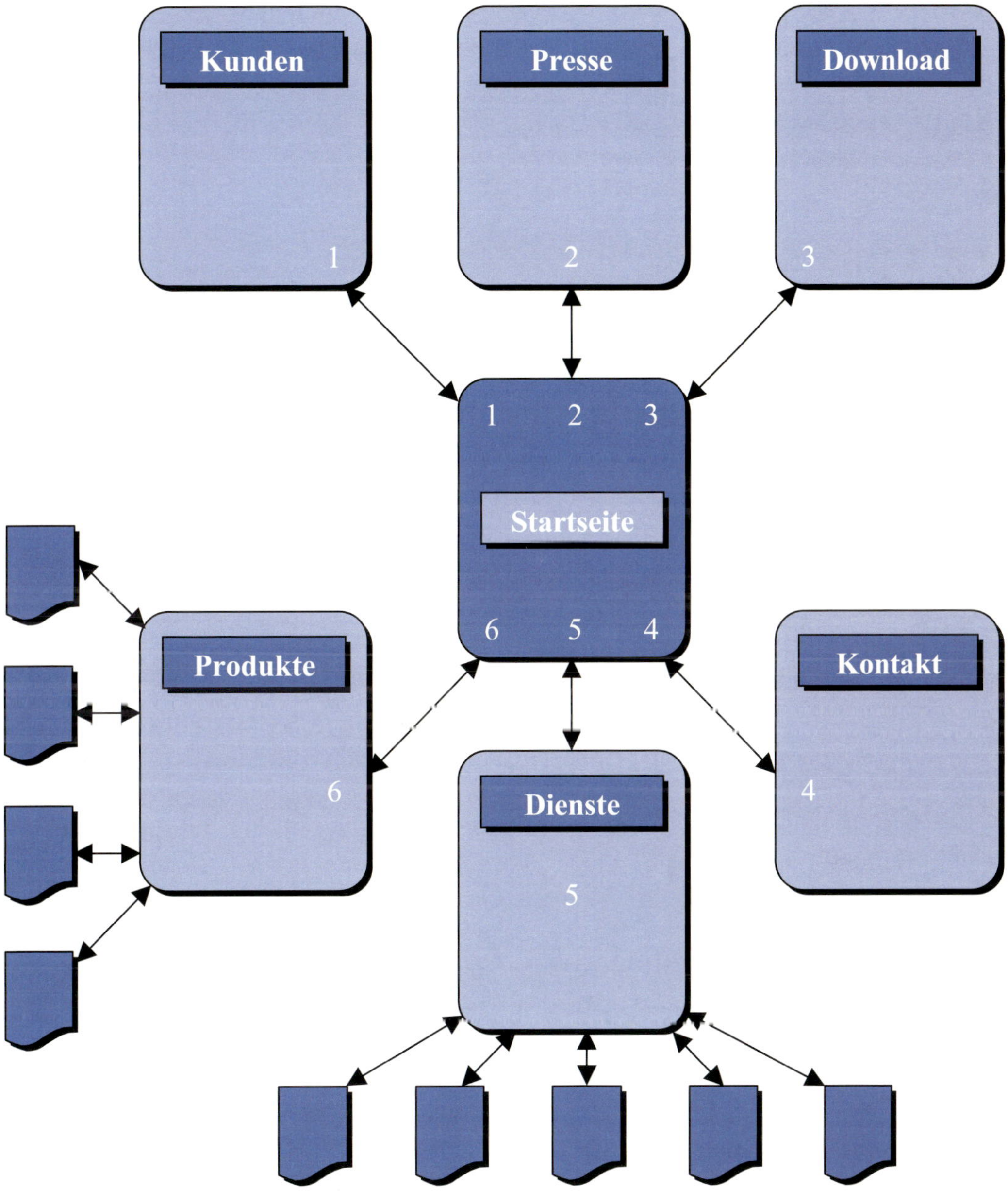

Abbildung 1.2: *Die Struktur einer Web-Seite in Form eines Flussdiagramms.*

Die einzelnen Pfeile verdeutlichen die inhaltlichen Abhängigkeiten, die später als Verknüpfungen realisiert werden. Das Beispiel zeigt sechs verschiedene Hauptbereiche, die über die Startseite erreicht werden können. Dabei teilen sich einzelne Themen wiederum in Unterseiten auf.

Die Startseite bildet den Mittelpunkt der Web-Präsentation. Von hier aus stehen dem Benutzer alle weiteren Inhalte zur Verfügung, die über verschiedene Verknüpfungen erreicht werden können. Auf der Startseite werden die Weichen für eine erfolgreiche Web-Seite gelegt. Ein Besucher, der sofort erkennen kann, welche Informationen für ihn relevant sind, wird diese wohl auch ein zweites Mal aufsuchen. Deshalb sollte die Startseite so aufgebaut sein, dass die zu erwartenden Inhalte sowie die zu erreichende Zielgruppe auf Anhieb erkennbar sind. Abbildung 1.3 zeigt den typischen Aufbau einer Web-Seite, die zum Thema „Handy-Logos" viel zu bieten hat.

Abbildung 1.3: *Tuning für das Handy. Auf der Web-Seite „Handylogos" findet man eine Vielzahl von Logos und Klingeltönen, um das eigene Handy individueller zu gestalten. Leider sind diese Angebote zumeist recht teuer. (www.handylogos.de)*

An dieser Seite sieht man gleich, welche besonderen Themen hier im Vordergrund stehen. Alle wichtigen Informationen sind für einen Handybesitzer durch passende Texte und Graphiken visualisiert. An dieser Stelle sind wir auch gleich an einen weiteren wichtigen Punkt angelangt.

Einheitliches Design

Ein weiterer wichtiger Faktor für eine erfolgreiche Web-Gestaltung ist das einheitliche Design einer Seite. Man stelle sich einmal vor, dass eine Startseite mit ausgefeilten graphischen Elementen den Besucher empfängt, die weiteren Web-Seiten jedoch durch schlichte Textwüsten unangenehm auffallen. Alle Seiten sollten deshalb eine Einheit bilden, so dass der Anwender erkennen kann, dass er sich noch immer auf der Web-Seite befindet. Dies lässt sich durch verschiedene gestalterische Elemente erzielen, die in der obigen Abbildung sofort ins Auge fallen.

Ein **Logo**, welches den Charakter der Web-Seite widerspiegelt, ist ein mögliches Stilelement. Das Handy in der oberen linke Ecke ist hierfür ein gutes Beispiel. Sinnvoller Weise sollte ein Logo auf den weiteren Seiten immer an der gleichen Position stehen.

Neben einem Logo lassen sich natürlich auch noch weitere graphische Elemente bzw. **Symbole** platzieren. Insbesondere Symbole, mit denen der Anwender eine bestimmte Bedeutung verknüpft, können ein einheitliches Erscheinungsbild herbeiführen. Der kleine Farbeimer mit den Pinseln macht in der obigen Abbildung direkt deutlich, dass man hier selbst ein Logo zeichnen kann.

Die Festlegung auf eine bestimmte **Schriftart** und Schriftfarbe unterstreicht weiterhin das einheitliche Design. Natürlich muss man sich hier nach den verwendeten Vorder- und Hintergrundfarben richten. Blauer Text auf blauem Hintergrund lässt sich beispielsweise nur schwer entziffern.

Neben den graphischen Elementen spielt natürlich die Navigation auf einer Web-Seite eine tragende Rolle. Die obige Abbildung 1.3 zeigt eine typische ***Navigationsleiste*** am linken Rand der Startseite, die alle wichtigen Themen zum Anklicken für den Anwender bereithält. Es hat sich gezeigt, dass für die Verweise der linke Seitenrand besser geeignet ist als beispielsweise der rechte. Viele Web-Seiten bieten weitere Navigationsmöglichkeiten am oberen bzw. unteren Rand an. Rechts findet man sie jedoch eher selten vor.

Eine permanent vorhandene Navigationsleiste unterstützt im Übrigen den Besucher bei seiner Informationssuche. Ausgewählte Inhalte werden dann rechts in einem größeren sichtbaren Bereich präsentiert. Natürlich können auch hier wieder einzelne Verweise zu verschiedenen Unterthemen stehen. Man sollte jedoch darauf achten, dass man weiterführende Seiten auch wieder durch eine geeignete Verknüpfung verlassen kann. Insbesondere bei der Verwendung von ***Suchmaschinen*** kann es nämlich vorkommen, dass eine Seite aufgrund eines bestimmten Begriffs aufgerufen wird, die mit der eigentlichen Startseite nichts mehr zu tun hat. Gibt es dann keine Verknüpfung zurück, so muss man sich mühsam in der Adress-Zeile des Browsers den Rückweg bahnen.

1.2 Web-Seiten für das Intranet

Es gibt auch Web-Seiten, die nur für eine interne Kommunikation vorgesehen sind. Soll heißen, dass diese Seiten nicht im World Wide Web zugänglich sind, sondern nur für einen bestimmten Personenkreis in einem abgeschlossenen Computernetz. Man spricht hier von einem sogenannten ***Intranet***, welches eine interne Zusammenschaltung von Computern und Betriebssystemen über das Internet Protokoll ***TCP/IP*** darstellt. Insbesondere in der Industrie findet man diese Art von Netzen, da beispielsweise Firmen hierdurch ihre interne Kommunikation zwischen den Mitarbeitern ermöglichen.

Web-Seiten in einem Intranet ermöglichen einen effektiven Informationsfluss, da alle bekannten Dienste aus dem Internet verwendet werden können. Dabei spielt die Kommunikation per Email eine entscheidende Rolle, die nebenbei sogar den Papierverbrauch reduziert. Aktuelle Informationen, Projektberichte und detaillierte Produktbeschreibungen können beispielsweise in einem solchen Firmenintranet für die Mitarbeiter bereitgestellt werden. Insbesondere wenn es um die Zusammenarbeit von mehreren Personen in einem Projekt geht, bietet das Intranet die entscheidende Grundlage für einen effektiven Informationsaustausch.

In einem Intranet kommt es in der Regel nicht auf ein ausgefeiltes Design an. Vielmehr steht hier der strukturierte Aufbau der Seiten im Vordergrund sowie eine möglichst schnelle Anbindung und Erweiterbarkeit. Einheitlich, einfach gestaltete Web-Seiten, die durch ihre logischen Beziehungen alle notwendigen Informationen für den Benutzer bereithalten, sind hier von Vorteil. Hinzu kommt, dass solche Seiten auch mal schnell ausgedruckt werden können, da reine Bildschirmtexte doch die Konzentration des Betrachters stark beanspruchen.

Durch den relativ einfachen Aufbau ist es weiterhin möglich, ein gemeinsames Layout für alle Seiten festzulegen. Somit ist es für einen Benutzer möglich, schnell mal eigene Informationen in das Intranet zu stellen, die dann sofort für alle sichtbar werden. Bestimmte Vorlagen, die beispielsweise die Schriftgröße, Schriftfarbe und die Seitenaufteilung betreffen, lassen sich für ein einheitliches Layout nutzen. Dadurch wird eine gleichbleibende Qualität der Web-Seiten garantiert.

Natürlich lässt sich auch eine Kombination zwischen Internet und Intranet herstellen. Web-Seiten, die zum Beispiel für die Öffentlichkeit bestimmt sind und gleichzeitig auch im Intranet von den Mitarbeitern genutzt werden sollen, können per Zugriffskontrolle festgelegt werden.

So ist es möglich, dass durch eine Benutzerabfrage bestimmte Seiten für das Internet gesperrt werden, jedoch im Intranet frei zur Verfügung stehen. Man spricht bei dieser Art von Zugriffskontrolle von einem sogenannten ***Extranet***, also von einer festgelegten Kombination aus Internet und Intranet. Internet, Intranet sowie Extranet haben alle multimedialen Möglichkeiten gemein. Sie unterscheiden sich nur hinsichtlich Design und Zugriffsrechten.

1.3 Web-Seiten für ein Schulintranet

Ein Intranet kann auch im schulischen Bereich die Kommunikation und den Informationsfluss verbessern. Die Vernetzung verschiedener Computerräume sowie einzelner PC-Arbeitsplätze beispielsweise in der Schülerbibliothek, dem Lehrerzimmer oder in einem kleinen Internet-Cafe stellt hier das Intranet einer Schule dar. In vielen Schulen gibt es bereits einzeln vernetzte Computerräume, die jedoch keinen Zugriff auf andere PCs erlauben. Durch die Verbindung aller schulischen PCs kann man jedoch ein Intranet aufbauen, welches nicht nur eine effektivere Kommunikation zwischen den Schülern zulässt, sondern auch zwischen Schülern und Lehrern sowie dem Kollegium selbst. Wichtige, aktuelle Information können somit schnell transportiert werden und sind für jedermann zugänglich. In Kombination mit dem Internet bieten sich hier eine Vielzahl von Möglichkeiten an, die den schulischen Alltag erleichtern und verbessern können.

Wir wollen uns an dem beispielhaften Aufbau eines Schulintranets die grundlegenden Techniken für die Entwicklung von Web-Seiten erarbeiten. Angefangen von der einfachen Seitengestaltung, über den Sinn und der Nutzung von schulinternen Emailverkehr, bis hin zum Aufbau von Sicherheitsvorkehrungen, werden wir die wichtigsten Aspekte eines Schulintranets umsetzen. Bevor wir jedoch damit anfangen, muss zunächst einmal geklärt werden, welche Funktionen und Dienste im Intranet einer Schule angeboten werden sollen. Eine vorherige Planung der Web-Seiten ist deshalb notwendig.

Übungen

1. Welche Inhalte sollten in einem Schulintranet den Schülern und Lehrern zur Verfügung gestellt werden? (Falls bereits eine eigene Homepage deiner Schule für das Internet zur Verfügung steht, so kannst du sie mit berücksichtigen.) Versuche im Anschluss, eine Aufteilung nach Themenschwerpunkten zu erreichen.

2. Die einzelnen Themenvorschläge müssen jetzt noch recherchiert werden. Spreche dich mit deinen Mitschülern ab, welche Informationen von wem gesucht werden sollen. Eine Aufteilung in einzelne Arbeitsgruppen ist hier sinnvoll.

3. Liegen die gewünschten Informationen vor, so muss über die Gestaltung und die Struktur der Web-Seite entschieden werden. Stelle die geplante Struktur der Web-Seite wie in Abbildung 1.2 mit Hilfe eines Flussdiagramms dar.

4. Einige dich mit deinen Mitschülern über das prinzipielle Layout der Seiten. Die Wahl passender Farben für den Vorder- und Hintergrund sowie die gewünschten Navigationselemente sollten hier festgelegt werden.

2 HTML – Die Sprache des World Wide Web

Wenn wir ein Buch lesen – sei es ein Roman, ein spannender Krimi oder aber einfach ein gutes Mathematikbuch aus der Schule – kann man davon ausgehen, dass der abgedruckte Text in einer bestimmten Form vorliegt. Das Buch ist beispielsweise in Kapitel eingeteilt, besitzt Überschriften sowie Absätze und besticht den Leser eventuell durch verschiedene Schriftarten und Schriftgrößen. Letztere können manchmal so gewählt sein, dass eine Lupe erforderlich wird.

Mit Hilfe eines einfachen Editors oder aber eines Textverarbeitungsprogramms könnten wir auch selbst ein Buch schreiben. Wir wollen jedoch nicht übertreiben und uns einem kurzen Text zuwenden, der mit zwei verschiedenen Programmen eingegeben werden soll. Der Text lautet wie folgt:

Ein kleiner Reim!
Im World Wide Web bin ich zu Haus und schaue auf die Welt hinaus! Alles was ich dazu brauch, ist ein Browser, der schnell braust!

Übungen

1. Schreibe den oben angegeben kurzen Reim mit einem Editor – zum Beispiel mit dem Editor von Microsoft Windows – und speichere ihn ab.

2. Verwende ein beliebiges Textverarbeitungsprogramm – beispielsweise Microsoft Word – zur Eingabe des Reims und speichere ihn ebenfalls ab.

3. Lade die Dateien jeweils mit dem anderen Programm. Was stellst du fest? Lade beide Dateien in den Microsoft Internet Explorer. Was geschieht hier?

Ein Editor oder ein bestimmtes Textverarbeitungsprogramm speichert einen geschriebenen Text in einem herstellerspezifischen Format ab. So kann es vorkommen, dass ein bestimmter Text auf einem anderen Programm nicht korrekt wiedergegeben werden kann. Damit man nun nicht zum Anzeigen eines beliebigen Textes alle gängigen Textverarbeitungsprogramme kaufen muss, hat man sich auf den ***ASCII-Code*** geeinigt. Mit Hilfe dieses Codes kann ein Text in seiner einfachsten Form angezeigt werden. Wird der obige Reim als Textdatei abgespeichert, so wird er in beiden Programmen richtig dargestellt. Probier es einfach mal aus!

Alternativ bieten leistungsstarke Textverarbeitungsprogramme sogenannte Filter an, mit denen man die verschiedenen herstellerspezifischen Formate lesen und sogar speichern kann. Leider arbeiten diese Filter nicht immer korrekt. Weiterhin wird beim Microsoft Internet Explorer das entsprechende Programm zur Ansicht einfach gestartet – insofern es denn installiert wurde.

Möchte man nun zusätzlich den Text mit Hilfe von Überschriften gliedern oder aber bestimmte Wörter besonders hervorheben – beispielsweise durch Fettdruck oder Kursivdruck – benötigt man vordefinierte Befehle, die dies im ASCII-Code realisieren. Wir wollen dies hier jedoch nicht weiter vertiefen, sondern nur festhalten, dass man bestimmte Befehle zur Formatierung eines Textes benötigt.

Damit wir nun einen Text bzw. ein Dokument aus dem World Wide Web lesen oder aber selbst ins Netz stellen können, müssen wir uns an bestimmte Vereinbarungen halten. Diese Vereinbarungen garantieren eine korrekte Darstellung unserer Texte im WWW und sind in der sogenannten ***Hypertext Markup Language*** (kurz: ***HTML***) verankert.

HTML ist eine kleine „Programmiersprache“, die durch ihre einfachen Befehle besticht und von den verschiedensten Browsern – beispielsweise Microsoft Internet Explorer oder Netscape Navigator – interpretiert werden kann. Hier sind wir an einem Punkt angelangt, der den Sinn und Nutzen von HTML aufzeigt.

Eines der wichtigsten Kriterien ist nämlich die Portabilität der Dokumente im WWW. Soll heißen, dass ein Dokument mit den verschiedensten Browsern und auf den unterschiedlichsten Betriebssystemen gelesen werden kann, ohne zusätzliche Anzeigeprogramme zu verwenden. Es ist jeweils die Aufgabe des verwendeten Browsers, das HTML-Dokument richtig anzuzeigen. Dabei ist es dem Benutzer überlassen, welche Schriftarten und Schriftgrößen er verwenden möchte. Hingegen wird die Gliederung eines Textes beispielsweise durch Überschriften, Absätze oder Trennungslinien im HTML-Dokument realisiert.

2.1 Tags – Die HTML-Befehle

Um ein HTML-Dokument zu erzeugen, bedarf es relativ wenig an „Programmieraufwand“. Wir müssen uns nur an die Befehle von HTML halten und die Grundstruktur eines solchen Dokuments beherzigen. Fangen wir also am besten gleich mit dem folgenden einfachen Beispiel an:

```
<HTML>
  <HEAD>
    <TITLE>Unser erstes HTML-Dokument</TITLE>
  </HEAD>
  <BODY>
    <H1>Willkommen im World Wide Web</H1>
  </BODY>
</HTML>
```

Damit unser HTML-Dokument als solches von einem Browser auch interpretiert werden kann, müssen wir den Text als HTML kennzeichnen. Dies geschieht mit Hilfe des Befehls `<HTML>`.

Alle HTML-Befehle werden zwischen eckigen Klammern < > eingeschlossen und sollten zur besseren Übersicht groß geschrieben werden. Zusätzlich solltest du zusammengehörige Befehlsblöcke einrücken. Man nennt einen solchen Befehl in den Klammern übrigens auch ***Tag*** (engl. tag ≅ Etikett, Aufhänger).

Unser kurzes Beispiel weist noch weitere charakteristische Merkmale eines HTML-Dokuments auf. Es verfügt über einen Kopf, der als Vorspann für die Web-Seite dient und verschiedene Angaben zum Dokument aufnehmen kann. Hier können Informationen zum Autor stehen, aber auch wichtige Deklarationen und Verweise, die besonders von Suchdiensten ausgelesen werden. Der Kopf eines HTML-Dokuments wird mittels des <HEAD>-Tags eingeleitet und durch </HEAD> beendet. Durch den Schrägstrich – auch ***Slash*** genannt – wird das Ende eines HTML-Befehls angezeigt.

Der Kopf unseres Dokuments beinhaltet nur den Befehl <TITLE> und sein Gegenstück </TITLE>. Zwischen den beiden Befehlen können wir unserem Dokument einen Titel geben, der im Browser oberhalb der Menüzeile angezeigt wird. Man sollte hier möglichst immer einen aussagekräftigen Namen für eine Seite verwenden, da viele Suchdienste diesen als Suchkriterium nutzen.

Der Befehl <BODY> leitet den sichtbaren Bereich unseres HTML-Dokuments ein und wird mit </BODY> abgeschlossen. Alles, was zwischen den beiden Befehlen geschrieben steht, wird vom Browser angezeigt.

Hier können Texte, Graphiken, Verweise und viele weitere HTML-Befehle integriert sein. Zusätzlich können im einleitenden <BODY>-Tag verschiedene Kommandos aufgelistet sein, die etwa für die Farbgebung des Dokuments oder aber für die Einbindung von Bildern zuständig sind.

In unserem Beispiel wird ein einfacher Text im Browser ausgegeben, der zwischen den beiden Tags <H1> und </H1> steht. Der Befehl <H1> (H ≅ heading ≅ Überschrift) leitet die größtmögliche Überschriftenebene ein, die in HTML zur Verfügung gestellt wird. Insgesamt gibt es sechs verschiedene Ebenen, die zur Strukturierung eines Textes verwendet werden können und mit Kapiteln vergleichbar sind. So lässt sich beispielsweise mit dem einleitenden Tag <H2> ein Unterkapitel erzeugen, was mit einer kleineren Schriftgröße aufwartet. Die kleinste Überschriftenebene wird durch den Befehl <H6> erreicht.

Es ist wichtig, dass die einleitenden Überschriften-Tags immer durch die abschließenden – die mit dem Slash – ausgeschaltet werden. Wird dies vergessen, so wird der komplette Text als Überschrift angezeigt. Es sieht nicht gerade schön aus, wenn beispielsweise der Inhalt einer ganzen Web-Seite mit der größten Überschrift dargestellt wird, oder?

Zum Schluss unseres HTML-Dokuments steht der Befehl </HTML>. Dem Browser wird signalisiert, dass das Ende des Dokuments nun erreicht ist.

Übungen

1. Erzeuge mit Hilfe eines Editors ein HTML-Dokument, indem du die oben beschriebene Grundstruktur verwendest.

2. Speichere anschließend das neue Dokument als HTML-Datei mit der Endung *.html* ab. Da uns dieses Dokument als Einstieg für unsere Web-Seite dient, solltest du als Dateinamen *index.html* verwenden.

3. Lade die Datei *index.html* in den Microsoft Internet Explorer und schau Dir das Resultat an. Was fällt Dir hierbei auf?

Anhand der Dateiendung – hier ***.html*** – wird festgelegt, dass es sich bei der vorliegenden Datei um ein HTML-Dokument handelt. Normalerweise erkennt ein Browser eine HTML-Datei an der Grundstruktur und zeigt diese dann auch korrekt an. Da jedoch eine Vielzahl von weiteren Datei-Formaten über einen Browser genutzt werden können, sollte man immer die HTML-Dateien durch die Endung *.html* kenntlich machen. Beispielsweise lassen sich Sounddateien mit den Endungen ***.wav***, ***.au***, ***.mp3***, ***.mid***, ***.midi*** abspielen oder aber Bilder mit den Endungen ***.gif***, ***.jpg***, ***.png*** auf die Web-Seite bringen.
Häufig findet man auch einfach die Endung *.htm* für eine HTML-Datei, die sich bei *MS-DOS* eingebürgert hat. Den Dateinamen eines HTML-Dokuments solltest du stets aussagekräftig wählen. Insbesondere für die Datei der Einstiegsseite haben sich in der großen Internetgemeinde die Bezeichnungen ***index.html*** und ***welcome.html*** einen Namen gemacht. Da diese beiden Bezeichnungen von den meisten Servern im Netz als Einstiegsseite erkannt werden, muss die HTML-Datei nicht extra in der Adressenzeile des Browsers eingegeben werden.

Wir wollen uns nun mit dem weiteren Aufbau unserer Web-Seite beschäftigen. Das wohl wichtigste Element auf einer Seite ist der Text. Wir sind dadurch in der Lage, Informationen einem Anwender zur Verfügung zu stellen, die beispielsweise mit den vielfältigen Aktivitäten in deiner Schule zu tun haben. Die Eingabe von Text kann ohne weitere HTML-Befehle zunächst direkt im Body des Dokuments geschehen.

Übungen

1. Schreibe einen kurzen Text, der in knappen Worten deine Schule beschreibt und dem späteren Betrachter wichtige Informationen – wie Name, Ort und Schulform – aufzeigt.

2. Wähle zusätzlich eine passende Überschrift und ersetze den Titel der Web-Seite durch eine aussagekräftige Bezeichnung.

3. Was fällt Dir beim erneuten Laden der Web-Seite auf? Welche Textformatierungen würdest du als sinnvoll erachten?

Die Hypertext Markup Language bietet eine Reihe von Befehlen, mit denen du Texte übersichtlicher gestalten kannst. Es ist möglich einzelne Zeichen, Wörter und sogar den ganzen Text hervorzuheben. Wie bereits weiter oben gesehen, kannst du auch durch verschiedene Überschriften einen Text gliedern. Wichtig hierbei ist nur, dass du verschiedene Überschriftenebenen verwendest und nicht nur eine für das ganze Dokument. Wir wollen uns mal ein Dokument anschauen, welches eine Reihe von Formatierungsbefehlen in HTML benutzt und im Microsoft Internet Explorer wie folgt dargestellt wird:

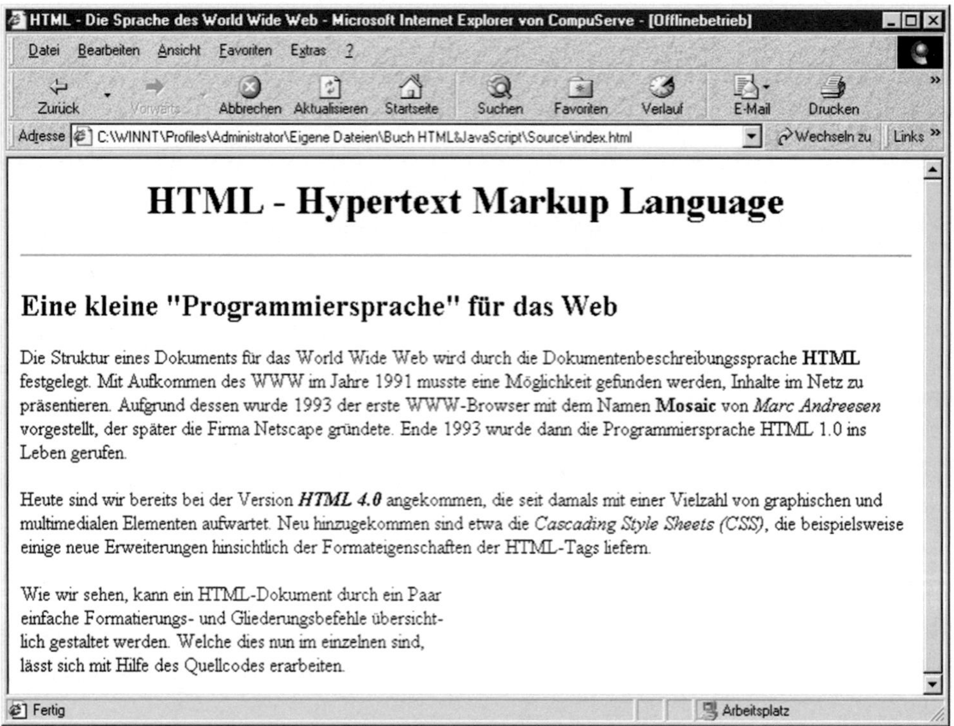

Der dazugehörige Quelltext – den wir uns übrigens mittels des Menüs *Ansicht/Quelltext anzeigen* im Internet Explorer anschauen können – sieht dementsprechend so aus:

```
<HTML>
  <HEAD>
    <TITLE>HTML - Die Sprache des World Widc Web</TITLE>
  </HEAD>
  <BODY>
    <H1 ALIGN=CENTER>HTML - Hypertext Markup Language</H1>
    <HR>
    <H2>
      Eine kleine &quot;Programmiersprache&quot; f&uuml;r das
      Web
    </H2>
```

```
    Die Struktur eines Dokuments f&uuml;r das World Wide Web
    wird durch die Dokumentenbeschreibungssprache <STRONG>
    HTML</STRONG> festgelegt.
    Mit Aufkommen des WWW im Jahre 1991 musste eine
    M&ouml;glichkeit gefunden werden, Inhalte im Netz zu
    pr&auml;sentieren. Aufgrund dessen wurde 1993 der erste
    WWW-Browser mit dem Namen <STRONG>Mosaic</STRONG> von
    <EM>Marc Andreesen</EM> vorgestellt, der sp&auml;ter
    die Firma Netscape gr&uuml;ndete. Ende 1993 wurde dann
    die Programmiersprache HTML 1.0 ins Leben gerufen.
    <P>
      Heute sind wir bereits bei der Version <STRONG><EM>
      HTML 4.0</EM></STRONG> angekommen, die seit damals mit
      einer Vielzahl von graphischen und multimedialen
      Elementen aufwartet. Neu hinzugekommen sind etwa die
      <EM>Cascading Style Sheets (CSS)</EM>, die beispiels
      weise einige neue Erweiterungen hinsichtlich der
      Formateigenschaften der HTML-Tags liefern.
    </P>
    Wie wir sehen, kann ein HTML-Dokument durch ein Paar<BR>
    einfache Formatierungs- und Gliederungsbefehle
    &uuml;bersicht-<BR>lich gestaltet werden. Welche dies
    nun im einzelnen sind,<BR> l&auml;sst sich mit Hilfe des
    Quellcodes erarbeiten.
  </BODY>
</HTML>
```

Die neu hinzugekommenen Formatierungsbefehle bzw. HTML-Zeichenfolgen sind zur besseren Übersicht stärker hervorgehoben. Eine Neuerung finden wir bereits bei der ersten Überschriftenebene.

Ausrichtung der Überschriften

Unsere Überschrift wird immer in der Mitte des HTML-Dokuments angezeigt – egal wie groß bzw. klein wir das Browser-Fenster auch ziehen. Die erste Überschriftenebene enthält für diesen Zweck eine zusätzliche Angabe, die für die Textausrichtung verantwortlich ist.

```
<H1 ALIGN=CENTER>HTML - Hypertext Markup Language</H1>
```

Der Überschriftentext wird hier zentriert ausgerichtet, was durch die zusätzliche Angabe **ALIGN=CENTER** erreicht wird (ALIGN ≅ Ausrichtung, CENTER ≅ zentriert). Durch die Angabe **ALIGN=RIGHT** (RIGHT ≅ rechts) wird der Text rechtsbündig ausgerichtet. Gibt man nichts an, so werden die Überschriften standardmäßig linksbündig angezeigt – die Option **ALIGN=LEFT** ist hier also überflüssig. Den ALIGN-Befehl kann man auch bei anderen Tags verwenden – doch dazu weiter unten mehr.

Trennlinien

Im Anschluss an die Überschrift wird das Dokument von einer Trennlinie unterbrochen. Trennlinien werden sinnvoller Weise immer dann eingesetzt, wenn man einen Text logisch untergliedern oder aber optische Akzente setzen möchte. Dem Leser einer Web-Seite wird beispielsweise angedeutet, dass nun ein neuer inhaltlicher Abschnitt folgt.

Der HTML-Befehl **<HR>** (HR ≅ horizontal rule ≅ Querlinie) wird standardmäßig von Internet Explorer in Form einer schattierten Linie dargestellt, was den 3D-Look hervorheben soll. Er kommt ohne einen abschließenden Tag aus.

Leider sieht bei manchen Hintergrundfarben dieser Schattierungseffekt ziemlich gewöhnungsbedürftig aus und trägt nicht zu einem besseren 3D-Aussehen bei. Du solltest deshalb an geeigneten Stellen die Schattierung durch den Befehl **<HR NOSHADE>** (NOSHADE ≅ kein Schatten) aufheben. Der Zusatz **NOSHADE** ist ein sogenanntes ***Attribut***.

Die Breite und Dicke der Trennlinien

Manchmal ist es sinnvoll, die Breite bzw. die Dicke von Trennlinien zusätzlich anzugeben. Dadurch ist es zum Beispiel möglich, eine Überschrift passend zu unterstreichen.
<HR WIDTH=60% SIZE=3> (WIDTH ≅ Breite, SIZE ≅ Dicke) erzeugt eine Linie, die 60% der Breite des Browserfensters einnimmt und eine Dicke von 3 Punkten besitzt. Du kannst für die Breite der Trennlinie auch einfach einen Zahlenwert angeben, der die absolute Anzahl der Pixel bestimmt (**<HR WIDTH=60>**). Egal wie groß das Browserfenster auch gewählt wird – in diesem Fall hat die Trennlinie immer eine Breite von 60 Pixeln.

Ausrichtung der Trennlinien

Die Option ALIGN=LEFT und ALIGN=RIGHT lässt sich auch auf die Trennlinien anwenden. Diese beiden Optionen sind aber nur dann sinnvoll, wenn man außerdem die Breite der Linie beeinflusst. Standardmäßig wird eine Trennlinie immer zentriert angezeigt und ohne Angabe der Breite über das ganze Browserfenster gezogen. Der HTML-Befehl **<HR ALIGN=RIGHT WIDTH=30%>** erzeugt eine Linie, die 30% der Breite des Browserfensters einnimmt und rechtsbündig ausgerichtet ist.

Umlaute und Sonderzeichen

Dir ist bestimmt schon aufgefallen, dass im obigen Quelltext verschiedene Zeichen etwas ungewöhnlich dargestellt sind. Dies liegt daran, dass alle deutschen Umlaute, wie ä, ö, ü, ß aufgrund der internationalen Nutzung des Internet durch die entsprechenden HTML-Zeichenfolgen ersetzt werden müssen. So wird zum Beispiel das *ü* durch die Sequenz **ü** abgebildet. Die anderen Umlaute lassen sich wie folgt darstellen:

ä durch **ä**	Ä durch **Ä**	ö durch **ö**
Ö durch **Ö**	Ü durch **Ü**	ß durch **ß**

Sollen Zeichen im Text verwendet werden, die in HTML-Befehlen bereits eine bestimmte Bedeutung haben, so müssen diese Zeichen maskiert werden, d.h., dass sie durch eine bestimmte Zeichenfolge ersetzt werden müssen. Die folgenden Sonderzeichen sind bei Verwendung wie folgt zu maskieren:

< durch **<**	> durch **>**	& durch **&**
" durch **"**	© durch **©**	® durch **®**

Bei der Verwendung eines ***HTML-Editors*** musst du dich nicht um die Eingabe dieser doch sehr kryptischen Zeichenfolgen kümmern. Die Umlaute können ohne weiteres wie gewohnt eingeben werden. Ein HTML-Editor übersetzt diese dann korrekt in die entsprechenden Zeichenfolgen.

Hervorhebung von Text

Ein weiteres Stilelement, um die bessere Lesbarkeit eines Dokuments zu erreichen, ist die Hervorhebung einzelner Zeichen, Wörter oder Textabschnitte – insbesondere dann, wenn man neue Begriffe oder auch Namen kenntlich machen möchte. In HTML gibt es eine Vielzahl von Tags, mit denen du dies realisieren kannst. **<STRONG>**HTML**</STRONG>** hebt in unserem Beispiel das Wort „HTML“ stärker (STRONG ≅ stark) hervor.

Der Name „Marc Andreesen“ wird im HTML-Dokument durch einen weiteren Befehl besonders hervorgehoben. Er steht zwischen den beiden Tags **<EM>** und **</EM>**, was zu einer emotional stark betonten Darstellung führt (EM ≅ emphatic ≅ emphatisch ≅ eindringlich, deutlich etc). Der Name des Begründers der Firma Netscape ist in unserem Beispiel nach rechts geneigt. Es gibt eine Vielzahl weiterer Hervorhebungen für einen Text. Wir müssen an dieser Stelle jedoch zwei wichtige Stilarten beachten.

Man unterscheidet in HTML zwischen den ***logischen*** und ***physischen*** Hervorhebungen. Die beiden HTML-Tags <STRONG> und <EM> gehören zu den logischen Stilen. Die meisten Browser zeigen bei Verwendung des Befehls <STRONG> den Text **fett** und bei <EM> standardmäßig *kursiv* an. Dem Anwender ist es jedoch selbst überlassen, ob er diese Voreinstellungen beibehalten möchten. Er könnte sich auch für den <EM>-Tag die Anzeige in Großbuchstaben im Browser einstellen.

Bei der Verwendung von physischen Hervorhebungen liegt es in deiner Hand, was der Anwender zu sehen bekommt. Er muss sich dann Wohl oder Übel mit den Textdarstellungen abfinden. Zum Beispiel kannst du mit den beiden HTML-Tags **<U>** und **</U>** (U ≅ underlined ≅ unterstrichen) ein Wort bzw. einen Text unterstreichen. Eine Veränderung durch den Anwender ist dann nicht möglich – es sei denn, er ändert es im vorliegenden Quelltext. Im folgenden werden einige HTML-Befehle getrennt nach logischen und physischen Hervorhebungen aufgelistet.

Logische Hervorhebungen

<CITE>Zitate; kursiv**</CITE>**	(CITE ≅ Zitate)
<ADDRESS>Adressen; kursiv**</ADDRESS>**	(Address ≅ Adresse)
<CODE>Programmbeispiele**</CODE>**	(CODE ≅ Programm)
<VAR>Variablennamen; kursiv**</VAR>**	(VAR ≅ Variable)

Physische Hervorhebungen

<B>Der Text wird fett angezeigt**</B>**	(B ≅ bold ≅ fett)
<I>Der Text wird kursiv dargestellt**</I>**	(I ≅ italic ≅ kursiv)
<S>Der Text wird durchgestrichen**</S>**	(S ≅ strikeout ≅ durchgestrichen)
<BIG>größere Schrift; fett**</BIG>**	(BIG ≅ Groß)

Du solltest dir zu Anfang überlegen, welche Stilart du in deinem Dokument verwenden möchtest. Willst du deine Web-Seite anwenderorientiert aufbauen, so solltest du auf die logischen Hervorhebungen zurückgreifen. Der Besucher deiner Seite wird es dir möglicherweise danken. Legst du hingegen auf eine einheitliche und nach deinen Vorstellungen designte Web-Seite wert, so sind die physischen Hervorhebungen die bessere Wahl. Eine Mischung aus beiden Stilen ist nicht ratsam.

Leider werden einige physische Hervorhebungen nicht von allen gängigen Web-Browsern in gleichem Maße unterstützt. So gibt es beispielsweise den **<BLINK>**-Tag sowie sein Pendant **</BLINK>**, der im Netscape Navigator einen blinkenden Text erzeugt. Im Microsoft Internet Explorer hingegen hat dieser Befehl keine Wirkung. Also Vorsicht bei der Verwendung von Tags, die nur von einem bestimmten Browsertyp unterstützt werden.

Absätze und Zeilenumbruch

Zur weiteren Strukturierung eines Textes lassen sich Absätze einfügen, mit denen zum Beispiel bestimmte Inhalte getrennt werden können. Zu diesem Zweck gibt es in HTML das **<P>**-Tag (P ≅ Paragraph), mit dem ein neuer Absatz eingeleitet wird. Das **<P>**-Tag kommt ohne ein abschließendes Tag aus. Soll jedoch ein Absatzende explizit angegeben werden, so lässt sich das abschließende **</P>**-Tag sinnvoll einsetzen.

Weiterhin lassen sich die Absätze durch die zusätzliche Option **ALIGN** ausrichten. Die folgenden drei Optionen können hierbei verwendet werden:

<P ALIGN=CENTER>Der Absatz wird zentriert</P>
<P ALIGN=RIGHT>Der Absatz wird rechtsbündig ausgerichtet</P>
<P **ALIGN=JUSTIFY**>Der Absatz wird als Blocksatz dargestellt</P>
(JUSTIFY ≅ justieren)

Ein Zeilenumbruch wird durch den HTML-Befehl **
** (BR ≅ break) erzielt. In unserem Beispiel wird das **
-Tag dazu verwendet, um eine ausdrückliche Silbentrennung herbeizuführen. Der Befehl benötigt kein abschließendes Tag – er kann aber ohne weiteres mit **</BR> aufgehoben werden.

Übungen

1. Verwende die eben beschriebenen Formatierungsbefehle zur besseren Strukturierung deiner Einstiegsseite. Achte dabei auf eine ausgewogene Verwendung der Befehle.

2. Erzeuge zusätzlich einen Textabschnitt, der zentriert ausgegeben wird. Welcher Befehl ist hierfür notwendig?

3. Wir wollen nun etwas Farbe ins Spiel bringen. Die erste Überschriftenebene soll in der Farbe blau erstrahlen. Was wird nach deiner Meinung hierfür notwendig sein?

Verwendung von Farben

Der Einsatz von Farben zur Gestaltung einer Web-Seite kann auf verschiedene Arten erfolgen. Wir wollen uns jedoch zunächst mit der Wirkung von Farben auf den Betrachter beschäftigen und uns deshalb etwas mit der Farbenlehre auseinandersetzen. Dies ist sinnvoll, da die richtige Verwendung von Farben die Lesbarkeit einer Web-Seite stark erhöhen kann.

Wenn wir Farben wahrnehmen, dann haben sie eine bestimmte Wirkung auf uns. Die Farbe Rot empfinden wir zumeist als aggressiv, was sie als Warnfarbe auszeichnet. Wie würde wohl ein Stop-Schild im Straßenverkehr auf uns wirken, wenn es zum Beispiel in einem satten Grünton erstrahlt?
Man würde es wohl leicht übersehen, oder? Die Farbe Blau hingegen wirkt eher rational und kalt, was sie für eine Verwendung bei sachlichen Inhalten prädestiniert.

Du siehst, dass die Verwendung von Farben eine wichtige Rolle beim Aufbau einer Web-Seite spielt. Du musst dir also vorher überlegen, welche Wirkungen du beim Betrachter erzielen willst und welche Farben hierfür sinnvoll eingesetzt werden können. Im Folgenden werden nun einige Hinweise zur richtigen Verwendung von Farben beschrieben und mögliche Fehlerquellen ausgeschlossen:

1. Die Farben müssen zur inhaltlichen Darstellung passen

Verwende Farben, die auf den Betrachter eine bestimmte Wirkung ausüben sollen. Hierzu gehören Signale, Hinweise oder auch Warnungen. Die folgenden Farben haben eine bestimmte psychologische Wirkung auf den Menschen:

- Grün: beruhigend, neutral, ausgewogen
- Weiß: rein, feierlich, fehlerfrei
- Schwarz: aufsaugend, endgültig, geheimnisvoll
- Rot: warnend, aggressiv, nah
- Blau: spirituell, entfernt, kalt
- Gelb: optimistisch, warm, aufklärend

Verwende die Farbe Rot, um eine wichtige Warnung dem Betrachter anzuzeigen. Die Farben Weiß, Blau oder auch Graublau eignen sich gut für die Darstellung von technischen Inhalten. Möchtest du hingegen etwas mystisches auf die Seite bringen, dann verwende beispielsweise die Farbe Schwarz.

2. Kontrast zwischen Text und Hintergrund

Die richtige Kombination aus Textfarbe und Hintergrundfarbe erhöht die Lesbarkeit einer Web-Seite. Bestimmte Farbkombinationen sind für das menschliche Auge nur sehr schlecht wahrnehmbar, da Farben mit weit auseinanderliegenden Wellenlängen nicht scharf vom Auge dargestellt werden können. Die nachstehenden Kombinationen solltest du daher nach Möglichkeit stets vermeiden:

- Blaue oder rote Schrift auf schwarzem Hintergrund
- Gelbe Schrift auf weißem Hintergrund
- Rote Schrift auf blauem Hintergrund
- Blaue Schrift auf rotem Hintergrund
- Grüne Schrift auf lila Hintergrund

Die beste Lesbarkeit erreicht man übrigens mit schwarzer Schrift auf weißem Hintergrund. Natürlich sind auch andere Farbkombinationen denkbar – probier sie einfach mal aus.

3. Die Farbtiefe

Um Farbverfälschungen vorzubeugen, solltest du immer die Standard-Farbpalette von 216 Farben verwenden. Es kommt nämlich immer wieder vor, dass die Farbdarstellung durch eine zu hohe ***Farbtiefe*** auf Seiten des Betrachters verfälscht wird.
Die Farbtiefe gibt nämlich an, wie viele verschiedene Farben auf dem Monitor angezeigt werden können. Sie ist abhängig von der Leistungsfähigkeit der Graphikkarte und der jeweiligen Systemeinstellung. So sind heute mit modernen Graphikarten bereits 16,7 Millionen Farben – bei einer Auflösung von 1024×786 Bildpunkten – darstellbar.

Veränderung der Schriftfarbe

Die einfachste Möglichkeit, um etwas Farbe auf unsere Web-Seite zu zaubern, besteht darin, dass wir zunächst mit Hilfe des **<FONT>**-Tags in Verbindung mit der Option **COLOR** die Schriftfarbe verändern.

```
<FONT COLOR=#990000>Ein Text in roter Farbe</FONT>
```

Die Option COLOR definiert die Farbe durch die Angabe einer Bezeichnung in ***Hexadezimalform***, welche durch die *Raute* # eingeleitet wird.

Im obigen Beispiel lautet die Zahlenkombination #990000. Die beiden ersten Ziffern geben die Intensität der Grundfarbe *Rot* an, die zwei weiteren Ziffern die der Farbe *Grün* und die beiden letzten Ziffern die von *Blau*. Zusammengesetzt ergeben sie einen dunkelroten Farbton für unseren Text.

Wir bewegen uns hier in einem sogenannten Farbraum und zwar dem ***RGB-Farbraum***. RGB steht hier für die drei Grundfarben Rot, Grün und Blau und wird als additives Farbmodell bezeichnet. Zum Beispiel ergeben alle drei Grundfarben gemeinsam die Farbe Weiß. Der RGB-Farbraum dient zur Publizierung auf dem Monitor. ***CMYK*** ist ein anderer Farbraum und verwendet die drei Grundfarben Cyan, Magenta, Gelb und Schwarz. Er wird als subtraktives Farbmodell bezeichnet und dient zur Darstellung auf Papier. Die Druckerpatrone eines Farbtintenstrahldruckers setzt sich aus diesen Farben zusammen.

Wenn du in der glücklichen Lage bist, einen HTML-Editor verwenden zu können, musst du dich nicht mit der Suche nach den passenden Zahlenkombinationen für eine Farbe beschäftigen. Es lassen sich dann bequem alle möglichen Farbkombinationen auswählen. Es wird dann automatisch die richtige Hexadezimalform der gewünschten Farbe zugeordnet.

Weiterhin lassen sich 16 Grundfarben in ihrer englischen Schreibweise nutzen, welche die hexadezimale Darstellung ersetzen. Die nachstehenden Farbnamen können verwendet werden:

```
BLACK, MAROON, GREEN, OLIVE
NAVY, PURPLE, TEAL, GREY
SILVER, RED, LIME, YELLOW
BLUE, FUCHSIA, AQUA, WHITE
```

Im Anhang findest du weiterhin alle vordefinierten Farbnamen. Die folgenden Beispiele zeigen die Verwendung der festgelegten Farbnamen – die Angabe der Raute entfällt hierbei:

```
<FONT COLOR=GREEN>Die Wiese ist grün</FONT>
<FONT COLOR=BLUE>Der strahlendblaue Himmel</FONT>
<FONT COLOR=YELLOW>Die Sonne brennt</FONT>
```

Veränderung der Hintergrundfarbe

Natürlich lässt sich neben der Schriftfarbe auch die Hintergrundfarbe in einem HTML-Dokument verändern. Dies geschieht für das gesamte Dokument im einleitenden BODY-Tag und wird durch die Option **BGCOLOR** (BGCOLOR ≅ background color ≅ Hintergrundfarbe) realisiert.

So führt die Befehlszeile <BODY **BGCOLOR**=#0000FF> zu einer blauen Hintergrundfarbe und <BODY **BGCOLOR**=TEAL> zu einer türkisen. Bei der Verwendung der Hintergrundfarben ist darauf zu achten, dass du eine einheitliche Farbgebung für deine HTML-Dokumente festlegst.

Ein Wechsel zwischen verschiedenen Hintergrundfarben musst du daher vermeiden, da er einen Besucher deiner Web-Seite nur unnötig verwirrt. Weiterhin solltest du die weiter oben beschriebenen Hinweise zur Verwendung von Farben beherzigen.

Für jedes einzelne HTML-Dokument ist die gewählte Hintergrundfarbe stets neu im `BODY`-Tag einzutragen.

Wir haben nun die Stilelemente zusammen, um die Informationen für unsere Einstiegsseite ansprechend darzustellen. Bevor wir jedoch auf den weiteren Aufbau der Startseite eingehen, sind noch einige Bemerkungen zum Inhalt und Hinweise zum generellen Design notwendig. Im ersten Kapitel hast du ja bereits die wichtigsten Details kennen gelernt.

Zielgruppe

Zunächst einmal solltest du dir im klaren sein, welche Zielgruppe du mit der Web-Seite erreichen möchtest. So kannst du auf die Wünsche der Besucher deiner Seite besser eingehen und die Informationen personenbezogener darstellen. Für das Intranet einer Schule ist die Zielgruppe klar festgelegt – es sind die Schüler und Lehrer.

Der Besucher kommt mit vielen Fragen auf deine Web-Seite und möchte sich möglichst schnell orientieren können. Er möchte beispielsweise wissen, welche Informationen er abrufen kann, ob sie noch aktuell sind und vor allem von wem sie stammen. Weiterhin wird er sich nach möglichen alternativen Informationen umschauen und eventuell auch die interessantesten heraussuchen wollen.
Daher ist es wichtig, dass du für die Einstiegsseite alle wesentlichen Informationen und Hintergründe kurz und präzise dem Besucher zur Verfügung stellst. Vermittle ihm den Eindruck, als wäre die gesamte Seite nur für ihn alleine gemacht. So hast du die Gewähr, dass ein Besucher die Seite auch ein zweites oder drittes Mal in Anspruch nimmt und sie eventuell auch weiter empfiehlt.

Größe und Design

a) Die Startseite solltest du so klein wie möglich halten. Eine Größe der HTML-Datei von ca. 60 Kb solltest du möglichst nicht überschreiten. Je größer die Seite, desto länger dauert dann auch die Ladezeit. Häufig kommt es nämlich vor, dass ein Besucher aufgrund der langen Wartezeit den Ladevorgang einfach abbricht.

b) Wähle am Anfang eine passende Hintergrundfarbe für die Einstiegsseite und lege die Textfarbe zunächst für das gesamte Dokument fest. Wie dies funktioniert, erfährst du in den nachstehenden Aufgaben. Achte hierbei auf eine kontrastreiche Darstellung und verwende die weiter oben beschriebenen Farbkombinationen. Vermeide Farben, die auf dem Bildschirm für das Auge schlecht zu erkennen sind.

c) Damit die Informationen für den Betrachter schnell zugänglich und für das Auge wenig ermüdend sind, ist der Text durch bestimmte Hervorhebungen zu ergänzen. Du hast auf den vorangegangenen Seiten eine Reihe von möglichen Stilmitteln kennen gelernt, die jetzt vermehrt zum Einsatz kommen. Nutze die verschiedenen Überschriftenebenen und den Fettdruck, um die Informationen besser zu bündeln. Eine treffende Überschrift entscheidet darüber, ob der nachfolgende Text überhaupt noch gelesen wird – ähnlich wie bei einer Tageszeitung. Die Verwendung von Kursivschrift und reinen Grossbuchstaben ist kein guter Stil, da beide Textarten nur schwer auf dem Bildschirm zu lesen sind.

d) Du solltest Wörter oder ganze Textpassagen nicht unterstreichen. Unterstreichungen werden im Netz nämlich dazu verwendet, um Verweise auf andere HTML-Dokumente herzustellen.

e) Lockere die Startseite durch eine Reihe von Absätzen auf.. Schreibe möglichst kurze Absätze und hebe sie deutlich voneinander ab. Welche HTML-Befehle hierfür notwendig sind, hast du ebenfalls weiter oben bereits erfahren.

f) Zu guter letzt sollte der Text nicht die gesamte Breite deiner Startseite einnehmen. Durch zu lange Textzeilen springt der Leser schnell in die falsche Zeile und verliert dadurch den Überblick.

Übungen

1. Lege die Hintergrundfarbe und die Textvordergrundfarbe für die gesamte Startseite fest. Achte dabei auf die Verwendung der passenden Farbkombinationen. Die Textfarbe lässt sich durch die zusätzliche Option **TEXT** im Body-Tag definieren.

2. Wir wollen nun einen passenden Schrifttyp für die Startseite vorgeben, um die Lesbarkeit auch bei kleinen Schriftgrößen auf dem Bildschirm zu gewährleisten. Die Schriftarten *Times New Roman* und *Arial* können bei einem Betriebssystem wie Windows vorausgesetzt werden. Ihr enges Schriftbild verschlechtert jedoch die Lesbarkeit gerade bei kleiner Schriftgröße. Daher wurde die Schriftart *Verdana* für das Web entwickelt. Wir wollen diese Schriftart als Standard für unser HTML-Dokument verwenden:

```
<FONT FACE="VERDANA, ARIAL, COURIER">
```

   a) Was bewirkt die HTML-Befehlszeile? Warum werden noch weitere Schriftarten aufgeführt?
   b) Füge die Befehlszeile an die richtige Stelle in dein HTML-Dokument ein.
   c) Mit Hilfe der Option **SIZE=2** kannst du die Schriftgröße festlegen (hier: Schriftgröße 2). Füge sie an geeigneter Stelle in die Befehlszeile ein. Probiere auch andere Schriftgrößen. Die Größe 1 solltest du jedoch wegen ihrer schlechten Lesbarkeit vermeiden.

3. Die Hauptüberschrift der Startseite soll durch eine passende Trennlinie hervorgehoben werden. Wie muss die Befehlszeile aussehen, damit die Trennlinie eine Position und Länge ähnlich der Überschrift aufweist?

4. Welche zusätzliche Option ist notwendig, damit die Trennlinie der Überschrift farbig dargestellt wird? Verwende eine Farbe, die zur gewählten Hintergrundfarbe der Startseite passt.

2.2 Verweise (Hyperlinks)

Wir wollen uns nun einem weiteren wichtigen Stilmittel zuwenden, welches uns erlaubt, die lineare Struktur einer Web-Seite aufzubrechen. Dies erreichen wir durch ***Verweise*** – auch ***Hyperlinks*** genannt – mit denen wir auf andere Textstellen, HTML-Dokumente oder auch Dateien im World Wide Web per Mausklick zugreifen können.

Als erstes wollen wir einem Besucher unserer Seite die Möglichkeit bieten, mit uns per ***Email*** in Kontakt zu treten. Dadurch erhalten wir unter Umständen ein gewisses Feedback von den Personen, die unsere Seite aufsuchen und können so auch auf Fragen, Anregungen und Kritik reagieren.

Verweis zu einer Email-Adresse

Damit sich der Besucher nicht mit der Eingabe der Email-Adresse und dem Aufruf eines Email-Client auseinandersetzen muss, wollen wir diesen Vorgang automatisieren. Er soll einfach einen kurzen Hinweistext anklicken können, der ihm dann im Anschluss die Möglichkeit bietet, eine Email zu schreiben. Die folgende Befehlszeile in HTML macht dies möglich:

```
<A HREF="mailto:krebs.thorsten@freenet.de">Email an mich</A>
```

Auf den ersten Blick sieht die Zeile etwas verwirrend aus – doch wir wollen uns mal die einzelnen Befehle etwas genauer ansehen.

Über den Tag **<A HREF>** haben wir eine Verknüpfung zwischen dem Text *Email an mich* und der Email-Adresse (hier: krebs.thorsten@freenet.de) erzeugt. Das **A** steht für Anchor – zu deutsch Anker – und leitet die Verknüpfung ein. Danach folgt das Kürzel **HREF** (HREF ≅ Hypertext Reference ≅ Hyper(text)-Referenz), das für die Verbindung zu der Email-Adresse verantwortlich ist.

Das Schlüsselwort **mailto:** (mailto ≅ versende an) weist einen eindeutigen ***Protokolltypen*** aus, der in diesem Fall für die Email-Funktion zuständig ist. Danach folgt einfach die Angabe der jeweiligen Adresse, an die eine Email verschickt werden soll. Zu beachten ist hierbei, dass die Angaben hinter **HREF** in Anführungszeichen stehen müssen.

Wir haben also die Möglichkeit geschaffen, dass der Besucher uns eine Email schicken kann. Er muss nur den unterstrichenen Text *Email an mich* anklicken und kann sofort eine Mail verfassen.

Den abschließenden Tag **</A>** darfst du hier auf keinen Fall vergessen. Ansonsten wird der ganze Text als Verweis zur Email-Adresse interpretiert und unterstrichen angezeigt. Da

Graphischer Verweis

Was wäre eine Web-Site ohne Bilder? Wahrscheinlich ziemlich langweilig und uninteressant. Damit die Startseite den textbasierten Charakter etwas verliert, wollen wir nun den Verweis zu der Email-Adresse unserer Web-Site graphisch hervorheben. Der Leser soll ein kleines Bild zu sehen bekommen, welches er anklicken kann, um eine Email zu verfassen.

Email an mich

Die Abbildung zeigt einen kleinen Email-Button, der nun als Verknüpfung zu der Email-Adresse dient. Damit der Button auf der Web-Site erscheint, benötigen wir einen neuen HTML-Befehl.

Das **<IMG>**-Tag (IMG ≅ image ≅ Bild) ermöglicht es, auf ein beliebiges Bild aus einer *GIF*- oder *JPEG*-Datei zu verweisen. ***GIF*** und ***JPEG*** sind zwei verschiedene Dateiformate, die von modernen Browsern interpretiert werden und als Standardformate für die Einbindung von Bildern auf einer Web-Site dienen. Die folgende Befehlszeile bindet den Email-Button als GIF-Datei ein:

```
<IMG SRC="bilder/email.gif" ALT="Email" BORDER=0>
```

Über das Attribut **SRC="**bilder/email.gif**"** (**SRC** ≅ Source ≅ Quelle) wird der relative Pfadname und der Dateiname angegeben. Der Email-Button trägt den Dateinamen `email.gif` und ist in einem Unterverzeichnis `bilder` gespeichert. Die Option **ALT="**Email**"** dient dazu, um einen alternativen Text anzuzeigen. Das <IMG>-Tag besitzt übrigens kein abschließendes Tag.

Dieser Text sollte eine aussagekräftige Bezeichnung für ein Bild liefern. Insbesondere Besitzer eines textbasierten Browsers oder aber Surfer, die das Laden von Bildern in ihrem Browser abgeschaltet haben, werden den alternativen Text begrüßen. Im Microsoft Internet Explorer wird durch die Verwendung der Option ALT zusätzlich ein kleines Hinweisfenster angezeigt. Weiterhin verwenden einige Suchmaschinen den ALT-Text, um nach bestimmten Schlüsselwörtern zu suchen.

Standardmäßig wird ein Bild immer mit einem Rahmen auf der Web-Site dargestellt. Mit Hilfe des Attributs **BORDER** (**BORDER** ≅ Grenze) sowie der Angabe der jeweiligen Stärke des Randes in Pixeln, kann wie im obigen Beispiel der Rand vermieden werden. Man stellt die Randstärke einfach auf Null ein.

Wie wir gesehen haben, lässt sich ein Bild mit sehr einfachen Mitteln auf eine Seite bringen. Damit wir den Email-Button auch anklicken können und der Email-Client daraufhin automatisch gestartet wird, muss die obige Befehlszeile nur noch geschickt in den Verweis zu der Email-Adresse eingebunden werden. Schon eine Idee, wie dies aussehen könnte?

Die Lösung sieht nun wie folgt aus:

```
<A HREF="mailto:krebs.thorsten@freenet.de">
     <IMG SRC="bilder/email.gif" ALT="Email" BORDER=0>
</A>
```

Richtig, man muss nichts anderes tun, als den Text *Email an mich* durch die neue Befehlszeile zu ersetzen. Schon lässt sich der kleine Button anklicken.

Neben dem Email-Button ist der Text *Email an mich* zentriert und fettgedruckt dargestellt. Um dies zu erreichen, wird die bereits bekannte ALIGN-Option in das <IMG>-Tag aufgenommen und danach der Text im <STRONG>-Tag eingeschlossen. Die nachstehenden Befehlzeilen erzeugen die Email-Abbildung auf der vorherigen Seite:

```
<A HREF="mailto:krebs.thorsten@freenet.de">
     <IMG SRC="bilder/email.gif" ALT="Email" BORDER=0 ALIGN=MIDDLE>
</A> <STRONG>Email an mich</STRONG>
```

Das Ausrichtungsattribut **ALIGN=MIDDLE** (MIDDLE ≅ mittig) lässt den Text also zentriert neben dem Bild erscheinen. Es gibt noch zwei weitere Attribute, die für die Ausrichtung eines Textes nach einer Graphik nützlich sind. **ALIGN=TOP** (TOP ≅ oben) und **ALIGN=BOTTOM** (BOTTOM ≅ unten) erzeugen eine obenbündige bzw. untenbündige Ausrichtung der Graphikbeschriftung.

Verweis zu einer Textstelle

Manchmal kommt es vor, dass man in einem Text einen bestimmten Begriff näher erläutern möchte, dies jedoch aus Platzmangel an anderer Stelle nachholen muss. Oder aber man möchte auf einen Abschnitt aufmerksam machen, der weiter hinten im Dokument steht. Der Leser sollte in beiden Fällen die Möglichkeit besitzen – ohne lange suchen zu müssen – an die beschriebenen Stellen im Text zu gelangen. Möchte man also innerhalb eines HTML-Dokuments an eine bestimmte Stelle springen, so reicht die Angabe des Verweises, wie in unserem Email-Beispiel gezeigt, alleine nicht mehr aus. Wir müssen uns zunächst ein ***Verweisziel*** definieren, das uns als Sprungmarke dient.

Stellen wir uns folgende Situation für die Startseite des schulinternen Netzes vor. Du machst an einer Stelle im Text auf die Anschrift deiner Schule aufmerksam und möchtest die komplette Adresse am Ende der Seite den Besuchern zur Verfügung stellen. Um dies zu realisieren, sind zwei Schritte notwendig:

1. Definition des Verweisziels

```
<A NAME="Anschrift"><H2>Die Anschrift unserer Schule</H2></A>
```

2. Verweis zum definierten Verweisziel

```
Unsere <A HREF="#Anschrift">Schulanschrift</A> findest du am Ende der
Seite.
```

Die Definition des Verweisziels geschieht über den Tag **<A NAME>**, wobei hinter `NAME=` in Anführungszeichen eine Bezeichnung für das Ziel stehen muss (hier: Anschrift). Da die Bezeichnung für den Leser nicht sichtbar ist, muss im Anschluss der Text stehen, zu dem verwiesen werden soll. In unserem Fall ein Text, der als Überschrift der Ebene 2 dargestellt wird. Den Verweis zum definierten Verweisziel kannst du dann an der notwendigen Stelle in deinem Text einbinden. Dies geschieht, wie bei unserem Email-Verweis, durch den Tag `<A HREF>`. Neu hierbei ist jedoch, dass in Anführungszeichen die Bezeichnung des Verweisziels – eingeleitet durch eine **Raute** # – stehen muss. Das Wort *Schulanschrift* erscheint anschließend im Browser unterstrichen und führt direkt – insofern man es denn anklickt – zur eigentlichen Anschrift der Schule.

Du musst darauf achten, dass der Verweiszielname (hier: #Anschrift) genau mit der Bezeichnung hinter `NAME=` übereinstimmt. Die Bezeichnung muss eindeutig sein. Weiterhin kannst du mit Hilfe des Schlüsselworts **`http://`** auch auf andere HTML-Dokumente im *WWW* verweisen.

Übungen

1. Füge einen graphischen Email-Verweis auf der Startseite ein, der dich als Webmaster auszeichnet. Die Email-Adresse kann deine private oder aber eine schulinterne sein. Vergiss nicht die Option `ALT`, in Verbindung mit einem aussagekräftigen Namen für dein Bild, zu verwenden.

2. Erweitere den Verweis derart, dass der beschreibende Text neben dem Button ebenfalls auf die Email-Adresse verweist. Zusätzlich soll die Beschriftung untenbündig ausgerichtet werden.

3. Es gibt noch eine Reihe weiterer Attribute für die Ausrichtung der Graphikbeschriftung. Die folgenden Attribute kannst du ebenfalls anwenden:

   ```
   ALIGN=TEXTTOP  ALIGN=ABSMIDDLE
   ALIGN=BASELINE ALIGN=ABSBOTTOM
   ```

   Was bewirken diese vier weiteren Ausrichtungsattribute? Beschreibe!

3 Web-Graphiken

Eine Web-Seite ohne Graphiken ist heute kaum noch vorstellbar. Die Möglichkeit der Kombination von Graphik und Text kann den Informationsgehalt einer Seite sowie deren Lesbarkeit positiv beeinflussen. Immer vorausgesetzt, dass eine sinnvolle und ausgewogene Verwendung von graphischen Elementen vorliegt.

Wir wollen uns in diesem Kapitel mit den verschiedenen Möglichkeiten eines Einsatzes von Graphiken auseinandersetzen und einige wichtige Regeln für deren Verwendung aufstellen. Diese betreffen auf der einen Seite die gestalterischen Möglichkeiten, die man beim Einsatz von Graphiken hat. Auf der anderen Seite stehen aber auch Aspekte hinsichtlich der Effizienz im Vordergrund. Denn was nützen einem die schönsten Graphiken, wenn der Surfer aufgrund der langen Ladezeit seinen Besuch auf der Web-Seite aufgibt.

3.1 Verschiedene Hintergrundmuster

Aufgrund der gewählten Hintergrundfarbe hat unsere Startseite bisher ein gleichförmiges Aussehen. Wir wollen an dieser Stelle nun verschiedene Möglichkeiten aufzeigen, um einen Hintergrund zu erzeugen, der für alle folgenden Seiten gilt. Dies ist vorteilhaft, da wir so die Ladezeit für unsere Seiten erheblich senken. Der Web-Browser kann nämlich dadurch den bereits geladenen Hintergrund einfach aus seinem Cache holen, was den Seitenaufbau stark verkürzt.

Kacheln

Es gibt verschiedene Arten, um ein Hintergrundmuster auf die Web-Seite zu bringen.. Du kennst bestimmt die verschiedenen Muster, um den Hintergrund für die Microsoft Windows Oberfläche zu gestalten. Gleiches lässt sich nun mit dem Hintergrund der Startseite vollziehen. Wir werden die Startseite nun mit kleinen Kacheln überziehen.

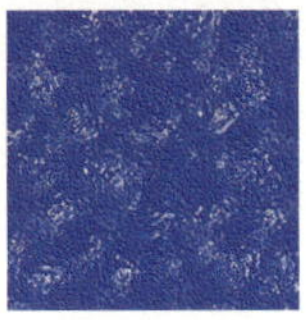

Es gibt bereits eine riesige Auswahl von vordefinierten Hintergrundbildern im World Wide Web, die du als Hintergrundmuster kostenlos herunterladen kannst. Im Anhang findest du hierzu einige Adressen. Die kleine nebenstehende Kachel beispielsweise erzeugt den folgenden Hintergrund.

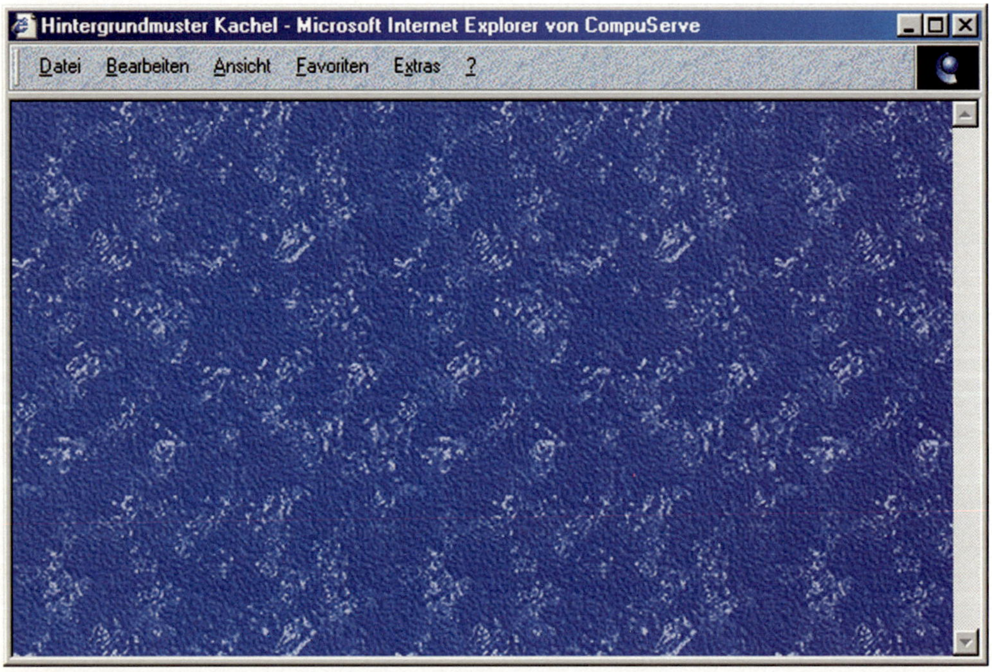

Abbildung 3.1:
Die sich ständig wiederholende kleine Kachel erweckt den Eindruck eines einzelnen großen Hintergrundbildes.

Um die Kachel als Hintergrundmuster nutzen zu können, müssen wir nur ein neues Attribut in das einleitende <BODY>-Tag aufnehmen. Dies geschieht mit Hilfe des Attributs **BACKGROUND=** (background ≅ Hintergrund) gefolgt von der Graphik-Datei, die angezeigt werden soll. Als Graphikformat nimmt man hier *GIF* oder *JPEG* – in Abhängigkeit der verwendeten Farbtiefe. Die folgenden HTML-Befehlszeilen erzeugen also das in Abbildung 3.1 dargestellte Hintergrundmuster:

```
<HTML>
 <HEAD>
  <TITLE>Hintergrundmuster Kachel</TITLE>
 </HEAD>
 <BODY BACKGROUND="bilder/kachel.gif">
 </BODY>
</HTML>
```

Im vorliegenden Fall wird die Graphik-Datei **kachel.gif** eingebunden, die im *GIF*-Format vorliegt. Dies geschieht durch einfache Angabe des Dateinamens, wobei die Datei selbst im Unterverzeichnis bilder gespeichert ist. Aber das kennst du ja bereits aus dem letzten Kapitel. Dort haben wir den relativen Pfadnamen für eine Graphik-Datei angegeben, die den Email-Button beinhaltete.

Bordüren

Neben den Kacheln lässt sich noch weiteres graphisches Element als Hintergrundmuster nutzen. Die sogenannten Bordüren sind eigentlich nichts anderes als Kacheln. Da sie jedoch um einiges länger sind, können schöne Effekte mit ihnen erzielt werden. Die nachfolgende Abbildung zeigt die Verwendung einer solchen Bordüre.

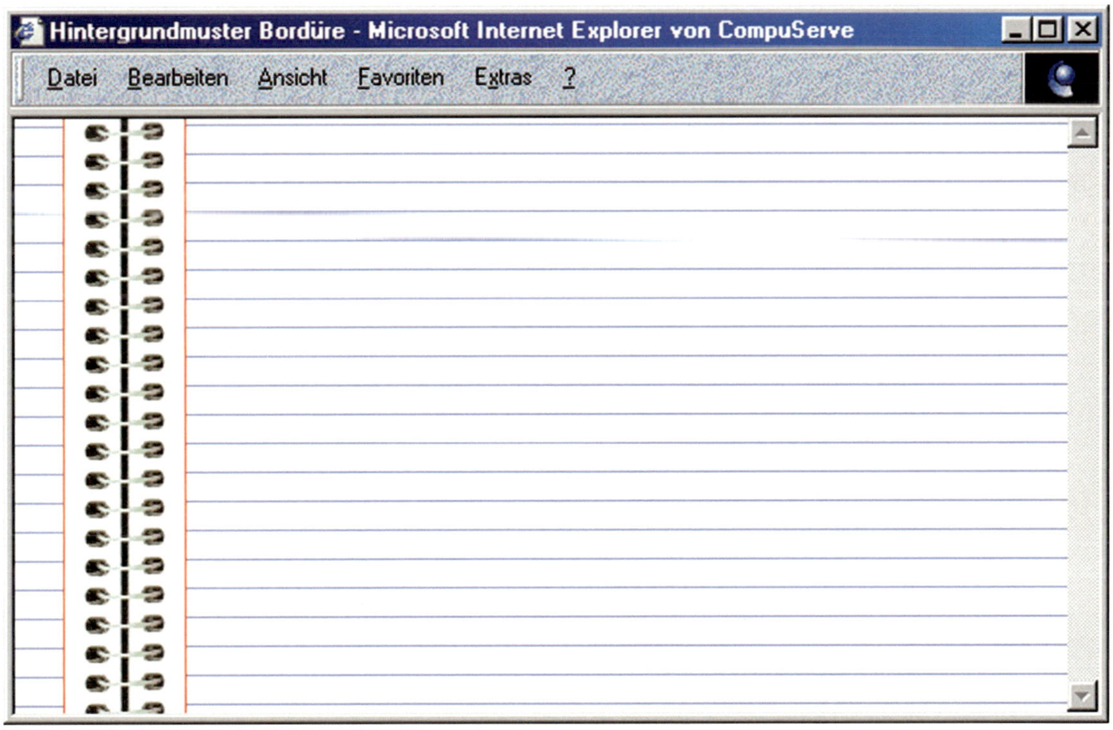

Durch eine einfache Hintergrund-Bordüre entsteht der Eindruck eines Ringbuch-Heftes. Dieser Effekt wird durch das folgende Bild erzielt, das wiederum als *GIF*-Datei über das Attribut BACKGROUND= eingebunden wird:

3.2 Hintergrundbilder

Natürlich ist es auch möglich, ein beliebiges Bild bzw. eine größere Graphik als Hintergrund auf die Web-Seite zu zaubern. Dabei ist jedoch zu beachten, dass weitere graphische Elemente sowie der eigentliche Text im Vordergrund noch zu erkennen seien müssen. Die in Abbildung 3.2 dargestellte Graphik soll als Hintergrund auf der Web-Seite erscheinen. Damit sie nicht zu stark hervorsticht, und dadurch die Lesbarkeit eines Textes negativ beeinflusst wird, sollten die Farben etwas gedeckter gehalten werden. Mit Hilfe eines Bildbearbeitungsprogramms – wie etwa ***Adobe Photoshop*** – kann die sogenannte Deckkraft einer Graphik beeinflusst werden. Abbildung 3.3 zeigt beispielsweise die Graphik nur noch mit einer Deckkraft von 50%.

Abbildung 3.2: *100% Deckkraft.*

Die hierfür notwendige *GIF*-Datei wird wiederum mit Hilfe des Attributs `BACKGROUND=` als Hintergrund auf der Web-Seite eingebunden. Weiterhin lässt sich das Attribut **`BGPROPERTIES="FIXED"`** (`BGPROPERTIES` ≅ background properties ≅ Hintergrundeigenschaften) im `<BODY>`-Tag verwenden, welches ein unbewegliches Hintergrundbild erzeugt. Dieses Attribut ist mitunter dann sinnvoll, wenn der Anzeigebereich des Browsers nicht mehr ausreicht. Das Hintergrundbild bleibt an seiner festen Position und der Vordergrund kann mittels der Bildlaufleiste darüber bewegt werden.

Abbildung 3.3: *50% Deckkraft.*

Das Attribut `BGPROPERTIES="FIXED"` gehört nicht zum Standard-Sprachumfang von HTML 4.0. Es ist ein zusätzliches Attribut, welches vom MS Internet Explorer interpretiert wird.

Die für ein großes Hintergrundbild notwendigen HTML-Befehlszeilen lassen sich im Zusammenhang also wie folgt angeben:

```
<HTML>
 <HEAD>
  <TITLE>Hintergrundbilder und GIF-Animationen</TITLE>
 </HEAD>
 <BODY BACKGROUND="bilder/hintergrund.gif" BGPROPERTIES="FIXED"
       BGCOLOR="BLUE">
  </BODY>
</HTML>
```

Im einleitenden `<BODY>`-Tag wird zusätzlich das bereits bekannte Attribut `BGCOLOR=` zum Setzen der Hintergrundfarbe verwendet, die im vorliegenden Fall auf blau gesetzt wird. Die gleichzeitige Angabe von Hintergrundfarbe und Hintergrundbild ist immer dann sinnvoll, wenn beispielsweise ein heller Vordergrund mit einem dunklen Hintergrund kombiniert wird. Da Texte und andere Bilder auf der Web-Seite vom Browser immer als erstes gelesen werden und das Hintergrundbild zum Schluss aufgebaut wird, sind diese dann nur schwer zu erkennen.

3.3 GIF-Animationen

Mit Hilfe des sogenannten ***GIF89a***-Formats lassen sich Graphiken animieren, welche den Aufbau einer Web-Seite bereichern können. Bisher haben wir es mit statischen Graphiken zu tun, die sich einfach an einer bestimmten Position befinden. Der Vorteil von diesen sogenannten ***GIF-Animationen*** ist ihre Einfachheit, da sie ohne zusätzliche ***Plug-Ins*** laufen und nur einmal übers Netz geladen werden müssen. Wir wollen nun ebenfalls eine solche *GIF*-Animation für unsere Web-Seite aufbauen. Dazu soll die kleine Sprechblase aus dem obigen Hintergrundbild zum Leben erweckt werden. Um überhaupt eine Animation zu erhalten, benötigen wir verschiedene Zeichnungen von unserem Hintergrund, die dann – wie bei einem Daumenkino – nacheinander abgespielt werden.

Die kleine Sprechblase soll an verschiedenen Stellen des großen Hakens immer wieder neu auftauchen – und zwar bei den Themenüberschriften *Übungen*, *Klausuren* und *Referate*. Wir benötigen also nur drei verschiedene Zeichnungen, die uns dann eine Animation liefern. Die einzelnen Bilder sehen der Reihe nach wie folgt aus:

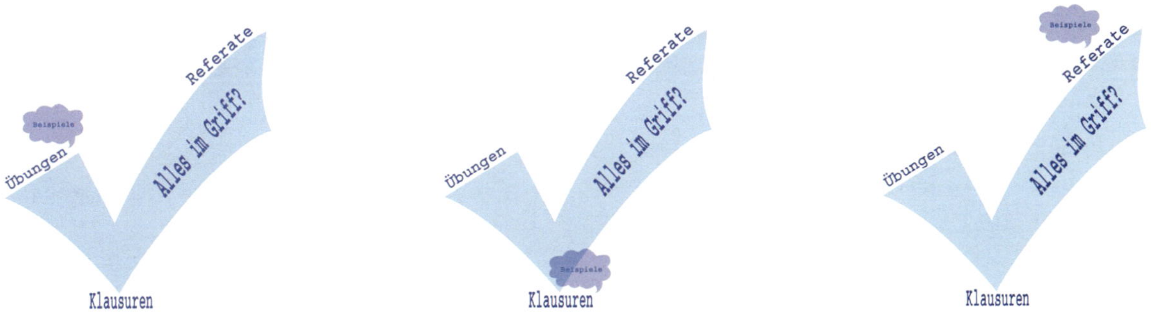

Die Sprechblase befindet sich also immer an einer anderen Position und kann nun animiert werden. Hierfür benötigen wir ein Programm, wie beispielsweise den ***Jasc Animation Shop***, der uns die einzelnen Bilder nacheinander abspielt und die Animation in einer einzigen *GIF*-Datei ablegt. Der *Animation Shop* bietet eine Fülle weiterer Optionen, mit denen man zum Beispiel ein langsames Ein- bzw. Ausblenden der Sprechblase erzielen kann.

Hat man die *GIF*-Animation erstmal als Datei vorliegen, so lässt sie sich mit dem bereits aus Kapitel 2 bekannten `<IMG>`-Tag an einer beliebigen Stelle auf der Web-Seite einbinden. Natürlich geht dies auch mit dem Attribut `BACKGROUND=` im einleitenden `<BODY>`-Tag. Dann hat man eben eine sogenannte Hintergrund-*GIF*-Animation auf die Web-Seite gezaubert.

Mit Hilfe von *GIF*-Animationen lassen sich ohne große Probleme interessante Effekte auf einer Web-Seite erzielen, ohne eine zusätzliche Programmiersprache erlernen zu müssen. Aufgrund der Tatsache, dass viele einzelne Bilder für die Animation benötigt werden, kann die erzeugte *GIF*-Datei schnell einige Kbyte groß werden. Um dies zu verhindern, solltest du möglichst kleine Graphiken verwenden und die *Farbtiefe* auf ein Minimum reduzieren.

Weiterhin solltest du die *GIF*-Animationen nicht zu lasten der zu vermittelnden Informationen einsetzen. Animationen, die von den eigentlichen Inhalten ablenken, haben auf einer Web-Seite nichts zu suchen. Eine *GIF*-Animation selbst zu erzeugen bedeutet mitunter nicht gerade einen geringen zeichnerischen Aufwand. Zusätzlich ist ein Animations-Programm notwendig, dass die einzelnen Bilder zusammenfügt. Diese Arbeit kannst du umgehen, indem du dir einfach eine fertige Animation aus dem Internet holst. Im Anhang sind verschiedene Web-Adressen aufgelistet, die zu den unterschiedlichsten Themenbereichen *GIF*-Animationen anbieten. Diese reichen von einfach animierten Email-Buttons bis hin zu aufwendig gestalteten Hintergründen.

3.4 Imagemaps

Im letzten Kapitel hast du die Möglichkeit eines graphischen Verweises kennen gelernt, der eine Verknüpfung zu einer Email-Adresse darstellte. Durch das Anklicken des Email-Buttons konnte der Anwender dann eine Email verfassen. Die Ersetzung des textbasierten Email-Verweis zu einem graphischen ist nicht nur rein optischer Natur, sondern kann zusätzlich den Anwender bei seiner Informationssuche unterstützen.

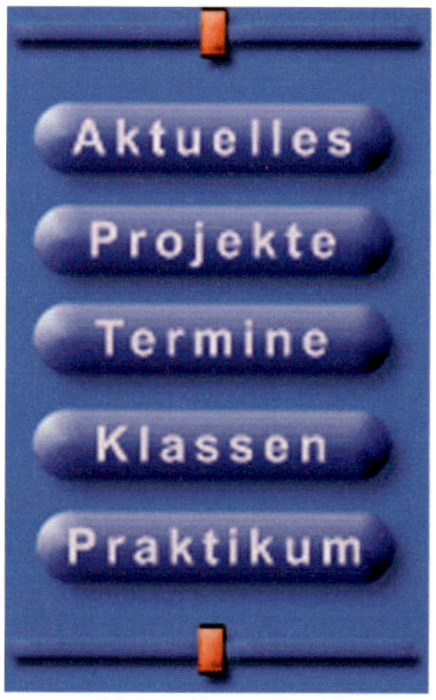

So lassen sich alle textbasierten Links, die zum Beispiel zur Navigation auf einer Web-Seite eingesetzt werden, durch eine einzige Graphik ersetzen. In der nebenstehenden Abbildung ist eine solche Graphik dargestellt. Es sind insgesamt fünf Buttons abgebildet, die mit den unterschiedlichsten Inhalten beschriftet sind. Der Anwender soll nun die Möglichkeit besitzen, einen anzuklicken, um daraufhin die gewünschte Information angezeigt zu bekommen.

Dies lässt sich mit sogenannten ***Imagemaps*** (Abbildungsplänen) in HTML realisieren, mit denen eine Graphik in einzelne Bereiche aufgeteilt wird, die dann jeweils zu einem Verweis führen. Wir benötigen für die nebenstehende Graphik insgesamt fünf verschiedene Gebiete – also genau die Anzahl der vorhandenen Buttons. Um einen bestimmten Bereich in einer Graphik festlegen zu können, sind feste Koordinaten erforderlich. Diese werden in *Pixeln* angegeben und lassen sich für drei verschiedene Arten von Bereichen einsetzen. Es können rechteckige und runde Gebiete sowie Gebiete aus beliebigen Vielecken gebildet werden. Für unser Beispiel reichen rechteckige jedoch aus.

Um einen rechteckigen Bereich zu ermitteln, reichen die Koordinaten zweier Punkte völlig aus. Wir suchen uns die Koordinaten **(x1,y1)** der linken, oberen Ecke und **(x2,y2)** der rechten, unteren Ecke des gewünschten Bereichs. Die Abbildung 3.4 macht dies noch einmal für den Button **Aktuelles** deutlich.

Abbildung 3.4: *Koordinaten des Rechtecks festlegen.*

Welche Koordinaten haben nun die beiden Ecken? Diese lassen sich beispielsweise exakt mit Hilfe eines Graphikprogramms wie *Adobe Photoshop* angeben. Natürlich kann man auch so lange probieren, bis man das gewünschte Rechteck ermittelt hat. Dies ist mitunter gar nicht so schwierig, wenn man nämlich die Breite und Höhe der Graphik kennt. Der HTML-Editor *Phase 5* zeigt diese beim Einfügen eines Bildes automatisch mit an.

Im vorliegenden Fall hat die linke, obere Ecke die Koordinaten **(10,25)** und die rechte, untere die Koordinaten **(110,45)**. Für die anderen Buttons verfährt man genauso und bestimmt jeweils die Koordinaten der einzelnen rechteckigen Bereiche. Die weiteren Bereiche haben der Reihe nach die folgenden Pixelwerte:

Projekte:	**(10,55)** und **(110,75)**
Termine:	**(10,85)** und **(110,105)**
Klassen:	**(10,115)** und **(110,135)**
Praktikum:	**(10,145)** und **(110,165)**

Wie man leicht erkennen kann, ist die y-Koordinate der linken, oberen Ecke um jeweils 30 Pixel größer als die vorherige. Dies gilt auch für die y-Koordinate der jeweils rechten, unteren Ecke. Die x-Koordinaten der einzelnen Ecken bleiben jedoch immer gleich. Der gleichmäßige Abstand der Buttons sowie ihre einheitliche Größe begünstigen natürlich die Koordinatenwahl.

Nachdem wir nun die einzelnen Koordinaten der Eckpunkte ermittelt haben, müssen diese nur noch in den notwendigen HTML-Befehlszeilen auftauchen. Für das obige Beispiel sieht die *Imagemap* also wie folgt aus:

```
<HTML>
 <HEAD>
  <TITLE>Imagemaps</TITLE>
 </HEAD>
 <BODY>
  <MAP NAME="Navigation">
   <AREA SHAPE="RECT" COORDS="10,25,110,45" HREF="aktuelles.htm"
         ALT="Aktuelles">
   <AREA SHAPE="RECT" COORDS="10,55,110,75" HREF="projekte.htm"
         ALT="Projekte">
   <AREA SHAPE="RECT" COORDS="10,85,110,105" HREF="termine.htm"
         ALT="Termine">
   <AREA SHAPE="RECT" COORDS="10,115,110,135" HREF="klassen.htm"
         ALT="Klassen">
   <AREA SHAPE="RECT" COORDS="10,145,110,165" HREF="praktikum.htm"
         ALT="Praktikum">
  </MAP>
  <IMG SRC="Navigation.gif" WIDTH="119" HEIGHT="188"
       USEMAP="#Navigation" BORDER="0" ALT="Navigation">
 </BODY>
</HTML>
```

Mit dem **<MAP>**-Tag wird das *Imagemap* eingeleitet. Das NAME-Attribut wird dazu verwendet, um der Graphik einen eindeutigen Namen zu geben. Im vorliegenden Fall lautet der Name **Navigation**. Im Anschluss daran folgt die Festlegung der einzelnen Bereiche für die Graphik. Das **<AREA>**-Tag leitet jeweils einen derartigen Bereich ein, das durch vier weitere Attribute ergänzt wird. Mit **SHAPE="RECT"** wird eine rechteckige Fläche definiert, die durch die Angabe der Eckpunkte mittels des Attributs **COORDS=** bestimmt wird. Danach folgen die bereits bekannten Attribute HREF= für die Festlegung des Verweisziels sowie ALT= für die Angabe eines Alternativtextes.
Die eigentliche Graphik wird dann über das <IMG>-Tag eingebunden. Mit den beiden Attributen **WIDTH=** und **HEIGHT=** wird die Breite und Höhe des Bildes in Pixeln definiert. Zusätzlich benötigt man das **USEMAP**-Attribut, um dem Browser zu signalisieren, dass es sich bei der vorliegenden Graphik um ein *Imagemap* handelt. Hierfür wird der Name, der im <MAP>-Tag festgelegt wurde, hinter einer Raute # notiert. Dieser Name muss nicht unbedingt mit der verwendeten *GIF*-Datei übereinstimmen. Mit dem ALT-Attribut ist für die gesamte Graphik wiederum ein Alternativtext anzugeben.

Neben dem Attribut SHAPE="RECT" lassen sich noch zwei weitere Arten von Bereichen festlegen. Das Attribut **SHAPE="CIRCLE"** legt ein kreisförmiges Gebiet fest. Hierfür werden die Koordinaten x und y für den Mittelpunkt eines Kreises sowie der Radius r benötigt. Die nachfolgende Befehlszeile erzeugt einen Bereichskreis mit dem Mittelpunkt (30,40) und dem Radius 120:

```
<AREA SHAPE="CIRCLE" COORDS="30,40,120" HREF="kreis.htm" ALT="Kreis">
```

Möchte man ein beliebiges Vieleck angeben, so geschieht dies mittels **SHAPE="POLY"**. Man kann dabei so viele Ecken angeben, wie man möchte. Die folgende Zeile erzeugt ein Vieleck mit insgesamt sechs Ecken:

```
<AREA SHAPE="POLY" COORDS="30,40,35,50,55,10,100,70,120,40,30,20"
      HREF="vieleck.htm" ALT="Vieleck">
```

Übungen

1. Wähle aus den verschiedenen Hintergrundarten eine aus, mit der du deine Startseite graphisch aufwerten möchtest. Dies kann eine einfache Kachel, eine Bordüre oder aber eine *GIF*-Animation sein.

2. Suche dir aus dem Internet einen passenden Hintergrund, der zum Inhalt deiner Startseite passt. In Kapitel 2 sind einige Hinweise zur Verwendung von Farben gegeben, die dir die Auswahl erleichtern sollte. Die hierfür notwendigen Adressen findest du im Anhang.

3. Eine eigene *GIF*-Animation zu entwickeln ist nicht besonders schwer. Die einfachste Form ist die Darstellung eines kleinen Diashow-Effekts, der nacheinander verschiedene Texte anzeigt. Im folgenden siehst du einige kurze Hinweistexte, die sich als *GIF*-Animation verwenden lassen. Natürlich können auch Bilder mit eingefügt werden.

Erzeuge mit Hilfe eines Graphikprogramms eine Reihe von Einzelbilder, die verschiedene Textbotschaften für den Anwender beinhalten. Füge die Bilder dann anschließend mit einem geeigneten Animationsprogramm zusammen und binde die entstandene *GIF*-Animation auf der Startseite ein.

4. Mit *Imagemaps* lassen sich besonders gut Pläne jeglicher Art für den Anwender interaktiv gestalten. Seien es nun Lagepläne von bestimmten Einrichtungen oder aber einfach nur Stadtpläne, auf den bestimmte Sehenswürdigkeiten eingezeichnet sind. So kann ein Benutzer zusätzliche Informationen erhalten, wenn er auf einen Bereich klickt, der beispielsweise das Rathaus näher beschreibt.
Erzeuge ein Imagemap für einen Lageplan deiner Schule. Eventuell gibt es bereits einen fertigen Plan, den du dann als Graphik auf der Web-Seite verwenden kannst. Wähle für die Festlegung der einzelnen Bereiche ein passendes `SHAPE`-Attribut, mit der sich möglichst genau ein bestimmtes Gebiet eingrenzen lässt.

4 Tabellen

Es ist Samstag Nachmittag – der 2. Spieltag der Fußball-Bundesliga ist gelaufen – und du möchtest dir einen Überblick von den einzelnen Spielergebnissen verschaffen. Zusätzlich interessierst du dich für die Position deines Lieblingsvereins. Auf der Web-Seite von *Abacho* findest du alle wichtigen Daten zur 1. Bundesliga. Die Abbildung 4.1 zeigt die Spielergebnisse des 2. Spieltags der Saison 2001/02 in tabellarischer Form. Durch diese strukturierte Darstellung kannst du dir besser die wichtigsten Informationen herausziehen.

Tabellen lassen sich immer dann verwenden, wenn eine Vielzahl von Daten übersichtlicher präsentiert werden soll. Ein Betrachter ist dadurch in der Lage, sich schneller die wichtigsten Informationen heraus zu suchen. Diese Tabellen besitzen sichtbare ***Gitternetzlinien***, um verschiedene Zusammenhänge zu verdeutlichen.

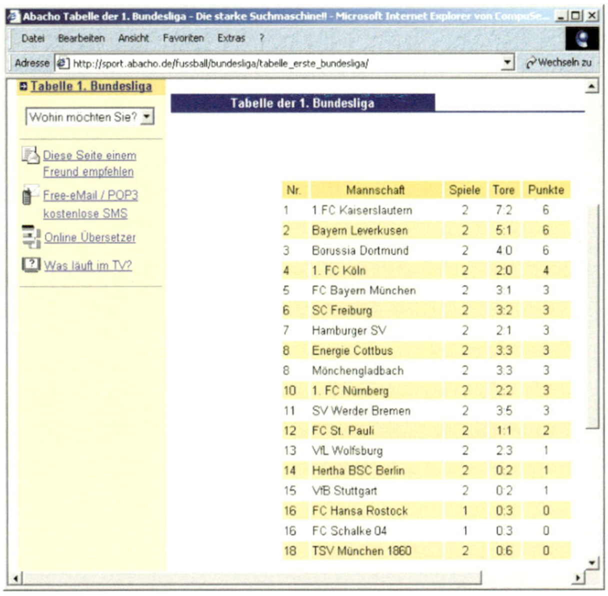

Abbildung 4.1: *Bundesligatabelle*

Man kann jedoch auch Tabellen dazu einsetzen, um Texte, Graphiken und andere Elemente auf einer Web-Seite besser zu verteilen. So ist es beispielsweise möglich, einen Text spaltenweise anzuzeigen. Diese Art der Darstellung kennst du bestimmt von Tageszeitungen und Zeitschriften. Man verwendet hierfür sogenannte ***blinde*** Tabellen, die ohne sichtbare Gitternetzlinien auskommen. Abbildung 4.2 verdeutlicht die Verwendung von blinden Tabellen. Die einzelnen Themen wurden in drei Spalten aufgeteilt.

Abbildung 4.2:
Verschiedene Themen werden auf der Web-Seite der Computerzeitschrift CHIP (www.chip.de) durch blinde Tabellen spaltenweise dargestellt

Wir wollen nun Tabellen dazu verwenden, um den Aufbau unserer Intranet-Seiten weiter zu verfeinern. Das Ziel ist zunächst eine Seite zu erzeugen, die alle Lehrpersonen einer Schule in alphabetischer Form aufzeigt und wichtige Informationen über einzelne Lehrer für die Schülerinnen und Schüler liefert. Informationen über die Unterrichtsfächer, den Zeitpunkt der Sprechstunde, die Aufgaben in der Schule (Klassenlehrer, Vertrauenslehrer, Fachleiter usw.) oder aber bestimmte Hinweise zu Klassenfahrten bzw. Elternabenden können hier aufgeführt werden.

4.1 Einfache Tabellen definieren

Die Zeilen einer Tabelle

Eine Tabelle wird in HTML durch das **<TABLE>**-Tag (TABLE ≅ Tabelle) eingeleitet und durch **</TABLE>** wieder beendet. Eine Tabelle besteht aus einer oder mehreren ***Zeilen***, die durch das **<TR>**-Tag (TR ≅ table row ≅ Tabellenzeile) definiert und mittels **</TR>** abgeschlossen werden.

Die nebenstehende Abbildung zeigt eine Tabelle mit drei definierten Zeilen. Damit die Gitternetzlinien überhaupt angezeigt werden, ist im einleitenden <TABLE>-Tag das Attribut **BORDER** (BORDER ≅ Rand) zu verwenden. Insgesamt wurden <TR> und </TR> dreimal genutzt, um drei Tabellenzeilen zu erzeugen.

Beispiel:

```
<HTML>
 <HEAD>
  <TITLE>Drei Tabellenzeilen</TITLE>
 </HEAD>
 <BODY TEXT="#000000" BGCOLOR="#0080FF">
  <TABLE BORDER>
   <TR>
    <TD>Diese kleine Tabelle...</TD>
   </TR>
   <TR>
    <TD>besitzt insgesamt...</TD>
   </TR>
   <TR>
    <TD>drei definierte Zeilen.</TD>
   </TR>
  </TABLE>
 </BODY>
</HTML>
```

Die Spalten einer Tabelle

Hat man nun die Anzahl der Zeilen einer Tabelle mittels <TR> festgelegt, muss man sich um die ***Zellen*** in den einzelnen Zeilen kümmern. Eine Tabellenzeile kann eine oder mehrere Zellen besitzen. Durch die Zellendefinition werden gleichsam die ***Spalten*** der Tabelle aufgebaut. Man unterscheidet in HTML zwischen ***Kopfzellen*** und ***Datenzellen*** in einer Zeile.

Eine Kopfzelle wird durch das Tag **<TH>** (TH ≅ table header ≅ Tabellenkopf) definiert und sollte immer durch **</TH>** wieder abgeschlossen werden. Der Text in einer Kopfzelle wird standardmäßig zentriert und fettgedruckt dargestellt. Damit kann man beispielsweise eine Überschriftenzeile für die darunter liegenden Zeilen aufbauen.

Datenzellen hingegen werden durch **<TD>** (TD ≅ table data ≅ Tabellendaten) aufgebaut und lassen sich mittels **</TD>** wieder aufheben. Die untenstehende Abbildung zeigt die Verwendung von Kopf- und Datenzellen in einer Tabelle. In Tabellenzellen können neben Graphiken, Texten und Verweisen auch weitere Tabellen eingebunden sein.

Beispiel:

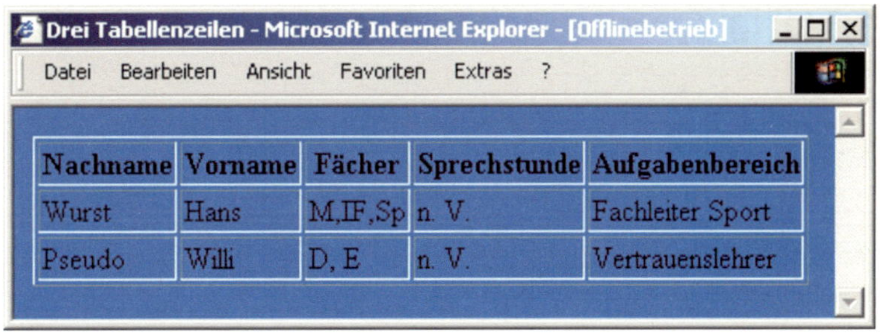

Nachname	Vorname	Fächer	Sprechstunde	Aufgabenbereich
Wurst	Hans	M,IF,Sp	n. V.	Fachleiter Sport
Pseudo	Willi	D, E	n. V.	Vertrauenslehrer

```
<TABLE BORDER>
  <TR>
   <TH>Name</TH>
   <TH>Vorname</TH>
   <TH>Fächer</TH>
   <TH>Sprechstunde</TH>
   <TH>Aufgabenbereich</TH>
  </TR>
  <TR>
   <TD>Wurst</TD>
   <TD>Hans</TD>
   <TD>M,IF,Sp</TD>
   <TD>n. V.</TD>
   <TD>Fachleiter Sport</TD>
  </TR>
  <TR>
   <TD>Pseudo</TD>
   <TD>Willi</TD>
   <TD>D, E</TD>
   <TD>n. V.</TD>
   <TD>Vertrauenslehrer</TD>
  </TR>
 </TABLE>
```

Für jede definierte Zeile solltest du die gleiche Zellenanzahl festlegen. Die erste Zeile legt im übrigen die Anzahl der Spalten für die gesamte Tabelle fest. Zellen, die du in bestimmten Zeilen nicht belegen möchtest, sind durch `<TD></TD>` aufzufüllen. Insbesondere bei großen Tabellen erreichst du eine bessere Übersichtlichkeit in den HTML-Befehlszeilen, wenn du die zusammengehörigen Tabellenzeilen durch Einrücken kenntlich machst.

Übungen

1. Erzeuge eine Tabelle, die alle Lehrer deiner Schule in alphabetischer Reihenfolge aufzeigt. Welche Informationen sollten nach deiner Meinung mit in die Tabelle aufgenommen werden? Die notwendigen Informationen lassen sich beispielsweise durch kurze Interviews mit den Lehrern einholen.

2. Verwende für den Aufbau der Tabelle eine Überschriftenzeile, die dem Anwender die einzelnen Inhalte kurz beschreibt. Achte dabei auf eine sinnvolle Reihenfolge der Inhalte.

3. Wodurch wird die Größe eine Tabelle bestimmt?

4.2 Die Tabellengröße festlegen

Die Tabellengröße wird durch den verwendeten Browser automatisch bestimmt. Sie ist abhängig von der aktuellen Größe des Browserfensters und den dargestellten Inhalten innerhalb einer Tabelle.
Die Größe einer Tabelle lässt sich jedoch auch durch die Attribute **`WIDTH=`** (`WIDTH` ≅ Breite) und **`HEIGHT=`** (`HEIGHT` ≅ Höhe) selbständig festlegen. Die beiden Attribute lassen sich an verschiedenen Stellen in einer Tabelle verwenden.

Breite und Höhe einer Tabelle

Im einleitenden `<TABLE>`-Tag kann die Gesamtgröße der Tabelle definiert werden. Die folgenden HTML-Befehlszeilen erzeugen eine Tabelle, die **40%** der Breite und **30%** der Höhe des aktuellen Anzeigebereichs eines Browsers einnimmt.

Beispiel:

```
<TABLE WIDTH=40% HEIGHT=30% BORDER>
 <TR>
  <TD>Diese Tabelle nimmt...</TD>
 </TR>
 <TR>
  <TD>40% der Breite und...</TD>
 </TR>
 <TR>
  <TD>30% der Höhe des Anzeigefensters an.</TD>
 </TR>
</TABLE>
```

Natürlich lassen sich auch absolute Werte hinter `WIDTH=` und `HEIGHT=` angeben. Die Größe der Tabelle wird dementsprechend in Pixeln dargestellt.

Die Angabe von Prozentwerten ist den Pixelwerten vorzuziehen. Dadurch wird gewährleistet, dass die Tabelle auch bei verschiedenen Bildschirmauflösungen richtig dargestellt wird. Die Definition der Breite und Höhe einer Tabelle wird nur dann wirksam, wenn ihr Inhalt auch wirklich kleiner ist. Ansonsten versucht der Browser, den Inhalt vollständig wiederzugeben und setzt sich über die Definition hinweg.

Breite einer Spalte

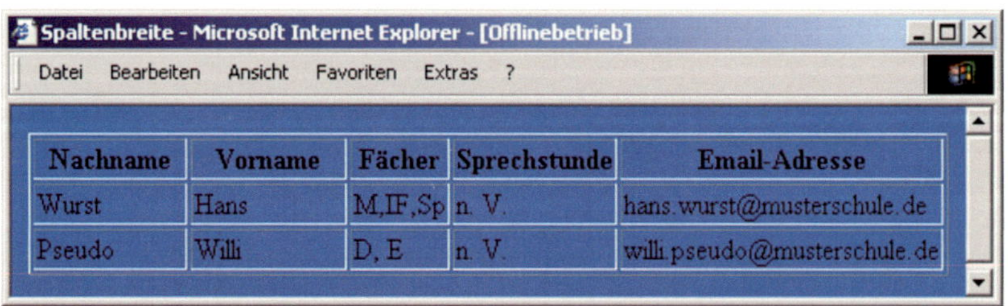

Mit Hilfe des Attributs `WIDTH=` kann man auch die Breite der Spalten einer Tabelle erzwingen. Im einleitenden `<TH>`-Tag bzw. im `<TD>`-Tag für die Kopf- bzw. Datenzellen wird einfach der Prozent- oder Pixelwert notiert. Die nebenstehende Abbildung zeigt verschiedene Spaltenbreiten, die hinsichtlich der Inhalte gewählt wurden. Die Spalten für den Nachnamen und den Vornamen haben die gleiche Breite.

Beispiel:

```
<TABLE BORDER>
 <TR>
  <TH WIDTH=100>Nachname</TH>
  <TH WIDTH=100>Vorname</TH>
  <TH>Fächer</TH>
  <TH>Sprechstunde</TH>
  <TH>Email-Adresse</TH>
 </TR>
 <TR>
  <TD>Wurst</TD>
  <TD>Hans</TD>
  <TD>M,IF,Sp</TD>
 ...
</TABLE>
```

Für die Definition der Spaltenbreite sollte man jeweils immer die erste Zeile der Tabelle verwenden. Im vorliegenden Beispiel wird für die Spalte *Nachname* und *Vorname* jeweils eine Breite von 100 Pixeln im <TH>-Tag definiert. Auch für die Spaltenbreite gilt, dass ihre Definition aufgehoben wird, wenn der dargestellte Inhalt in einer Zeile nicht mehr angezeigt werden kann. Der Browser verändert die Größe dann wiederum automatisch. Steht die Spaltenbreite mit der Gesamtbreite der Tabelle in Konflikt, so wird die Gesamtbreite als Grundlage verwendet.

Höhe einer Zeile

Die Höhe einer Tabellenzeile kann durch das Attribut HEIGHT= im einleitenden <TH>-Tag bzw. <TD>-Tag definiert werden. Auch hier können wieder Prozentwerte bzw. Pixelwerte angegeben werden. Das Attribut sollte jeweils in der ersten Spalte einer Tabellenzeile verwendet werden. Es ist nur wirksam, wenn der Spalteninhalt in einer Zeile auch angezeigt werden kann. Ansonsten gelten die gleichen Angaben wie bei der Festlegung der Spaltenbreite.

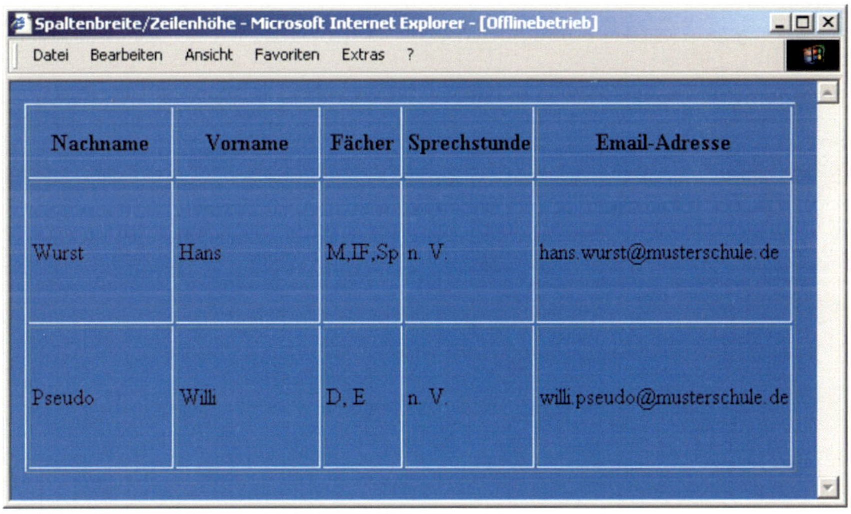

Die obige Abbildung zeigt die Kombination aus erzwungener Spaltenbreite und Zeilenhöhe. Der Text wird durch die Veränderung der Zeilenhöhe standardmäßig immer mittig angezeigt. Im vorliegenden Fall hat die erste Zeile eine Höhe von 50 Pixeln und die beiden anderen eine Höhe von jeweils 100 Pixeln. Die kompletten HTML-Befehlszeilen für dieses Beispiel sehen infolgedessen so aus:

Beispiel:

```
<TABLE BORDER>
 <TR>
  <TH WIDTH=100 HEIGHT=50>Nachname</TH>
  <TH WIDTH=100>Vorname</TH>
```

```
    <TH>Fächer</TH>
    <TH>Sprechstunde</TH>
    <TH>Email-Adresse</TH>
  </TR>
  <TR>
    <TD HEIGHT=100>Wurst</TD>
    <TD>Hans</TD>
    <TD>M,IF,Sp</TD>
    <TD>n. V.</TD>
    <TD>hans.wurst@musterschule.de</TD>
  </TR>
  <TR>
    <TD HEIGHT=100>Pseudo</TD>
    <TD>Willi</TD>
    <TD>D, E</TD>
    <TD>n. V.</TD>
    <TD>willi.pseudo@musterschule.de</TD>
  </TR>
 </TABLE>
```

Vordefinierte Spalten

Damit ein Browser eine Tabelle richtig darstellen kann, muss er sie zunächst komplett einlesen. Bei sehr großen Tabellen kann dies dazu führen, dass der Seitenaufbau sich mit leeren Flächen vollzieht. Um dies zu verhindern, kann man dem Browser den groben Aufbau einer Tabelle mitteilen. Dadurch ist er in der Lage, einen Teil der Tabelle bereits anzuzeigen und den restlichen Inhalt weiter zu laden.
Mit Hilfe des **<COLGROUP>**-Tags (COLGROUP ≅ column group ≅ Spaltengruppe) lassen sich die Spalten einer Tabelle bereits vordefinieren. Es wird einfach nach dem einleitenden <TABLE>-Tag notiert. Für jede Spalte der Tabelle kann dann im Anschluss die Größe durch **<COL WIDTH=Zahl>** festgelegt werden. Dabei sind wiederum Prozent- und Pixelwerte erlaubt. Die so definierte Spaltengruppe muss mit **</COLGROUP>** wieder beendet werden. Für die einzelnen Spaltendefinitionen ist ein abschließendes **<COL>**-Tag nicht unbedingt notwendig. Wir wollen uns mal das folgende HTML-Beispiel ansehen:

```
<TABLE BORDER>
 <COLGROUP>
  <COL WIDTH=150>
  <COL WIDTH=150>
  <COL WIDTH=150>
  <COL WIDTH=200>
  <COL WIDTH=300>
 </COLGROUP>
 <TR>
  <TH>Nachname</TH>
  <TH>Vorname</TH>
  <TH>Fächer</TH>
  <TH>Sprechstunde</TH>
  <TH>Email-Adresse</TH>
  </TR>
  ...
 </TABLE>
```

Für jede Spalte wurde zu Beginn der Tabelle ihre Spaltengröße definiert. Die ersten drei Spalten sind jeweils 150 Pixel, die vierte 200 Pixel und die letzte 300 Pixel breit.

Weiterhin ist es möglich ein Verhältnis zwischen den einzelnen Spalten herzustellen. Anstatt mit Prozent- oder Pixelwerten zu arbeiten, gibt man Zahlenwerte an, die jeweils von einem Sternchen ***** gefolgt sind. Das Sternchen gibt dem Browser an, dass er keine Pixelwerte verwenden soll. Wir wollen mal ein Verhältnis zwischen den Spalten herstellen, das wie folgt aussieht:

```
<TABLE BORDER>
 <COLGROUP>
  <COL WIDTH=1*>
  <COL WIDTH=1*>
  <COL WIDTH=1*>
  <COL WIDTH=3*>
  <COL WIDTH=4*>
 </COLGROUP>
 <TR>
  <TH>Nachname</TH>
  <TH>Vorname</TH>
  <TH>Fächer</TH>
  <TH>Sprechstunde</TH>
  <TH>Email-Adresse</TH>
  </TR>
  ...
 </TABLE>
```

Die einzelnen Zahlenwerte ergeben in der Summe 10 (1+1+1+3+4=10). Somit haben wird das folgende Verhältnis erzeugt:

1. Die erste, zweite und dritte Spalte nehmen jeweils 1/10 der gesamten Tabellenbreite ein
2. Die vierte verwendet 3/10 der Tabelle
3. Der letzten Spalte reichen 4/10 der Tabellenbreite

Einheitliche Spaltenbreite

Das `<COLGROUP>`-Tag lässt sich auch dazu verwenden, um eine einheitliche Spaltenbreite zu erzielen. Durch das zusätzliche Attribut **SPAN** (SPAN ≅ spannen) können die Anzahl der Spalten festgelegt werden, die eine einheitliche Breite bekommen sollen.

Beispiel:

```
<TABLE BORDER>
 <COLGROUP SPAN=5 WIDTH=20%>
 </COLGROUP>
 <TR>
  <TH>Nachname</TH>
  <TH>Vorname</TH>
  <TH>Fächer</TH>
  <TH>Sprechstunde</TH>
  <TH>Email-Adresse</TH>
  </TR>
  ...
 </TABLE>
```

Durch `SPAN=5` werden insgesamt 5 Spalten definiert, die alle eine Breite von 20% der gesamten Tabellenbreite besitzen. Anders ausgedrückt – alle fünf Spalten verwenden jeweils 1/5 der Breite des Browserfensters.

Möchte man mehrere Spaltengruppen mit jeweils gleichen Spaltenbreiten aufbauen, so lassen sich auch mehrere <COLGROUP>-Tags nacheinander schreiben. Das nachfolgende Beispiel erzeugt drei Spalten mit einer Breite von jeweils 150 Pixeln und zwei Spalten mit einer Breite von jeweils 250 Pixeln.

Beispiel:

```
<TABLE BORDER>
 <COLGROUP SPAN=3 WIDTH=150>
 </COLGROUP>
 <COLGROUP SPAN=2 WIDTH=250>
 </COLGROUP>
 <TR>
  <TH>Nachname</TH>
  <TH>Vorname</TH>
  <TH>Fächer</TH>
  <TH>Sprechstunde</TH>
  <TH>Email-Adresse</TH>
  </TR>
  ...
 </TABLE>
```

Das Attribut SPAN kann auch im <COL>-Tag verwendet werden, um eine bestimmte Anzahl von Spalten auf eine einheitliche Breite zu bringen. Die Angaben im <COL>-Tag haben im übrigen Vorrang gegenüber denen im <COLGROUP>-Tag.

Übungen

1. Damit die Lehrertabelle aus der Übung 1 von Seite 39 vom Browser schneller geladen wird, ist nun das <COLGROUP>-Tag zu verwenden. Erweitere die HTML-Befehlszeilen, welche die Lehrertabelle erzeugen, derart, dass alle Spalten vordefiniert werden.

2. Verwende für den weiteren Aufbau der Lehrertabelle einheitliche Spaltenbreiten. Zusammengehörende Inhalte, wie Nachname und Vorname, können beispielsweise zur besseren Übersicht eine einheitliche Spaltenbreite besitzen.

3. Erzeuge eine Tabelle, die deinen Stundenplan aufzeigt. Setze das <COLGROUP>-Tag hierbei möglichst effektiv ein – wenige Befehlszeilen erhöhen die Übersichtlichkeit.

4.3 Außenrahmen und Gitternetzlinien

Das Aussehen einer einfachen Tabelle lässt sich durch verschiedene Attribute verändern. Die einfachste Möglichkeit ist die Veränderung des Außenrahmens oder aber der Gitternetzlinien innerhalb der Tabelle. Dadurch kann man verschiedene Effekte erzielen, die den Charakter bestimmter Informationen unterstreichen sollen. Denkbar wäre zum Beispiel die Wertetabelle einer Funktion, die nur bestimmte Gitternetzlinien besitzt.

Die Dicke einer Tabelle

Wie bereits zu Anfang erwähnt, muss das Attribut BORDER im einleitenden <TABLE>-Tag vorhanden sein, damit überhaupt ein Tabellenrahmen zu erkennen ist. Ohne weitere Angabe wird standardmäßig eine Rahmendicke von 2 Pixeln gewählt. Gibt man jedoch einen Pixelwert hinter dem Attribut BORDER an, kann man die Dicke des Außenrahmens bestimmen. Wird noch zusätzlich die Option **CELLSPACING** (CELLSPACING ≘ Zellenbemaßung) verwendet, beeinflusst dies die Breite der Gitternetzlinien.

Beispiel:

```
<TABLE BORDER=8 CELLSPACING=7>
 <COLGROUP SPAN=3 WIDTH=150>
 </COLGROUP>
 <COLGROUP SPAN=2 WIDTH=250>
 </COLGROUP>
 <TR>
  <TH>Nachname</TH>
  <TH>Vorname</TH>
 ...
</TABLE>
```

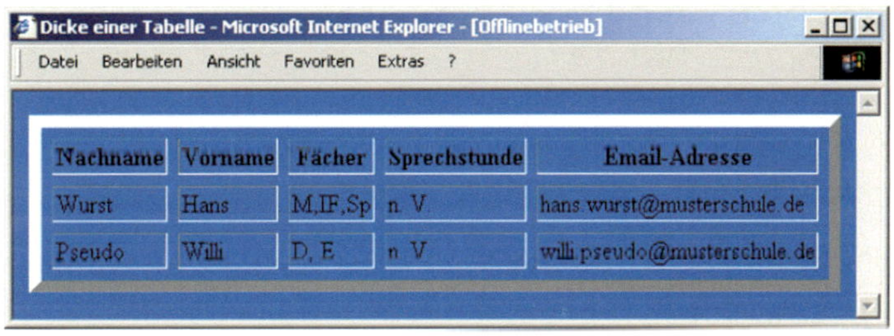

Die nebenstehende Abbildung zeigt einen deutlich verbreiterten Tabellenrahmen sowie breitere Gitternetzlinien. Der Außenrahmen besitzt eine Dicke von 8 Pixeln und die Gitternetzlinien eine von 7 Pixeln.

Wir wollen uns nun um den Aufbau einer Tabelle kümmern, die als Wertetabelle einer Funktion dienen soll. Die nebenstehende Abbildung zeigt eine typische Wertetabelle für eine mathematische Funktion. Der äußere Rahmen dieser Tabelle fehlt vollständig – die Gitternetzlinien sind jedoch vorhanden. Wir benötigen also ein Attribut, welches uns erlaubt, den äußeren Rahmen zu verändern.

Stelle (Argument) x	-2	-1	0	1	2
Funktionswert x^2	4	1	0	1	4

Außenrahmen verändern

Das Attribut **FRAME=** (FRAME ≘ Rahmen) im einleitenden <TABLE>-Tag erlaubt eine gezielte Veränderung des Außenrahmens einer Tabelle. Für unsere Wertetabelle benötigen wir die Angabe **VOID** (VOID ≘ nichts), die den Außenrahmen unterbindet. Die nachstehenden HTML-Befehlszeilen erzeugen die Wertetabelle – das Attribut BORDER ist wiederum notwendig:

```
<TABLE BORDER FRAME=VOID>
 <COLGROUP SPAN=1 WIDTH=130>
 </COLGROUP>
 <COLGROUP SPAN=5 WIDTH=20>
 </COLGROUP>
```

```
  <TR>
  <TD>Stelle (Argument) x</TD>
  <TD>-2</TD>
  <TD>-1</TD>
  <TD>0</TD>
  <TD>1</TD>
  <TD>2</TD>
 </TR>
 <TR>
  <TD>Funktionswert x<SUP>2</SUP></TD>
  <TD>4</TD>
  <TD>1</TD>
  <TD>0</TD>
  <TD>1</TD>
  <TD>4</TD>
 </TR>
</TABLE>
```

Es lassen sich noch eine Reihe weiterer Angaben hinter `FRAME=` für die Veränderung des Außenrahmens angeben. Folgende Angaben können dabei gemacht werden:

- **`FRAME=BOX`** (`BOX` ≅ Rechteck) – vollständiger Außenrahmen
- **`FRAME=ABOVE`** (`ABOVE` ≅ oberhalb) – Rahmenlinie nur am oberen Rand
- **`FRAME=BELOW`** (`BELOW` ≅ unterhalb) – Rahmenlinie nur am unteren Rand
- **`FRAME=HSIDES`** (`HSIDES` ≅ horizontal sides ≅ horizontale Seiten) – Rahmenlinien am unteren und oberen Rand
- **`FRAME=LHS`** (`LHS` ≅ left hand side ≅ links) – Rahmenlinie nur am linken Rand
- **`FRAME=RHS`** (`RHS` ≅ right hand side ≅ rechts) – Rahmenlinie nur am rechten Rand
- **`FRAME=VSIDES`** (`VSIDES` ≅ vertical sides ≅ vertikale Seiten) – Rahmenlinien am linken und rechten Rand

Gitternetzlinien verändern

Neben dem äußeren Rahmen einer Tabelle können auch die Gitternetzlinien nach bestimmten Regeln verändert werden. Hierfür verwendet man das Attribut **`RULES=`** (`RULES` ≅ Regeln) im einleitenden `<TABLE>`-Tag. Die nachstehenden Regeln können benutzt werden:

- **`RULES=NONE`** (`NONE` ≅ keine) – keine Gitternetzlinien, Außenrahmen bleibt
- **`RULES=ALL`** (`ALL` ≅ alle) – alle Gitternetzlinien (Voreinstellung)
- **`RULES=ROWS`** (`ROWS` ≅ Reihen) – Linien nur zwischen den Tabellenzeilen
- **`RULES=COLS`** (`COLS` ≅ columns ≅ Spalten) – Linien nur zwischen den Tabellenspalten
- **`RULES=GROUPS`** (`GROUPS` ≅ Gruppen) – Linien nur zwischen Kopf, Körper und Fuß der Tabelle

Beispiel:

```
<TABLE BORDER FRAME=VOID RULES=ROWS>
 <COLGROUP SPAN=1 WIDTH=130>
 </COLGROUP>
 <COLGROUP SPAN=5 WIDTH=20>
 </COLGROUP>
 <TR>
  <TD>Stelle (Argument) x</TD>
  <TD>-2</TD>
  <TD>-1</TD>
  <TD>0</TD>
  ...
</TABLE>
```

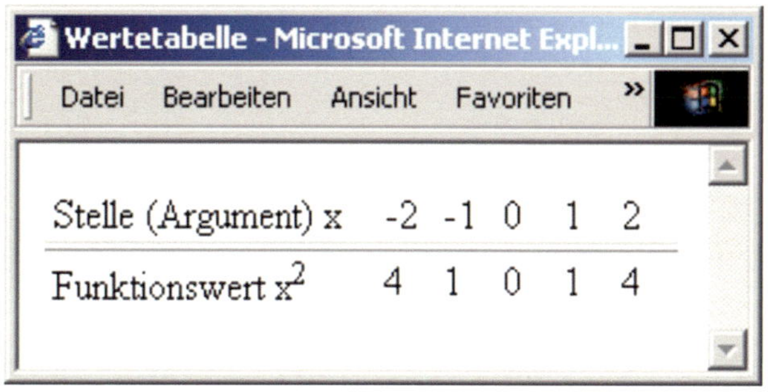

Unsere Wertetabelle verfügt nun nur noch über eine einzige Gitternetzlinie, die zwischen den beiden Tabellenzeilen angezeigt wird.

Kopf, Körper und Fuß einer Tabelle

Eine Tabelle kann in drei verschiedene Bereiche aufgeteilt werden. Dies ist insbesondere dann von Vorteil, wenn man logische Zusammenhänge besser verdeutlichen möchte. Weiterhin kann dadurch das oben genannte Attribut `RULES=GROUPS` für die Unterteilung durch die Gitternetzlinien verwendet werden. Für die Aufteilung in die drei Bereiche stehen die folgenden HTML Tags zur Verfügung:

- **<THEAD>** leitet den Tabellenkopf ein und **</THEAD>** beendet ihn wieder
- **<TBODY>** leitet den Tabellenkörper ein und **</TBODY>** hebt ihn wieder auf
- **<TFOOT>** leitet den Tabellenfuß ein und **</TFOOT>** beendet ihn wieder

Zwischen den einzelnen Tags können dann wie gewohnt die Tabellenzeilen geschrieben werden. (`THEAD` ≅ table head ≅ Tabellenkopf; `TBODY` ≅ table body ≅ Tabellenkörper; `TFOOT` ≅ table foot ≅ Tabellenfuß).

Übungen

1. Die Lehrertabelle soll nachträglich in einen Kopf-, Körper- und Fußbereich unterteilt werden. Informationen wie die Gesamtanzahl der Lehrer, Referendare und Praktikanten an deiner Schule, sollen mit in die Tabelle aufgenommen werden. Welche Einteilung erachtest du als sinnvoll?

2. Verwende die beiden Attribute `FRAME=` und `RULES=` im einleitenden `<TABLE>`-Tag, um die Tabelle nach deiner Vorstellung zu gestalten. Dabei soll eine sinnvolle Unterteilung der Tabelle jedoch erhalten bleiben.

3. Passe die Lehrertabelle auch hinsichtlich der Breite des Außenrahmens und der Gitternetzlinien an. Wähle dabei eine Darstellung der Linien, die nicht zu groß dimensioniert ist.

4. Welche graphischen Möglichkeiten gibt es noch, um die Unterteilung einer Tabelle übersichtlicher zu gestalten?

4.4 Tabellenzellen verbinden

Eine Tabelle lässt sich noch durch weitere HTML-Tags und Attribute erweitern. Die nebenstehende Abbildung zeigt unsere Lehrertabelle, die durch einige graphische Elemente erweitert wurde. Es ist leicht zu erkennen, dass die Tabelle in drei verschiedene Bereiche eingeteilt wurde. Im Tabellenkopf befindet sich die Überschrift sowie ein kleines Bild, der Tabellenkörper in der Mitte beinhaltet die eigentlichen Lehrerdaten und der Tabellenfuß stellt einige Kurzinformationen zusammen. Zum besseren Verständnis sind die Gitternetzlinien der Tabelle sichtbar dargestellt – man kann sie jedoch auch ohne weiteres weglassen. Wir wollen uns nun die hierfür notwendigen Befehlszeilen der Reihe nach einmal anschauen.

Nachname	Vorname	Fächer	Sprechstunde	Aufgabenbereich	Email-Adresse
Wurst	Hans	M,IF,Sp	n. V.	Fachleiter Sport	hans.wurst@musterschule.de
Pseudo	Willi	D, E	n. V.	Vertrauenslehrer	willi.pseudo@musterschule.de
Chemikus	Karlfredo	Ch, Lt	Do./3. Stunde	Fachleiter Chemie	karlfredo.chemikus@musterschule.de
Stomko	Lena	Mu, F	Mi./2. Stunder	-	lena.stomko@musterschule.de
Stein-Müller	Heidi	Ph, Rel	n. V.	-	heidi.stein-mueller@musterschule.de
Labertaler	Michael	Bio, Ku	Fr./5. Stunde	Fachleiter Biologie	michael.labertaler@musterschule.de
Liebherr	Volker	D, Ge, Soz	n. V.	Stellvertretener Schulleiter	volker.liebherr@musterschule.de
Statistik					
Anzahl der Kollegen			46 Lehrer		
			6 Referendare		
			2 Praktikanten		

Verbinden von Tabellenzellen

Der Tabellenkopf mit der Überschrift und dem kleinen Bild erstreckt sich vollständig über dem Tabellenkörper. Um dies zu realisieren, müssen die Zellen einer Zeile verbunden werden.

Zellen spaltenweise verbinden

Das Attribut **COLSPAN=** (COLSPAN ≅ column span ≅ Spalten spannen) führt dazu, dass sich eine Zelle über mehrere Spalten erstreckt. Im vorliegenden Fall sind insgesamt 6 Spalten zu überspannen. Der Tabellenkopf, eingeleitet durch das <THEAD>-Tag, sieht daher wie folgt aus:

Beispiel:

```
<THEAD>
 <TR>
  <TH COLSPAN=2>
   <IMG SRC="../bilder/schule.gif" WIDTH="100" HEIGHT="100"
    BORDER="0" ALT="logo">
  </TH>
  <TH COLSPAN=4>
   <H2>Das Kollegium der Musterschule in Musterstadt</H2>
  </TH>
 </TR>
</THEAD>
```

Das kleine Logo überspannt 2 Spalten des Tabellenkörpers (COLSPAN=2) und die Überschrift der Tabelle überspannt 4 Spalten (COLSPAN=4). Das Attribut COLSPAN= hat nur dann eine Wirkung, wenn mindestens so viele Tabellenspalten vorhanden sind wie angegeben.

Zellen zeilenweise verbinden

Der Tabellenfuß für die Statistik überspannt wiederum 6 Spalten des Tabellenkörpers. Neu hinzugekommen ist das zeilenweise Verbinden von Zellen in einer Spalte. Die Spalte *Anzahl der Kollegen* überspannt die drei rechts stehenden Zeilen. Das Attribut **ROWSPAN=** (ROWSPAN ≅ Zeilen spannen) ermöglicht diese Verbindungsart. Der vollständige Tabellenfuß sieht daher so aus:

Labertaler	Michael	Bio, Ku	Fr./5. Stunde	Fachleiter Biologie	michael.labertaler@musterschule.de
Liebherr	Volker	D, Ge, Soz	n. V.	Stellvertretener Schulleiter	volker.liebherr@musterschule.de
Statistik					
Anzahl der Kollegen			46 Lehrer		
			6 Referendare		
			2 Praktikanten		

```
<TFOOT>
 <TR>
  <TH COLSPAN=6 background="../bilder/kachel-2.gif">Statistik</TH>
 </TR>
 <TR>
  <TH COLSPAN=3 ROWSPAN=3>Anzahl der Kollegen</TH>
  <TD COLSPAN=3>46 Lehrer</TD>
 </TR>
 <TR>
  <TD COLSPAN=3>6 Referendare</TD>
 </TR>
 <TR>
  <TD COLSPAN=3>2 Praktikanten</TD>
 </TR>
</TFOOT>
```

Durch ROWSPAN=3 werden die drei rechtsstehenden Zeilen überspannt. Gleichzeitig sind die drei ersten Spalten des Tabellenkörpers mit COLSPAN=3 verbunden. Wie du siehst, lassen sich beide Attribute auch gleichzeitig verwenden. Die anderen drei Zeilen überspannen jeweils die restlichen drei Spalten des Körpers. Das Attribut ROWSPAN= ist nur dann wirksam, wenn mindestens so viele Tabellenzeilen vorhanden sind wie angegeben.

4.5 Farbe und Hintergrundbilder für Tabellen

Eine Tabelle kann durch verschiedene farbige Elemente aufgewertet werden. Unsere Lehrertabelle weist eine Reihe von Farbakzenten auf. Die gesamte Tabelle ist zunächst in einem einheitlichen Blauton gehalten, der dunkler als die Hintergrundfarbe der Web-Seite ist. Für diesen Effekt ist die Option **BGCOLOR=** (BGCOLOR ≅ background color ≅ Hintergrundfarbe) im einleitenden <TABLE>-Tag verantwortlich. Sie bestimmt die gesamte Hintergrundfarbe der Tabelle.

Verwendet man hingegen **BGCOLOR=** in einer Kopfzelle (<TH>-Tag) bzw. in einer Datenzelle (<TD>-Tag), so wird nur dieser Bereich mit der Hintergrundfarbe versehen. Dabei wird im übrigen die Farbangabe im <TABLE>-Tag aufgehoben. Natürlich kann auch eine ganze Tabellenzeile gefärbt werden. Dazu ist dass Attribut BGCOLOR= einfach im <TR>-Tag zu verwenden. Zwei Ausschnitte der HTML-Befehlszeilen unserer Lehrertabelle machen die Verwendung deutlich:

Beispiel:

```
<TABLE BGCOLOR=#1C1CFF>
 <COLGROUP SPAN=3 WIDTH=150></COLGROUP>
 <COLGROUP SPAN=2 WIDTH=250></COLGROUP>
 <THEAD>
  <TR>
   <TH COLSPAN=2><IMG SRC="../bilder/schule.gif" WIDTH="100"
       HEIGHT="100" BORDER="0" ALT="logo">
 ...
</TABLE>
```

Die gesamte Tabelle erhält eine einheitliche Blaufärbung.

Beispiel:

```
<TR BGCOLOR=#9191FF>
 <TD>Pseudo</TD>
 <TD>Willi</TD>
 <TD>D, E</TD>
 <TD>n. V.</TD>
 <TD ALIGN=CENTER>Vertrauenslehrer</TD>
 <TD>willi.pseudo@musterschule.de</TD>
</TR>
```

Wurst	Hans	M,IF,Sp	n. V.	Fachleiter Sport	hans.wurst@musterschule.de
Pseudo	Willi	D, E	n. V.	Vertrauenslehrer	willi.pseudo@musterschule.de
Chemikus	Karlfredo	Ch, Lt	Do./3. Stunde	Fachleiter Chemie	karlfredo.chemikus@musterschule.de

Eine Tabellenzeile wird durch einen hellen Blauton stärker hervorgehoben.

Tabellenrahmen färben

Eine weitere Möglichkeit, mehr Farbe ins Spiel zu bringen ist das Färben der inneren und äußeren Ränder einer Tabelle. Mit Hilfe des Attributs **BORDERCOLOR=** (BORDERCOLOR ≅ Randfarbe) kann der innere und äußere Rand mit einer einheitlichen Farbe versehen werden.
Wem dies zu wenig ist, der kann auch ein Schattierungseffekt einsetzen. Für das Attribut **BORDERCOLORDARK=** verwendet man eine dunkle Farbe und für **BORDERCOLORLIGHT=** dementsprechend eine helle. Es wird der Eindruck erweckt, als ob die Zellen vertieft in der Tabelle liegen. Dreht man die Farbzuordnung, so erscheinen die Zellen erhöht.

Beispiel:

```
<TABLE BORDER BORDERCOLORDARK=#00008C BORDERCOLORLIGHT=#8C8CFF>
 <COLGROUP SPAN=3 WIDTH=150></COLGROUP>
  <COLGROUP SPAN=2 WIDTH=250></COLGROUP>
 <THEAD>
  <TR>
 ...
</TABLE>
```

Für den Rand der Lehrertabelle wurde ein Schattierungseffekt durch einen dunklen und hellen Blauton erzielt. Die Zellen erwecken den Eindruck, als ob sie vertieft liegen.

Nachname	Vorname	Fächer	Sprechstunde
Wurst	Hans	M,IF,Sp	n. V.
Pseudo	Willi	D, E	n. V.

Alle drei Attribute können entweder im <TABLE>-Tag verwendet werden oder aber im <TR>-, <TH>- und <TD>-Tag. Sie sind natürlich nur dann wirksam, wenn das Attribut BORDER im <TABLE>-Tag angegeben wurde.

Die Farbangaben für die einzelnen Attribute können in hexadezimaler Form oder aber durch Namen geschehen. Du solltest weiterhin darauf achten, dass die verwendeten Farben zu einander im Kontrast stehen. Weißer Text auf weißem Hintergrund kommt irgendwie nicht gut, oder?

Hintergrundbild

Eine weitere Möglichkeit, um eine Tabelle graphisch aufzuwerten, ist die Verwendung eines Hintergrundbildes für die gesamte Tabelle oder für Tabellenzellen. Das Attribut **BACKGROUND=** erlaubt die Einbindung einer Graphik für die gesamte Tabelle im einleitenden <TABLE>-Tag bzw. in einzelnen Kopf- oder Datenzellen. Für unsere Lehrertabelle wurde ein Kachelmotiv für zwei Tabellenzeilen gewählt. Das nachfolgende Beispiel zeigt die erste Tabellenzeile des Kopfbereichs:

Beispiel:

Nachname	Vorname	Fächer	Sprechstu
Wurst	Hans	M,IF,Sp	n. V.

```
<THEAD>
 <TR>
  <TH BACKGROUND="../bilder/kachel-2.gif">Nachname</TH>
  <TH BACKGROUND="../bilder/kachel-2.gif">Vorname</TH>
  <TH BACKGROUND="../bilder/kachel-2.gif">Fächer</TH>
  <TH BACKGROUND="../bilder/kachel-2.gif">Sprechstunde</TH>
  <TH BACKGROUND="../bilder/kachel-2.gif">Aufgabenbereich</TH>
  <TH BACKGROUND="../bilder/kachel-2.gif">Email-Adresse</TH>
 </TR>
...
</THEAD>
```

Damit eine komplette Tabellenzeile mit einem einheitlichen Hintergrundmotiv dargestellt wird, muss jede einzelne Zelle durch das Attribut BACKGROUND= ergänzt werden.

4.6 Zelleninhalte ausrichten

Im Abschnitt 4.1 hast du bereits erfahren, dass der Inhalt einer Kopfzelle standardmäßig immer zentriert und der Inhalt einer Datenzelle linksbündig angezeigt wird. Manchmal möchte man jedoch auch eine andere Ausrichtung erzielen.

Horizontale Ausrichtung

Das Attribut **ALIGN=** kann für diesen Zweck zur horizontalen Ausrichtung des Inhalts von Tabellenzellen verwendet werden. Wie bei den Textformatierungen aus Kapitel 2 stehen verschiedene Arten zur Verfügung:

- **ALIGN=LEFT** – linksbündig
- **ALIGN=RIGHT** – rechtsbündig
- **ALIGN=CENTER** – zentriert
- **ALIGN=JUSTIFY** – Blocksatz

Das Attribut ALIGN= kann im <TH>-, <TD>- und <TR>-Tag verwendet werden. Eine komplette Tabellenzeile lässt sich beispielsweise durch <TR ALIGN=RIGHT> rechtsbündig ausrichten.

Vertikale Ausrichtung

Dir ist bestimmt schon aufgefallen, dass die Inhalte einer Zelle immer mittig dargestellt werden. Innerhalb einer Tabellenzeile bestimmt ja die Zelle mit dem größten Inhalt die Höhe – die anderen Zelleninhalte werden dann dazu ausgerichtet. Man kann jedoch die vertikale Ausrichtung durch das Attribut **VALIGN=** (VALIGN ≅ vertical align ≅ vertikale Ausrichtung) selbst bestimmen. Folgende Ausrichtungen sind möglich:

- **VALIGN=TOP** – obenbündig
- **VALIGN=MIDDLE** – mittig
- **VALIGN=BOTTOM** – untenbündig

Das Attribut VALIGN= kann ebenfalls im <TH>-, <TD>- und <TR>-Tag verwendet werden. Die folgenden Befehlszeilen erzeugen eine obenbündige Ausrichtung für eine einzelne Zeile unserer Lehrertabelle:

Beispiel:

Stomko	Lena	Mu, F	Mi./2. Stunde	-	lena.stomko@musterschule.de
Stein-Müller	Heidi	Ph, Rel	n. V.	-	heidi.stein-mueller@musterschule.de

```
<TR VALIGN=TOP>
 <TD>Stein-Müller</TD>
 <TD>Heidi</TD>
 <TD>Ph, Rel</TD>
 <TD>n. V. </TD>
 <TD ALIGN=CENTER>-</TD>
 <TD>heidi.stein-mueller@musterschule.de</TD>
</TR>
```

4.7 Tabellen beschriften und ausrichten

Eine Tabelle wird auf einer Web-Seite kaum den gesamten Platz einnehmen. Weitere Elemente, wie Text, Graphik und Verweise, werden dementsprechend ebenfalls vorhanden sein. Die Tabelle kann daher durch verschiedene Attribute in eine Seite besser eingebunden werden. So kann beispielsweise ein Text um eine Tabelle herumfließen – wie dies bei graphischen Darstellungen in Zeitungen der Fall ist.

Tabellenbeschriftung

Manchmal ist es sinnvoll, eine Tabelle zu beschriften. Zusätzliche Informationen über die Tabelle bzw. die Inhalte können so ergänzt und zugeordnet werden. Für unsere Lehrertabelle können wir zum Beispiel die Aktualität der Daten mit angeben. Durch den Zusatz *Stand: Schuljahr 2001/2002* weiß der Betrachter sofort, ob die Daten noch aktuell sind. In der nebenstehenden Abbildung steht diese Angabe unterhalb der Tabelle.

	Das Kollegium der Musterschule in Musterstadt				
Nachname	**Vorname**	**Fächer**	**Sprechstunde**	**Aufgabenbereich**	**Email-Adresse**
Wurst	Hans	M,IF,Sp	n. V.	Fachleiter Sport	hans.wurst@musterschule.de
Pseudo	Willi	D, E	n. V.	Vertrauenslehrer	willi.pseudo@musterschule.de
Chemikus	Karlfredo	Ch, Lt	Do./3. Stunde	Fachleiter Chemie	karlfredo.chemikus@musterschule.de
Stomko	Lena	Mu, F	Mi./2. Stunde	-	lena.stomko@musterschule.de
Stein-Müller	Heidi	Ph, Rel	n. V.	-	heidi.stein-mueller@musterschule.de
Labertaler	Michael	Bio, Ku	Fr./5. Stunde	Fachleiter Biologie	michael.labertaler@musterschule.de
Liebherr	Volker	D, Ge, Soz	n. V.	Stellvertretener Schulleiter	volker.liebherr@musterschule.de
Statistik					
Anzahl der Kollegen			46 Lehrer		
			6 Referendare		
			2 Praktikanten		

Stand: Schuljahr 2001/2002

Tabellen lassen sich mit Hilfe des **<CAPTION>**-Tags (CAPTION ≅ Überschrift) beschriften. In Verbindung mit dem Attribut ALIGN= kann die Position der Beschriftung definiert werden. Die folgenden Ausrichtungen sind möglich:

- **<CAPTION ALIGN=TOP>** – Tabellenüberschrift
- **<CAPTION ALIGN=BOTTOM>** – Tabellenunterschrift
- **<CAPTION ALIGN=LEFT**> – linksseitige Tabellenüberschrift
- **<CAPTION ALIGN=RIGHT>** – rechtsseitige Tabellenüberschrift

Das <CAPTION>-Tag ist nach dem einleitenden <TABLE>-Tag gut aufgehoben. Es wird durch </CAPTION> wieder beendet. Innerhalb der beiden Tags können beliebige Befehle zur besseren Gestaltung der Beschriftung verwendet werden. Die nachstehenden Befehlszeilen zeigen die Unterbeschriftung der Lehrertabelle mit *Stand: Schuljahr 2001/2002*:

Beispiel:

```
<TABLE BORDER>
 <CAPTION ALIGN=BOTTOM>
  <H3>Stand: Schuljahr 2001/2002</H3>
 </CAPTION>
 <COLGROUP SPAN=3 WIDTH=150>
 </COLGROUP>
 <COLGROUP SPAN=2 WIDTH=250>
 </COLGROUP>
 <THEAD>
 ...
</TABLE>
```

Tabellen ausrichten

Damit beispielsweise ein Text rechts um die Tabelle fließen kann, muss die Tabelle linksseitig ausgerichtet werden. Dies erreicht man durch das zusätzliche Attribut ALIGN=LEFT im einleitenden <TABLE>-Tag. Die nachfolgende Abbildung zeigt dies an unserer Lehrertabelle.

Soll hingegen ein Text links um die Tabelle fließen, so muss die Tabelle mit ALIGN=RIGHT rechtsseitig ausgerichtet werden.

Dies geht natürlich nur, wenn noch genügend Platz neben einer Tabelle vorhanden ist. Eventuell muss man die Tabellenbreite mit dem Attribut WIDTH= beschränken. Weiterhin kann man auch ALIGN=CENTER verwenden. Dadurch wird die Tabelle zentriert dargestellt. Nachfolgende Elemente fließen jedoch *nicht* links bzw. rechts um die Tabelle.

Sind nur einige Elemente links bzw. rechts um die Tabelle erwünscht und weiterführende Inhalte sollen unterhalb der Tabelle folgen, so lässt sich das Attribut **CLEAR=** (CLEAR ≘ löschen) verwenden. In Verbindung mit dem
-Tag sorgt es dafür, dass ein Zeilenumbruch erst nach einem bestimmten Kriterium vollzogen wird.

- **<BR CLEAR=LEFT>** – Zeilenumbruch, wenn linker Fensterrand frei
- **<BR CLEAR=RIGHT>** – Zeilenumbruch, wenn rechter Fensterrand frei
- **<BR CLEAR=ALL>** – Zeilenumbruch, wenn beide Ränder frei

Beispiel:

```
<TABLE BORDER BORDERCOLORDARK=#00008C BORDERCOLORLIGHT=#8C8CFF
 BGCOLOR=#1C1CFF WIDTH=70% ALIGN=LEFT>

 <CAPTION ALIGN=BOTTOM>
  <H3>Stand: Schuljahr 2001/2002</H3>
 </CAPTION>
 <COLGROUP SPAN=3 WIDTH=150></COLGROUP>
 <COLGROUP SPAN=2 WIDTH=250></COLGROUP>
 <THEAD>
 ...
</TABLE>

<FONT COLOR="#000000">
 Hier siehst du einen kleinen Ausschnitt des Kollegiums der Mu
 sterschule. Die restlichen Lehrer/Lehrerinnen werden in Kürze er
 gänzt. Also noch etwas Geduld! <BR CLEAR=ALL>
 Jeder Lehrer besitzt seine eigene Email-Adresse in unserem Intra-
 net. Falls du also irgendwelche Fragen bzw. Probleme hast, dann
 kannst du dem betreffenden Kollegen einfach eine Nachricht sen-
 den. Herr W. Pseudo freut sich besonders über eure Emails. Er ist
 der Vertrauenslehrer unserer Schule.
</FONT>
```

4.8 Blinde Tabellen

Blinde Tabellen – Tabellen ohne sichtbare Gitternetzlinien – eignen sich hervorragend für die Ausrichtung von Elementen auf einer Web-Seite. So lassen sich beispielsweise mehrere Textspalten auf dem Bildschirm bringen, wie sie in Zeitungen zu finden sind. Weiterhin können Texte und Graphiken ordentlich angeordnet oder aber bestimmte Seitenränder definiert werden. Es gibt eine Vielzahl von Einsatzmöglichkeiten für blinde Tabellen. Du wirst in den verschiedenen Kapiteln immer wieder darauf stoßen.

Wir wollen uns daher nur kurz einer Möglichkeit zuwenden. Ein kurzer Textabschnitt ist mit einem farbigen Hintergrund zu unterlegen. Dies kann sehr leicht mit einer blinden Tabelle realisiert werden. Die untenstehende Abbildung zeigt eine dunkelblaue Farbfläche, die als Hintergrund für den Hinweistext dient. Um dies in HTML zu realisieren, sind folgende Befehlszeilen notwendig:

Beispiel:

```
<TABLE BGCOLOR=#0000A0 CELLPADDING=10>
 <TR>
  <TD>
   <FONT COLOR=#DDDDFF>
    Jeder Lehrer besitzt seine eigene Email-Adresse in unserem
    Intranet. Falls du also irgendwelche Fragen bzw. Probleme
    hast, dann kannst du dem betreffenden Kollegen einfach eine
    Nachricht senden. Herr W. Pseudo freut sich besonders über
    eure Emails. Er ist der Vertrauenslehrer unserer Schule.
   </FONT>
  </TD>
 </TR>
</TABLE>
```

Das Attribut `BORDER` wurde im einleitenden `<TABLE>`-Tag einfach weggelassen. Neu hinzugekommen ist die Option **`CELLPADDING=`** (`CELLPADDING` ≅ Zelleninhaltsbemaßung), die für den Abstand zwischen Zelleninhalt und Zellenrand verantwortlich ist. Im Beispiel wurde ein Abstand von 10 Pixeln angegeben. Die dunkelblaue Farbfläche wird mit `BGCOLOR=#0000A0` erzeugt.

Übungen

Wir wollen uns um den Aufbau einer Klassentabelle kümmern, die dich und deine Mitschüler im Intranet deiner Schule beschreibt.

1. Welche Daten sollten sinnvoller Weise in einer Klassentabelle aufgeführt sein? Begründe!

2. Entwerfe auf einem Blatt Papier die Struktur der Tabelle in Abhängigkeit der unter 1. gewählten Daten. Graphische Elemente, zur Verbesserung der Übersichtlichkeit, kannst du bereits hier skizzieren. Für die anschließende Umsetzung in HTML bietet es sich an, bereits einige wichtige HTML-Befehle in der Skizze zu notieren.

3. Erzeuge die unter 2. entworfene Tabelle in HTML und teile sie in einen Kopf-, Körper- und Fußbereich ein. Lege die Gesamtgröße der Tabelle fest und definiere ihre Spalten mit Hilfe des `<COLGROUP>`-Tags. Achte dabei auf eine sinnvolle Definition der Spaltenbreiten.

4. Erweitere die Klassentabelle nun schrittweise, um die unter 2. entworfene Tabelle zu erhalten.

5 Frames

Für den weiteren Aufbau unserer Web-Seite soll nun der Anzeigebereich des Browsers aufgeteilt werden. Mit Hilfe sogenannter ***Frames*** – das sind frei skalierbare Bereiche – ist es möglich, die lineare Struktur eines HTML-Dokuments aufzubrechen. Die hypertextuelle Sichtweise für den Betrachter einer Web-Seite wird dadurch entscheidend unterstützt. Die einzelnen Bereiche können feste Inhalte aufweisen, aber auch verschiedene Links, welche dann die Anzeige in einem anderen Abschnitt der Seite beeinflussen.

Die nebenstehende Abbildung zeigt beispielhaft den Aufbau einer Web-Seite unter Verwendung von Frames. Auf der linken Seite befinden sich alle notwendigen Links, die dem Betrachter für die Navigation durch die Seiten zur Verfügung stehen. Die eigentlichen Inhalte und Informationen werden im rechten Bereich angezeigt und im oberen Anzeigebereich des Browsers ist der Titel der Web-Seite aufgeführt. Insbesondere die Navigationshilfen im linken Bereich sind für den Betrachter immer präsent, was die Interaktivität verbessert. Die Seite kann somit effizienter nach bestimmten Informationen durchsucht werden. Wir wollen uns nun zunächst verschiedene Möglichkeiten für die Aufteilung des Anzeigebereichs des Browsers ansehen und die hierfür notwendigen HTML-Befehle erarbeiten. Fangen wir also gleich mit dem ersten Beispiel an.

5.1 Horizontale Aufteilung

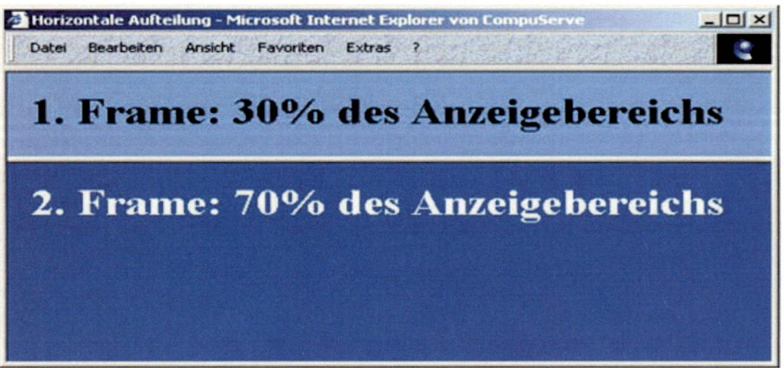

Der Anzeigebereich des Browsers wurde in zwei horizontale Bereiche aufgeteilt. Der obere Frame nimmt *30%* und der untere Frame *70%* des Browserfensters ein. Die beiden Frames bilden zusammen ein sogenanntes ***Frame-Set***, das den Body des HTML-Dokuments ersetzt. Die folgenden Befehlszeilen erzeugen die nebenstehende Aufteilung.

```
<HTML>
 <HEAD>
  <TITLE>Horizontale Aufteilung</TITLE>
 </HEAD>
 <FRAMESET ROWS="30%,70%">
  <FRAME SRC="oben.htm">
  <FRAME SRC="unten.htm">
 </FRAMESET>
 <BODY>
  Dein Browser unterstützt keine Frames!
 </BODY>
</HTML>
```

Es ist leicht zu erkennen, dass sich das Grundgerüst des HTML-Dokuments entscheidend verändert hat. Im Anschluss an das </HEAD>-Tag wird das Frame-Set durch das Tag

<FRAMESET ROWS="30%,70%">

eingeleitet. Das Attribut **ROWS="30%,70%"** (ROWS ≅ Reihen) legt die Anzahl der horizontalen Frames (Reihen) sowie deren einzelne Höhen fest. In unserem Fall werden zwei Reihen definiert, wobei die erste Reihe eine Höhe von 30% der gesamten Anzeigehöhe des Browsers besitzt und die zweite eine Höhe von 70% aufweist.

Alternativ können auch absolute Werte für die Höhen der einzelnen horizontalen Frames angegeben werden. So erzeugt beispielsweise das Attribut **ROWS="30,70"** für den ersten Frame eine Höhe von 30 Pixeln und für den zweiten eine Höhe von 70 Pixeln. Absolute Werte solltest du mit Vorsicht verwenden, da später die Besucher der Web-Seite diese mit unterschiedlichen Bildschirmauflösungen anschauen. Dies führt dann unweigerlich zu verschiedenen Größendarstellungen der Frames, was mitunter nicht beabsichtigt ist.

Natürlich lassen sich auch mehr als zwei Reihen mit dem Attribut ROWS erzeugen. Das Tag **<FRAMESET ROWS="10%,*,30%">** beispielsweise führt zu einem Frame-Set, das aus drei Reihen besteht, die eine Höhe von 10%, 60% und 30% der gesamten Anzeigehöhe des Browsers besitzen. Das Sternchen steht für eine ***Wildcard*** und nimmt den restlichen Prozentwert an, der noch vom Anzeigebereich übrig ist. In diesem Fall sind es 60%, da die erste und dritte Reihe zusammen 40% verwenden und maximal 100% des Anzeigebereichs zur Verfügung stehen (100%-10%-30%=60%).

Nachdem nun der Anzeigebereich durch die Definition des Frame-Set aufgeteilt wurde, müssen die einzelnen Frames noch definiert werden. Hierbei wird festgelegt, welche HTML-Dateien in den einzelnen Bereichen dargestellt werden sollen. In unserem Beispiel werden mittels der beiden Tags

<FRAME SRC="oben.htm">
<FRAME SRC="unten.htm">

die Inhalte der beiden HTML-Dateien **oben.htm** und **unten.htm** im ersten bzw. zweiten Frame angezeigt. Da die beiden HTML-Dateien sich im gleichen Verzeichnis wie die Datei mit der Definition des Frame-Set befinden, können wir die Dateinamen direkt in Anführungszeichen hinter dem Attribut **SRC** (SRC ≅ source ≅ Quelle) angeben. Der HTML-Befehl **<FRAME SRC="Dateiname">** (FRAME ≅ Rahmen) wird für jeden Bereich einzeln vergeben, wobei ein Frame auch mittels **<FRAME>** zunächst leer bleiben darf. Hat man also, wie oben geschehen, drei Bereiche im Frame-Set festgelegt, so sind im Anschluss auch drei Frames mit dem <FRAME>-Tag zu definieren.

5.2 Vertikale Aufteilung

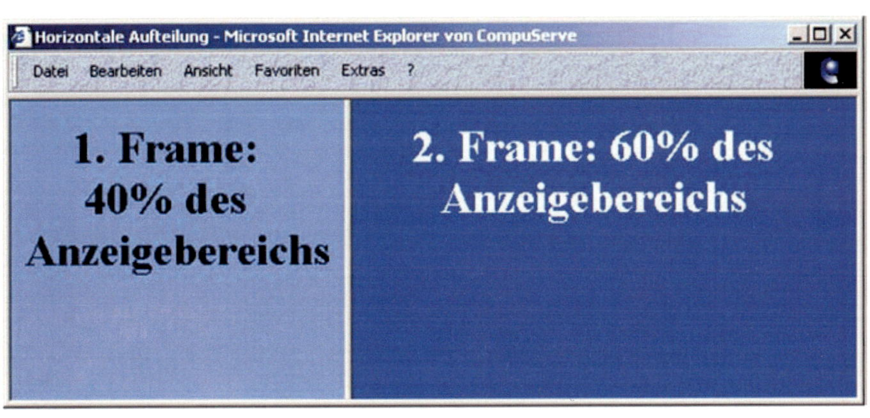

Die nebenstehende Abbildung zeigt eine Aufteilung des Browserfensters in zwei vertikale Bereiche. Der linke Frame nimmt 40% und der rechte Frame 60% des Anzeigebereichs ein. Die hierfür notwendigen Befehlszeilen sehen wie folgt aus.

```
<HTML>
 <HEAD>
  <TITLE>Vertikale Aufteilung</TITLE>
 </HEAD>
 <FRAMESET COLS="40%,60%">
  <FRAME SRC="links.htm">
  <FRAME SRC="rechts.htm">
 </FRAMESET>
 <BODY>
  Dein Browser unterstützt keine Frames!
 </BODY>
</HTML>
```

Das Attribut **`COLS="40%,60%"`** (`COLS` ≅ columns ≅ Spalten) legt nun die Anzahl der vertikalen Frames (Spalten) und deren jeweilige Breite fest. Es werden also zwei Spalten erzeugt, wobei die erste 40% und die zweite 60% des Browserfensters einnimmt. Die Definition der beiden Frames geschieht wiederum über das `<FRAME>`-Tag, wobei im vorliegenden Fall die HTML-Dateien mit **`links.htm`** und **`rechts.htm`** benannt werden. Die beiden Dateien beinhalten jeweils die in der obigen Abbildung dargestellten Textbeispiele.

Die HTML-Dateien für die einzelnen Frames solltest du nach Möglichkeit aussagekräftig benennen. Sinnvollerweise bietet sich eine Namensvergabe hinsichtlich der Lage der Frames an. Mit **`oben.htm`**, **`unten.htm`**, **`links.htm`** und **`rechts.htm`** hast du bereits einige Dateibezeichnungen kennen gelernt. Natürlich sind auch andere Bezeichnungen möglich.

Für die vertikale Aufteilung kann man, wie bei der horizontalen, auch absolute Angaben in Pixeln verwenden. Die Benutzung von Wildcards ist genauso möglich und eine Aufteilung in mehr als zwei Spalten ist ebenfalls realisierbar. Man muss nur darauf achten, dass wiederum 100% des Anzeigebereichs vertikal aufzuteilen sind und man für jede einzelne Spalte einen Frame definieren muss. Werden absolute Werte für die Aufteilung der Anzeigebereichs verwendet, so sind wiederum die verschiedenen Bildschirmauflösungen der Benutzer ausschlaggebend.

Übungen

1. Erzeuge einen Frame-Set, der das Browserfenster in drei horizontale Bereiche einteilt. Der zweite Frame soll 55% und der dritte 15% des Anzeigebereichs verwenden. Erstelle jeweils für die einzelnen Frames einen Beispieltext und wähle geeignete Bezeichnungen für die drei HTML-Dateien.

2. Erzeuge einen Frame-Set, der das Browserfenster wie in der nebenstehenden Abbildung aufteilt. Wähle auch hier geeignete Namen für die einzelnen HTML-Dateien.

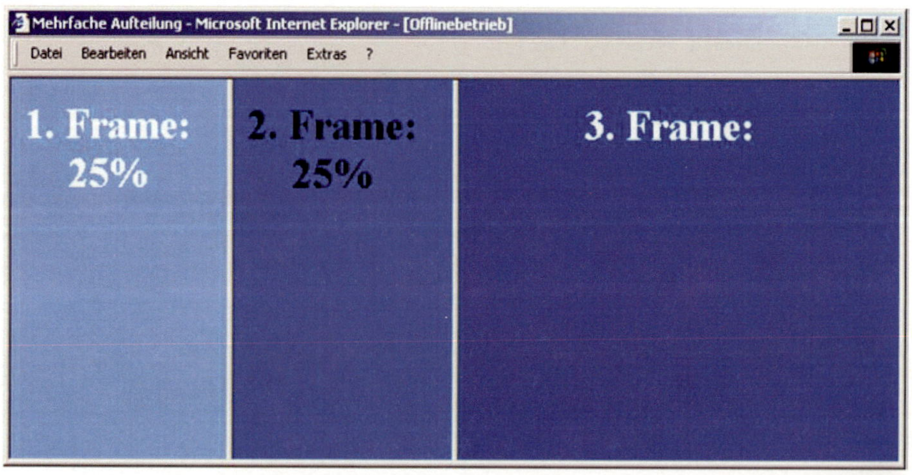

3. Wie kann man die Größe der einzelnen Frames auch während der Darstellung im Browserfenster verändern? Sollte man diese Möglichkeit dem Betrachter zur Verfügung stellen? Begründe!

4. Was passiert mit den verschiedenen Frames, wenn du das Browserfenster vergrößerst bzw. verkleinerst? Beschreibe deine Beobachtungen!

5. Versuche am Beispiel verschiedener Web-Seiten im Internet, die am häufigsten verwendeten Aufteilungen zu ermitteln. Wo werden die Verweise dargestellt und wo die Inhalte? Skizziere die verschiedenen Aufteilungen der Seiten auf dem Papier.

6. Welche Aufteilung für unsere Web-Seite erachtest du als sinnvoll? Begründe!

5.3 Verschachtelte Aufteilung

Die Aufteilung des Browserfensters in reine horizontale bzw. vertikale Bereiche ist in vielen Fällen nicht sehr praktikabel. Die gleichzeitige Sichtbarkeit von Verweisen, den dargestellten Inhalten sowie einer ständig vorhandenen Titeleinblendung der besuchten Web-Seite, erfordert eine komplexere Aufteilung des Anzeigebereichs des Browsers. Viele moderne Web-Seiten verwenden daher eine verschachtelte Aufteilung, die sich durch die Definition von zwei verschiedenen Frame-Sets erreichen lässt.

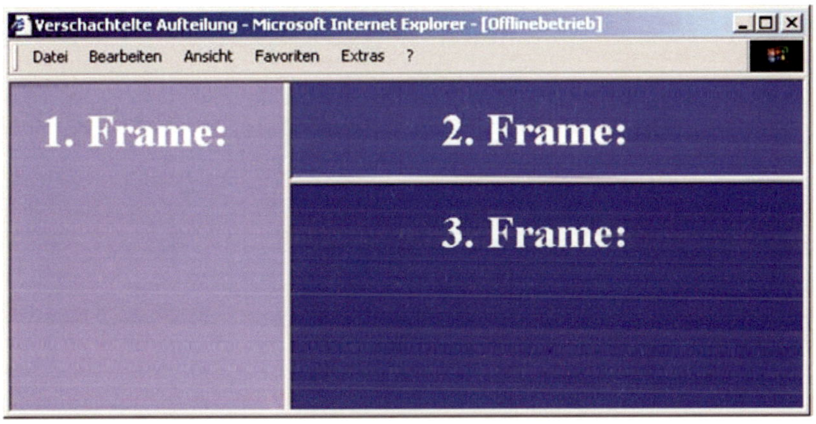

Die nebenstehende Abbildung zeigt eine derartige Bildschirmaufteilung. Die hierfür notwendigen HTML-Befehlszeilen sehen dementsprechend so aus:

```
<HTML>
 <HEAD>
  <TITLE>Verschachtelte Aufteilung</TITLE>
 </HEAD>
 <FRAMESET  COLS="35%, 65%">
  <FRAME SRC="links.htm">
  <FRAMESET ROWS="30%, 70%">
   <FRAME SRC="rechtsoben.htm">
   <FRAME SRC="rechtsunten.htm">
  </FRAMESET>
 </FRAMESET>
 <BODY>
  Dein Browser unterstützt keine Frames!
 </BODY>
</HTML>
```

Das Browserfenster wird zunächst durch das Attribut `COLS="35%,65%"` in zwei Spalten aufgeteilt, wobei die erste eine Breite von 35% und die zweite eine von 65% besitzt. Nach der Festlegung des ersten Frame-Sets wird nun im Anschluss der Frame für die linke Spalte definiert.

Anstatt den Frame für die rechte Spalte zu bestimmen, wird nun ein neuer Frame-Set erzeugt. Dazu wird die rechte Spalte einfach durch das Attribut **ROWS="30%,70%"** in zwei weitere Reihen unterteilt. Daran anschließend werden die beiden Frames für die zweite Unterteilung definiert. Die hierfür notwendigen HTML-Dateien tragen die Namen **rechtsoben.htm** und **rechtsunten.htm**.

Du solltest die Frame-Sets immer so festlegen, dass der gesamte Anzeigebereich des Browsers benutzt wird. Entweder verwendest du Prozentangaben, die zusammenaddiert 100% ergeben, oder aber eine Wildcard als Sternchen *. Nicht vergessen: ein definiertes Frame-Set muss durch das **</FRAMESET>**-Tag wieder aufgehoben werden. Gerade bei einer verschachtelten Aufteilung solltest du besonders darauf achten.

5.4 Verweis zu einem anderen Frame

Wie bereits zu Anfang des Kapitels erwähnt, lassen sich Frames dazu verwenden, um die Navigation innerhalb einer Web-Seite zu verbessern. Nachdem du nun eine Aufteilung für die Web-Seite gewählt hast, ist es an der Zeit, die einzelnen Frames mit Inhalten zu versehen. Wir wollen uns daher mit den Verweismöglichkeiten zu anderen Frames auseinandersetzen und die hierfür notwendigen HTML-Befehle kennen lernen.

Die vorliegende Abbildung zeigt einen einfachen, typischen Aufbau einer Seite, die in insgesamt vier verschiedene Bereiche eingeteilt ist. Uns interessiert zunächst die Verbindung zwischen dem linken Frame mit den einzelnen Verweisen und dem rechten, in dem alle Inhalte dem Betrachter angezeigt werden sollen. Die hierfür notwendige HTML-Datei mit den einzelnen Frame-Definitionen sieht daher wie folgt aus:

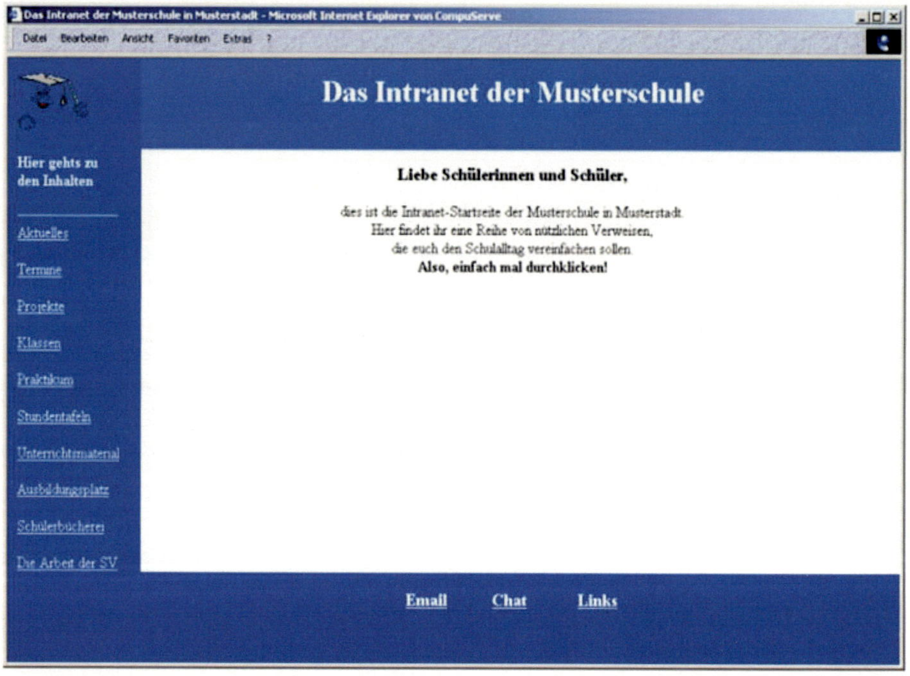

Abbildung 5.1: *Typischer Aufbau einer Web-Seite*

```
<HTML>
 <HEAD>
  <TITLE>Das Intranet der Musterschule in Musterstadt</TITLE>
 </HEAD>
 <FRAMESET COLS="15%, 85%" BORDER=0>
  <FRAME SRC="verweise.htm" NAME="links">
  <FRAMESET ROWS="15%, 70%, 15%">
   <FRAME SRC="oben.htm" NAME="oben">
   <FRAME SRC="intranet.htm" NAME="rechts">
   <FRAME SRC="unten.htm" NAME="unten">
  </FRAMESET>
 </FRAMESET>
 <BODY>
   Dein Browser unterstützt keine Frames!
  </BODY>
</HTML>
```

Frames benennen

Damit wir den rechten Frame für die Darstellung der Inhalte auswählen können, müssen wir diesen zunächst eindeutig benennen. Mit Hilfe des Attributs **NAME=** können wir innerhalb des **<FRAME>**-Tags jedem Frame einen eigenen Namen zuweisen. Der linke Frame, der die einzelnen Verweise aufnimmt, erhält im vorliegenden Fall den Namen **links** und der rechte den Namen **rechts**. Nachdem man nun den einzelnen Bereichen einen Namen gegeben hat, muss man sich um die HTML-Datei verweise.htm mit den einzelnen Verweisen kümmern.

Sie hat in unserem Beispiel auszugsweise den folgenden Aufbau:

```
<HTML>
 <HEAD>
  <TITLE>Verweise</TITLE>
 </HEAD>
 <BODY>
  ...
  <A HREF="aktuelles.htm" TARGET="rechts">Aktuelles</A>
  <P>
  <A HREF="termine.htm" TARGET="rechts">Termine</A>
  <P>
  <A HREF="projekte.htm" TARGET="rechts">Projekte</A>
  <P>
  <A HREF="klassen.htm" TARGET="rechts">Klassen</A>
  <P>
  <A HREF="praktikas.htm" TARGET="rechts">Praktikum</A>
  <P>
  <A HREF="Stundentafel.htm TARGET="rechts"">Stundentafeln</A>
  <P>
  <A HREF="material.htm" TARGET="rechts">Unterrichtsmaterial</A>
  ...
  </BODY>
</HTML>
```

Schauen wir uns mal die Stelle in der HTML-Datei an, die uns zum Verweisziel *Aktuelles* führt:

```
<A HREF="aktuelles.htm" TARGET="rechts">Aktuelles</A>
```

Neu hinzugekommen ist das Attribut **TARGET=** (TARGET ≅ Ziel) innerhalb des Verweis-Befehls. Dahinter steht in Anführungszeichen der Name des Frame-Fensters, den wir bei der Frame-Definition für den rechten Frame gewählt haben (hier: **rechts**). Die obige Befehlszeile bewirkt also, dass der Inhalt der Datei aktuelles.htm im rechten Bereich der Web-Seite angezeigt wird, sofern man den Hyperlink *Aktuelles* anklickt.

Den Namen, den du hinter TARGET= angibst, muss genau mit dem Namen in der Frame-Definition übereinstimmen, den du mit dem Attribut NAME= festgelegt hast. Dabei wird übrigens zwischen Groß- und Kleinschreibung unterschieden. Ein Name darf weiterhin keine Leerzeichen, deutsche Umlaute oder Sonderzeichen beinhalten. Einen Unterstrich "_" darfst du jedoch verwenden.

Basisfenster für Verweise festlegen

In der HTML-Datei `verweise.htm` sind alle Verweise aufgelistet, deren Inhalt im rechten Teil des Browserfenster mit dem Attribut `TARGET="rechts"` angezeigt werden sollen. Damit man nicht ständig in allen Verweisen dieses Attribut angeben muss, kann man sich ein festes Basisfenster innerhalb der Datei `verweise.htm` definieren, in dem alle Verweisziele angezeigt werden. Mit Hilfe der Angabe

```
<BASE TARGET="rechts">
```

zwischen den Tags <HEAD> und </HEAD> wird der rechte Frame als Basis festgelegt.

Diese Angabe darfst du nur in Dateien verwenden, die innerhalb eines Frame-Sets angezeigt werden – nicht aber in der Datei, die das Frame-Set beinhaltet. Soll ein Verweisziel in einem anderen Fenster als das definierte angezeigt werden, so kannst du natürlich mit dem Attribut `TARGET=` weiterhin das Ziel festlegen. Es werden also nur noch die Verweisziele einzeln behandelt, die nicht im Basisfenster dargestellt werden sollen. Ausschnittweise ist die Datei `verweise.htm` nochmals aufgeführt:

```
<HTML>
 <HEAD>
  <BASE TARGET="rechts">
 </HEAD>
 <BODY>
  ...
  <A HREF="aktuelles.htm">Aktuelles</A><P>
  <A HREF="termine.htm">Termine</A><P>
  ...
 </BODY>
</HTML>
```

Frame-Set beenden

An manchen Stellen in einem HTML-Dokument ist es sinnvoll, das selbstgewählte Frame-Set wieder zu beenden. Insbesondere dann, wenn man auf eine andere Web-Seite verweisen möchte. Damit die neue Web-Seite nicht innerhalb des eigenen Frames angezeigt wird, muss ein neues Browserfenster geöffnet werden. Hinter dem Attribut `TARGET=` können reservierte Fensterbezeichnungen verwendet werden, die folgende Bedeutung haben:

- `TARGET="_`**`BLANK`**`"` : Das Verweisziel wird in einem neuen Fenster des Browsers angezeigt. Dabei bleibt das ursprüngliche Browserfenster mit dem selbstdefinierten Frame-Set weiter im Hintergrund erhalten.

- `TARGET="_`**`PARENT`**`"` : Falls vor dem Aufruf des Frame-Sets ein Anzeigefenster vorhanden war, wird dessen Zustand zur Anzeige des Verweisziels verwendet. Wenn nicht, wird der Inhalt im gleichen Fenster dargestellt wie der eigentliche Verweis.

- `TARGET="_`**`TOP`**`"` : Das Verweisziel wird im gesamten Browserfenster angezeigt. Es wird jedoch *kein* neues Browserfenster hierfür geöffnet.

Wird ein Fenstername hinter dem Attribut `TARGET=` verwendet, der nicht vorhanden ist, öffnet sich automatisch ein neues Browserfenster für das Verweisziel.

Übungen

1. Erzeuge ein neues HTML-Dokument. Speichere das Dokument unter dem Namen *index.htm* ab. Diese Datei dient uns als Startseite für unsere Web-Seite. Es hat sich in der großen Internetgemeinde eingebürgert, die Einstiegsseite in der Datei *index.htm* abzulegen.

2. Füge nun ein Frame-Set nach dem `</HEAD>`-Tag ein, das die gewählte Aufteilung aus der vorherigen Übungsaufgabe realisiert. Wähle sinnvolle Namen für die einzelnen HTML-Dateien und erzeuge diese im Anschluss. Da du bereits eine Einstiegsseite im Kapitel 2 aufgebaut hast, solltest du diese jetzt nach Möglichkeit im rechten Frame einbinden.

3. Gib den einzelnen Frames mit Hilfe des Attributs `NAME=` sinnvolle Bezeichnungen.

4. Erzeuge nun die HTML-Datei mit den verschiedenen Verweisen, welche die einzelnen Inhalte unserer Intranet-Seite aus Kapitel 1 widerspiegeln. Verwende hierfür die Angabe `<BASE TARGET=...>`, um das Basisfenster für die Verweisziele zu definieren.

5. Jetzt müssen noch die einzelnen HTML-Dateien eingebunden werden, die in den Verweisen definiert wurden. Hierfür ist es notwendig, dass die verschiedenen Einstiegsseiten der einzelnen Themenbereiche die gleiche Bezeichnung erhalten, wie in den Verweisen angegeben.

5.5 No_Frames-Bereiche anbieten

Damit auch Anwender unsere Web-Seite aufrufen können, deren Browser keine Frames unterstützen, sollten wir diesen eine Alternative anbieten. Mit Hilfe sogenannter *No-Frames*-Bereiche können Inhalte dargestellt werden, die nicht in einem Frame-Set liegen. Wir wollen die Verwendung von No-Frames-Bereichen an unserem Intranet-Beispiel verdeutlichen.

Die Datei `index.htm`, welche die Definition des Frame-Sets beinhaltet, erhält zwischen den beiden Tags `<BODY>` und `</BODY>` den folgenden Eintrag:

```
Die Startseite unseres <A HREF="intranet.htm">Intranets</A>!
```

Dieser Verweistext wird nur angezeigt, wenn der Browser keine Frames interpretieren kann. Der Anwender kann dann dennoch auf die Intranet-Startseite gelangen, indem er einfach den Verweis anklickt.

Die Datei `verweise.htm` muss für unsere Zwecke nicht verändert werden. Etwas anders sieht es mit der Einstiegsseite unseres Intranets aus. Das **`<NOFRAMES>`**-Tag leitet einen No-Frame-Bereich ein, der mit **`</NOFRAMES>`** wieder aufgehoben wird. Zwischen diesen beiden Tags stehen die HTML-Befehle, die von einem nicht-framefähigen Browser ausgeführt werden sollen.

Die No-Frames-Bereiche lassen sich an beliebiger Stelle im Body eines HTML-Dokuments einfügen. Es ist auch möglich, mehrere dieser Bereiche zu definieren. Im Anschluss an den No-Frame-Bereich werden einfach die Daten für unsere Einstiegsseite angegeben. Ein Browser, der Frames beherrscht, zeigt also nur diese Daten an. Wohingegen ein nicht-framefähiger Browser alle im Body aufgeführten Daten im Anzeigefenster darstellt – somit auch die notwendigen Verweise.

Die veränderte HTML-Datei `intranet.htm` sieht daher wie folgt aus:

```
<HTML>
 <HEAD>
  <TITLE>Intranet</TITLE>
 </HEAD>
 <BODY bgcolor=#FFFFFF>
  <H3 ALIGN=CENTER>Liebe Schülerinnen und Schüler,</H3>
  <div align="center">
     dies ist die Intranet-Startseite der Musterschule in
     Musterstadt.<BR>
     Hier findet ihr eine Reihe von nützlichen Verweisen,<BR>
     die euch den Schulalltag vereinfachen sollen.<BR>
     <STRONG>Also, einfach mal durchklicken!</STRONG>
  </div>
  <NOFRAMES>
   <H4>Hier gehts zu den Inhalten</H4>
   <HR COLOR=#71B8FF size="2">
   <A HREF="aktuelles.htm">Aktuelles</A><P>
   <A HREF="termine.htm">Termine</A><P>
   <A HREF="projekte.htm">Projekte</A><P>
   <A HREF="klassen.htm">Klassen</A><P>
   <A HREF="praktikas.htm">Praktikum</A><P>
   <A HREF="Stundentafel.htm">Stundentafeln</A><P>
   <A HREF="material.htm">Unterrichtsmaterial</A><P>
   <A HREF="ausbildung.htm">Ausbildungsplatz</A><P>
   <A HREF="buecherei.htm">Schülerbücherei</A><P>
   <A HREF="sv.htm">Die Arbeit der SV</A><P>
  </NOFRAMES>
 </BODY>
</HTML>
```

5.6 Eigenschaften von Frames festlegen

Für Aussehen und Funktionalität von Frames gibt es eine Reihe von Attributen, die in das Frame-Set bzw. in die einzelnen Frame-Definitionen aufgenommen werden können. Eines dieser Attribute wurde bereits bei der Definition des Frame-Sets für die in Abbildung 5.1 dargestellte Seite verwendet. Wie man leicht erkennen kann, kommt diese Seite ohne einen Fensterrahmen aus. Es sieht so aus, als ob einzelne Flächen nahtlos ineinander übergehen.

Rahmendicke definieren

Das Einfügen des Attributs **`BORDER=0`** (`BORDER` ≅ Rahmen) innerhalb des Frame-Set-Tags liefert einen unsichtbaren Fensterrahmen. Der Zahlenwert gibt die Breite des Rahmen in Pixel an. Im vorliegenden Fall beträgt die Breite also Null Pixel, was einen unsichtbaren Fensterrahmen zur Folge hat. Natürlich sind auch Werte größer als Null erlaubt.

Wenn du die Rahmen zwischen den Frames unterbindest, kann der Anwender die Größe der Frame-Fenster nicht mehr verändern. Den gleichen Effekt erreicht man übrigens auch mit der Angabe **`NORESIZE`** in einer Frame-Definition. Alle benachbarten Frames können dann ebenfalls nicht mehr verändert werden.

Bildlaufleisten festlegen bzw. unterbinden

In Übungsaufgabe 4 von Seite 59 hast du erfahren, dass die Größenveränderung des Browserfensters automatisch zu einer Bildlaufleiste – auch ***Scrollbar*** genannt – führt, wenn der Inhalt eines Frames nicht mehr vollständig angezeigt werden kann. Der Anwender kann mit Hilfe dieser Scrollbar den Inhalt dann trotzdem noch lesen.

Abbildung 5.2: *Verwendung von Scrollbars*

Die nebenstehende Abbildung zeigt die Verwendung von drei Bildlaufleisten. Es besteht die Möglichkeit, eine Bildlaufleiste für jeden einzelnen Frame zu zulassen bzw. zu unterbinden. Wir wollen nun im folgenden eine Bildlaufleiste für den Navigationsframe sowie dem Hauptframe zulassen, und für den Überschriftenframe sowie den unteren Frame mit den drei Verweisen verhindern.

Die hierfür notwendigen HTML-Befehle sehen entsprechend so aus:

```
<HTML>
 <HEAD>
  <TITLE>Das Intranet der Musterschule in Musterstadt</TITLE>
 </HEAD>
 <FRAMESET COLS="15%, 85%" BORDER=0>
  <FRAME SRC="verweise.htm" NAME="links" SCROLLING=YES>
  <FRAMESET ROWS="15%, 70%, 15%">
   <FRAME SRC="oben.htm" NAME="oben" SCROLLING=NO>
   <FRAME SRC="intranet.htm" NAME="rechts" SCROLLING=YES>
   <FRAME SRC="unten.htm" NAME="unten" SCROLLING=NO>
  </FRAMESET>
 </FRAMESET>
 <BODY>
  Die Startseite unseres <A HREF="intranet.htm">Intranets</A>!
 </BODY>
</HTML>
```

Neu hinzugekommen ist die Angabe **SCROLLING=YES** bzw. **SCROLLING=NO** (SCROLLING ≘ blättern) in der jeweiligen Frame-Definition. Durch SCROLLING=YES wird eine Bildlaufleiste erzwungen und durch SCROLLING=NO wird sie unterbunden. Es gibt auch noch die Angabe SCROLLING=AUTO, die immer dann eine Scrollbar erzeugt, wenn sie notwendig wird. Sie ist jedoch mit der Standardeinstellung des Browsers identisch und kann daher weggelassen werden.

Das Attribut SCROLLING=NO musst du mit Vorsicht verwenden. Wenn ein Besucher die Web-Seite mit einer kleineren Bildschirmauflösung aufruft – als wie vorgesehen – kann er sich größere Inhalte nicht mehr ansehen. Deshalb solltest du deine Web-Seite immer mit verschiedenen Auflösungen testen. Eine Bildlaufleiste zu unterbinden ist beispielsweise dann sinnvoll, wenn ein Überschriftenframe mit einem kleinen Bild ständig sichtbar sein soll.

6 Interaktivität durch Formulare erweitern

Wir sind nun bei der Erstellung unserer Web-Seite an einen Punkt angelangt, an dem die Interaktivität mit dem Besucher erweitert wird. Dies erreichen wir durch den Einsatz von Formularen in HTML, die dem Anwender eine Reihe von interaktiven Elementen zur Verfügung stellen. So sind beispielsweise einfache Texteingaben, Auswahlmenüs oder aber anklickbare Buttons denkbar. Du kennst dies vermutlich schon aus deinen zahlreichen Besuchen auf diversen Internet-Seiten, die an manchen Stellen bestimmte Eingaben von dir verlangt haben. Beispiele hierfür sind Formulare zur Anmeldung bei einem Internet-Provider oder zur Einrichtung einer privaten Email-Adresse, Bestell-Formulare von Firmen im Internet und die Texteingabefelder beim Chatten im Netz.

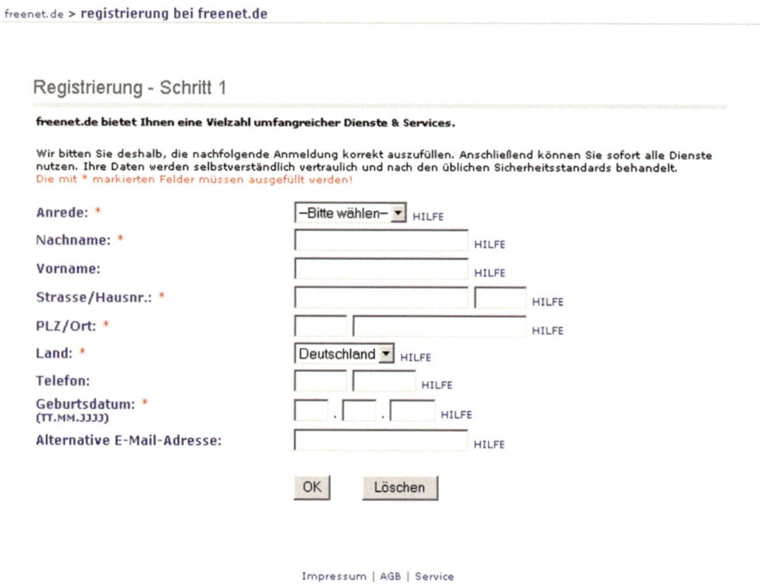

Die nebenstehende Abbildung zeigt beispielhaft ein Formular zur Eingabe personenbezogener Daten für die Nutzung von Internet-Diensten. Wir wollen uns nun zunächst mit der Erstellung derartiger Formulare in HTML auseinandersetzen, um sie dann später mit Hilfe von ***JavaScript*** auszuwerten bzw. zu bearbeiten. Bevor wir uns jedoch an die Umsetzung in HTML heranwagen, sollten wir uns vorher verschiedene Einsatzbereiche von Formularen für unsere Web-Seite anschauen. Einige Verweise auf unserer Intranet-Seite müssen noch mit Inhalten versehen werden und erfordern den Einsatz von Formularen. Wir beschäftigen uns zunächst mit dem Hyperlink, der auf die Rechnerbetreuung verweist.

Formular Rechnerbetreuung

Die Rechnerräume einer Schule müssen während eines Schuljahres ständig in Funktion gehalten werden, damit sie für den täglichen Unterricht zur Verfügung stehen. An deiner Schule gibt es bestimmt einige Personen, die für die Betreuung des Schulnetzes verantwortlich sind. Dies können Schüler und Lehrer deiner Schule sein, aber auch eventuell außenstehende Netzwerkadministratoren. Bestimmt hast du dich schon mal über einen Computer geärgert, der während des Unterrichts, aufgrund irgendwelcher Fehlermeldungen, seinen Dienst quittiert hat. Rechner, die sich erst überhaupt nicht starten lassen bzw. Software, die von Mitschülern gelöscht wurde, sind keine Seltenheit.

Damit derartige Fehler so schnell wie möglich mitgeteilt werden, wollen wir uns nun ein Formular erstellen, welches wir in solchen Fällen per Email an die Rechnerbetreuung senden. Die Rechnerbetreuung kann dann die Fehler und Probleme umgehend beheben.

Das Formular sollte Antworten auf die folgenden Fragen dem Administrator liefern:

1. Wer hat die Email mit dem Formular verschickt?
2. Wann ist der Fehler bzw. das Problem aufgetreten?
3. Welcher Rechner in welchem Raum ist betroffen?
4. Welcher Fehler bzw. welches Problem liegt vor?

Zunächst einmal sollte die jeweilige Person ihren Vor- und Nachnamen angeben. Die Zugehörigkeit zu einer Klasse bzw. zu einem Kurs und die Bekanntgabe der Email-Adresse sind ebenfalls sinnvoll. Ein Formular, welches diese Möglichkeit bietet, kann man wie folgt aufbauen.

Neben den Bezeichnungen Nachname, Vorname, Klasse/Kurs und Email sind jeweils einzelne Eingabefelder zur Aufnahme der personenbezogenen Daten notwendig. Im vorliegenden Fall sind bereits die Daten einer Schülerin eingetragen. Das vorliegende Formular wollen wir nun in HTML umsetzen.

6.1 Einzeilige Eingabefelder

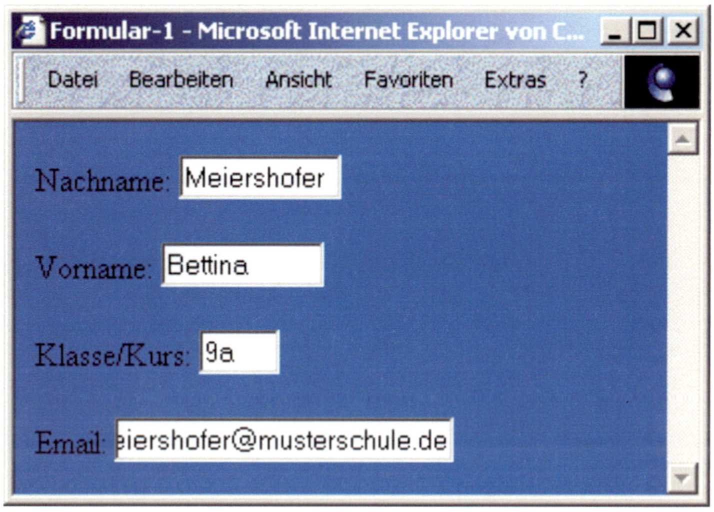

Ein Formular wird in HTML durch die beiden Tags **<FORM>** und **</FORM>** (FORM ≅ Formular) definiert. Zwischen diesen Tags werden alle Formularelemente sowie Elemente zur Gestaltung eines Formulars eingeschlossen. Die Eingabefelder lassen sich in HTML durch das **<INPUT>**-Tag (INPUT ≅ Eingabe) erzeugen. Die folgenden HTML-Befehlszeilen erzeugen die nebenstehende Abbildung:

```
<HTML>
 <HEAD>
  <TITLE>Formular-1</TITLE>
 </HEAD>
 <BODY BGCOLOR="#0000FF">
  <FORM>
   Nachname:     <INPUT NAME="Nachname" SIZE=10 MAXLENGTH=15> <P>
   Vorname:      <INPUT NAME="Vorname"  SIZE=10 MAXLENGTH=15> <P>
   Klasse/Kurs:  <INPUT NAME="Klasse"   SIZE=3  MAXLENGTH=6>  <P>
   Email:        <INPUT NAME="Email"    SIZE=25 MAXLENGTH=35>
  </FORM>
 </BODY>
</HTML>
```

Jedem Eingabefeld muss durch das Attribut **NAME=** eine eindeutige Bezeichnung zugewiesen werden. Dies ist mit der Namensvergabe für die einzelnen Frame-Fenster im Kapitel 5 vergleichbar. Im Beispiel haben die vier Eingabefelder die Bezeichnungen *Nachname*, *Vorname*, *Klasse* und *Email*.

Das Attribut **SIZE=** (SIZE ≅ Größe) legt die Breite des Eingabebereichs fest. Falls eine Eingabe länger als der festgelegte Bereich ist, wird automatisch nach links gescrollt. In der obigen Abbildung ist dies während der Eingabe der Email-Adresse geschehen. Durch **MAXLENGTH=** (MAXLENGTH ≅ maximal length ≅ maximale Länge) wird definiert, wie viele Zeichen ein Eingabefeld aufnehmen kann. Für die Eingabe der Klasse bzw. des Kurses reichen im Allgemeinen sechs Zeichen aus, was durch MAXLENGTH=6 festgelegt wurde.

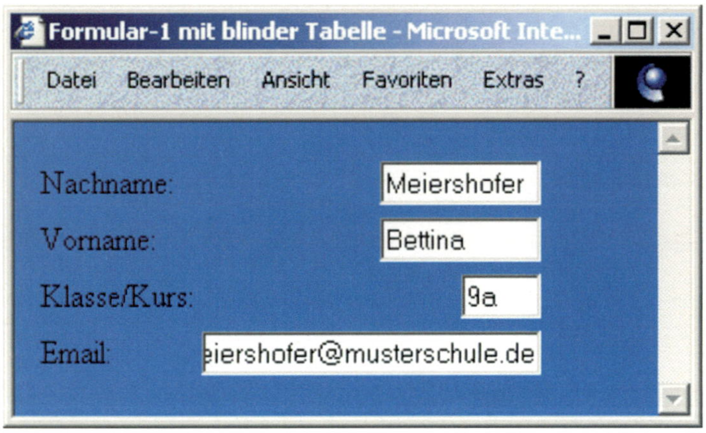

Es ist leicht zu erkennen, dass die Eingabefelder direkt an die einzelnen Bezeichnungen anschließen und eine gezielte Ausrichtung noch fehlt. Die Verwendung einer blinden Tabelle zeigt nebenstehende Abbildung. Das Formular sieht jetzt strukturierter aus.

```
<HTML>
 <HEAD>
  <TITLE>Formular-1 mit blinder Tabelle</TITLE>
 </HEAD>
 <BODY BGCOLOR="#0080FF">
  <FORM>
   <TABLE WIDTH=100 HEIGHT=100>
    <TR>
     <TD>Nachname:
     <TD ALIGN=RIGHT><INPUT NAME="Nachname" SIZE=10 MAXLENGTH=15>
    </TR>
    <TR>
     <TD>Vorname:
     <TD ALIGN=RIGHT><INPUT NAME="Vorname"  SIZE=10 MAXLENGTH=15>
    </TR>
    <TR>
     <TD>Klasse/Kurs:
     <TD ALIGN=RIGHT><INPUT NAME="Klasse"   SIZE=3  MAXLENGTH=6>
    </TR>
    <TR>
     <TD>Email:
     <TD ALIGN=RIGHT><INPUT NAME="Email"    SIZE=25 MAXLENGTH=35>
    </TR>
   </TABLE>
  </FORM>
 </BODY>
</HTML>
```

Zunächst wird die Breite und die Höhe mit den Attributen `WIDTH=` und `HEIGHT=` für die gesamte Tabelle im einleitenden `<TABLE>`-Tag festgelegt. Es werden insgesamt vier Tabellenzeilen definiert, die jeweils die Bezeichnung und das Eingabefeld aufnehmen. Dies geschieht hier, wie bereits bekannt, mit Hilfe des `<TR>`-Tags. Für jede Tabellenzeile werden im Anschluss durch das `<TD>`-Tag zwei Datenzellen erzeugt. Damit die Eingabefelder nach rechts ausgerichtet werden, müssen die betreffenden Datenzellen mit `ALIGN=RIGHT` versehen werden.

Mit Hilfe des Attributs **`VALUE="Text"`** im `<INPUT>`-Tag kann ein Eingabefeld mit einem Text, der zwischen den Anführungszeichen steht, vorbelegt werden. In Kombination mit dem Attribut **`READONLY`** im `<INPUT>`-Tag, das eine Eingabe verhindert, kann man beispielsweise ein Formular erstellen, in dem der Benutzer nur noch seine persönlichen Daten einträgt und Standardeingaben bereits vom System vorgegeben werden.

6.2 Mehrzeilige Eingabefelder

Nachdem wir nun ein einfaches Formular für die Eingabe der personenbezogenen Daten aufgebaut haben, müssen wir uns noch mit den Fragen 2-4 aus unserem Fragenkatalog beschäftigen. Rechnerraum, Rechnernummer, Datum, Uhrzeit und die Fehlermeldung bzw. die Problembeschreibung sind nun zu berücksichtigen.

Für die ersten vier Punkte reichen einfache Eingabefelder völlig aus. Für die Fehlermeldung bzw. Problembeschreibung benötigen wir etwas mehr als eine Eingabezeile. Der Aufbau für dieses Formular kann in etwa so aussehen:

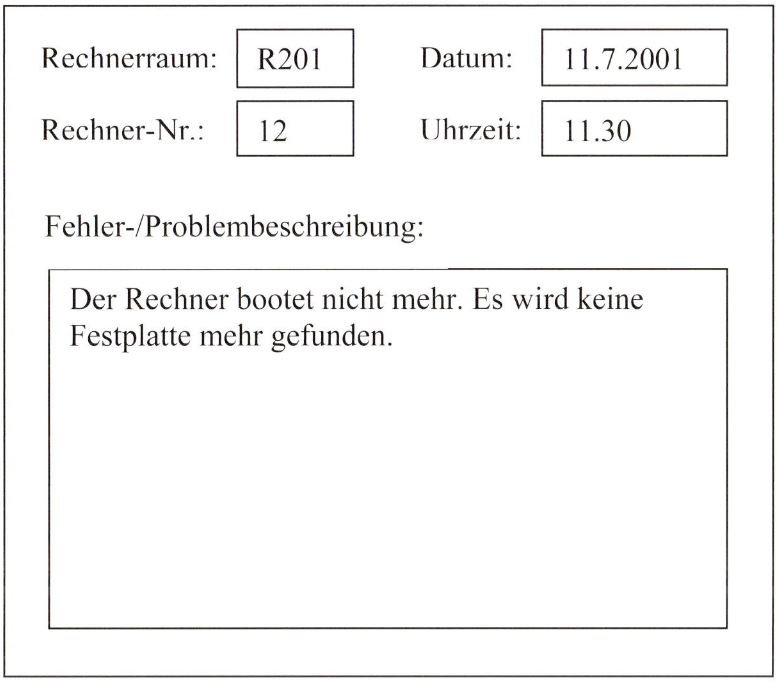

Um ein Eingabefeld zu definieren, das mehrere Zeilen akzeptiert, benötigen wir das **`<TEXTAREA>`**-Tag (`TEXTAREA` ≅ Textbereich). Wie bei den einzeiligen Eingabefeldern müssen wir auch einem mehrzeiligen Eingabefeld eine Bezeichnung mit `NAME=` geben. Mit dem Attribut `ROWS=` wird festgelegt, wie viele Zeilen angezeigt werden sollen. `COLS=` hingegen legt die Anzahl der Spalten unseres Textbereichs fest. Beide Attribute haben keine Auswirkung auf die Textmenge, die ein Benutzer in den Textbereich eingibt. Kann ein Text in einem mehrzeiligen Eingabefeld nicht mehr komplett angezeigt werden, stellt der Browser automatisch eine horizontale und vertikale Bildlaufleiste zur Verfügung.

Die nachstehenden HTML-Befehlszeilen erzeugen die nebenstehende Abbildung. Auch hier werden wieder „blinde" Tabellen verwendet, damit die Ausrichtung der einzelnen Eingabefelder funktioniert.

```
<HTML>
 <HEAD>
  <TITLE>Formular-2</TITLE>
 </HEAD>
 <BODY BGCOLOR="#0080FF">
 <FORM>
  <TABLE WIDTH=320 HEIGHT=50>
   <TR>
    <TD>Rechnerraum:
    <TD><INPUT NAME="Rechnerraum" SIZE=3 MAXLENGTH=6>
```

```
    <TD>Datum:
    <TD><INPUT NAME="Datum"  SIZE=10 MAXLENGTH=15>
    </TR>
    <TR>
     <TD>Rechner-Nr.:
     <TD><INPUT NAME="Rechnernr"  SIZE=3 MAXLENGTH=6>
     <TD>Uhrzeit:
     <TD><INPUT NAME="Uhrzeit"  SIZE=10 MAXLENGTH=15>
    </TR>
   </TABLE>
   <P>Fehler-/Problembeschreibung:</P>
   <TEXTAREA NAME="Beschreibung" ROWS=7 COLS=35></TEXTAREA>
  </FORM>
  </BODY>
</HTML>
```

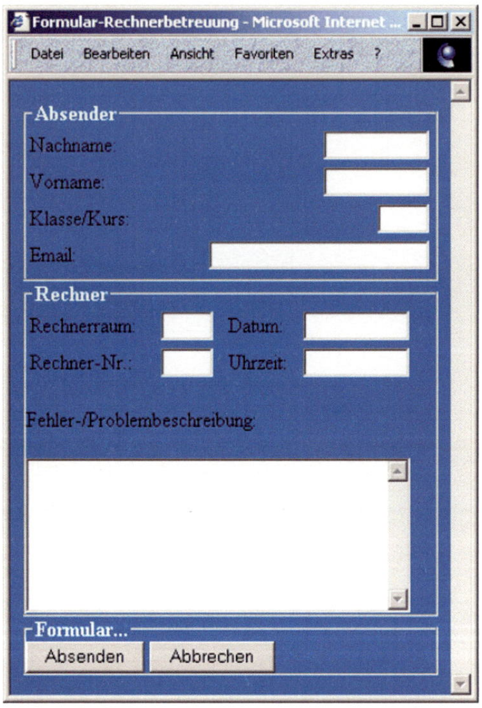

Abbildung 6.1: *Formular Rechnerbetreuung*

Nachdem wir nun alle Daten für die Rechnerbetreuung in einem Formular zusammengetragen haben, müssen wir diese noch per Email verschicken. Dem Benutzer soll dabei die Möglichkeit gegeben werden, das Formular zu versenden bzw. die Eingabe der Daten abzubrechen. Dies soll über zwei definierte Schaltknöpfe – auch Buttons genannt – realisiert werden. Die Abbildung 6.1 zeigt den kompletten Aufbau unseres Formulars, das wir nun fertig stellen wollen.

6.3 Formular per Email versenden

Da wir unser Formular an die Rechnerbetreuung per Email versenden wollen, muss dies in der Formulardefinition angegeben werden. Das `<FORM>`-Tag verfügt über zwei Attribute, mit denen festgelegt wird, wie die Daten eines Formulars verarbeitet und übergeben werden sollen.

Das Attribut **`ACTION=`** (`ACTION` ≅ Aktion) verweist auf ein Programm, welches die Daten des Formulars verarbeiten soll. In unserem Fall soll dies das Standard-Emailprogramm des Anwenders übernehmen. Damit die Daten auch in der richtigen Form übergeben werden können, wird das Attribut **`METHOD=`** (`METHOD` ≅ Methode) im `<FORM>`-Tag verwendet. Die komplette HTML-Befehlszeile für das Versenden eines Formulars per Email sieht dann wie folgt aus:

```
<FORM ACTION="mailto:rb@musterschule.de" METHOD=POST>
```

Mittels des Protokolltyps `mailto:` wird die Email-Funktion festgelegt – gefolgt von der Email-Adresse, an die das Formular gesendet wird. In unserem Fall soll ja das Formular an die Rechnerbetreuung rb@musterschule.de versendet werden. Das Attribut **METHOD=POST** (POST ≅ verschicken) legt dann die Übergabeart der Formulardaten fest – sie werden verschickt.

Damit man die gesendeten Formulardaten später auch in einer leserlichen Form auswerten kann, solltest du die zusätzliche Angabe **enctype="text/plain"** im <FORM>-Tag verwenden. Durch den Verschlüsselungstyp ***Klartext*** werden formatierte Emails erzeugt.

Ausführungsbuttons definieren

Für das Versenden des Formulars bzw. für das Löschen der Formulareingaben können mit Hilfe des <INPUT>-Tags zwei Standard-Schaltknöpfe erzeugt werden. Die beiden Attribute **TYPE=** und VALUE= legen dabei die Art des Buttons und seine Beschriftung fest. **TYPE=SUBMIT** (SUBMIT ≅ bestätigen) definiert einen Absende-Button. Wird dieser Button vom Anwender betätigt, werden die Formulardaten in Abhängigkeit des Attributs ACTION= im einleitenden <FORM>-Tag versendet. In unserem Fall an die Rechnerbetreuung.

Verwendet man hingegen das Attribut **TYPE=RESET** (RESET ≅ zurücksetzen), so wird ein Abbruch-Button definiert. Die Formulareingaben werden dabei gelöscht bzw. auf die Standardwerte zurückgesetzt und das Formular wird nicht versendet. Die beiden Buttons aus Abbildung 6.1 werden also durch die HTML-Befehlszeilen

```
<INPUT TYPE=SUBMIT VALUE="Absenden">
```

und

```
<INPUT TYPE=RESET VALUE="Abbrechen">
```

definiert. Natürlich lassen sich die beiden Schaltknöpfe auch anders bezeichnen. Du solltest jedoch darauf achten, dass zwei Buttons dem Anwender zur Verfügung stehen. Einen, mit dem er die Daten verschicken und einen, mit dem er seine Eingaben widerrufen kann.

Formularelemente gruppieren

Um die Übersichtlichkeit eines Formulars zu verbessern, lassen sich die einzelnen Formularelemente zu logischen Gruppen zusammenfassen. Das Formular für die Rechnerbetreuung wurde in insgesamt drei Gruppen eingeteilt, die durch die weißen Beschriftungen *Absender*, *Rechner* und *Formular* sowie durch Linien optisch voneinander hervorgehoben wurden. Zusammengehörende Formularelemente lassen sich durch das **<FIELDSET>**-Tag (FIELDSET ≅ Feldgruppe) festlegen. Damit eine Gruppe auch die passende Überschrift erhält, wird das **<LEGEND>**-Tag (LEGEND ≅ Legende) verwendet. Beide Tags werden durch ihre abschließenden Tags **</FIELDSET>** und **</LEGEND>** wieder aufgehoben. Die nachfolgenden HTML-Befehlszeilen machen dies am Beispiel der Gruppe *Rechner* deutlich:

```
<FORM>
 ...
 <FIELDSET>
  <LEGEND><FONT COLOR=#FFFFFF><STRONG>Rechner</STRONG></LEGEND>
  <TABLE WIDTH=320 HEIGHT=50>
   <TR>
    <TD>Rechnerraum:
    <TD><INPUT NAME="Rechnerraum" SIZE=3 MAXLENGTH=6>
    <TD>Datum:
```

```
    <TD><INPUT NAME="Datum"  SIZE=10 MAXLENGTH=15>
   </TR>
   <TR>
    <TD>Rechner-Nr.:
    <TD><INPUT NAME="Rechnernr"  SIZE=3 MAXLENGTH=6>
    <TD>Uhrzeit:
    <TD><INPUT NAME="Uhrzeit"  SIZE=10 MAXLENGTH=15>
   </TR>
  </TABLE>
  <P><FONT COLOR=#000000>Fehler-/Problembeschreibung:</P>
  <TEXTAREA NAME="Beschreibung" ROWS=7 COLS=35></TEXTAREA>
 </FIELDSET>
</FORM>
```

Die gesamte „blinde" Tabelle, die für den Aufbau der rechnerspezifischen Daten verantwortlich ist, ist als Gruppe zwischen `<FIELDSET>` und `</FIELDSET>` definiert. Die durch `<LEGEND>` und `</LEGEND>` definierte Gruppenüberschrift wird mittels des `<STRONG>`-Tags noch stärker hervorgehoben.

Übungen

1. Erstelle ein Formular *Anmeldung*, mit dem sich ein Anwender für bestimmte Dienste im Intranet der Schule anmelden kann. Dies kann die Freischaltung des Internets, eines FTP-Zugangs oder aber eines Telnet-Zugangs sein.

2. Welche Daten für die Anmeldung sind an die Rechnerbetreuung per Email zu senden?

3. Skizziere zunächst das Anmeldeformular auf dem Papier. Welche Formularelemente sind hierfür notwendig und wie kann man sie logisch gruppieren? Erstelle das Formular in HTML!

6.4 Auswahllisten

Wir wollen uns nun um den Verweis *Unterrichtsmaterial* auf unserer Intranet-Startseite kümmern. Hinter diesem Verweis soll den Schülerinnen und Schülern sowie den Lehrern der Schule eine Reihe von Unterrichtsmaterialien zur Verfügung gestellt werden. Diese können zum Beispiel

- Übungsaufgaben
- Arbeiten und Klausuren
- Mitschriften und Scripte von Unterrichtsstunden
- Referate
- Projektberichte
- Interessante Links zu weiteren Materialien

beinhalten. Diese Sammlungen lassen sich dann beispielsweise von den Schülerinnen und Schüler zum besseren Verständnis und zur Vertiefung des Unterrichtsstoffes verwenden oder aber als Vorbereitung für anstehende Arbeiten bzw. Klausuren nutzen. Auch die Lehrer finden hier bestimmt einige Anregungen für ihren Unterricht.

Bevor wir uns jedoch an die Umsetzung eines Formulars zur Auswahl der Unterrichtsmaterialien heranwagen, sollten wir uns erst einmal Gedanken zum grundsätzlichen Aufbau dieses Formulars machen. Stellen wir uns einmal folgende Situation vor:

> ***Frederik Schleusenheimer**, Schüler der Klasse 9c, möchte sein Wissen in Mathematik zum Thema „**Potenzfunktionen**" vertiefen und für die anstehende Arbeit in zwei Wochen ein Paar Übungsaufgaben durchrechnen. Deshalb versucht er, sich vom Intranet seiner Schule die passenden Aufgaben heraus zu suchen.*

Damit *Frederik* auch etwas finden kann, müssen die Unterrichtsmaterialien nach bestimmten Kriterien sortiert sein. Im vorliegenden Fall liegen die Kriterien auf der Hand:

- das Fach: *Mathematik*
- die Art des Materials: *Übungsaufgaben*
- die Jahrgangsstufe: *9*
- das Thema: *Potenzfunktionen*

Wir müssen also ein Formular erstellen, welches die einzelnen Kriterien zur Auswahl unterstützt. Dies lässt sich unter anderem durch die Verwendung von *Auswahllisten* in HTML erreichen. Eine Auswahlliste stellt dem Anwender verschiedene Elemente zur Verfügung, aus denen er eins oder auch mehrere auswählen kann. Eine solche Liste ist in Abbildung 6.2 zu erkennen. Sie beinhaltet für unser Formular *Unterrichtsmaterial* bereits die verschiedenen Fächer.

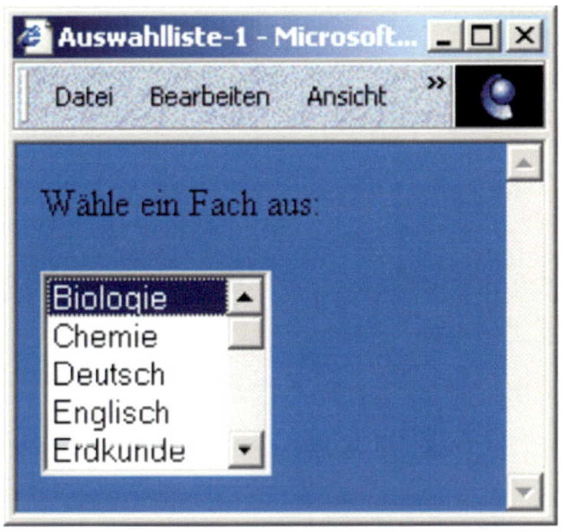

Abbildung 6.2: *Auswahlliste für Fächer*

Die in Abbildung 6.2 dargestellte Auswahlliste wird durch das **<SELECT>**-Tag (SELECT ≙ auswählen) eingeleitet und durch **</SELECT>** wieder beendet. Alle erforderlichen Befehlszeilen lauten:

```
<FORM>
 Wähle ein Fach aus:<P>
 <SELECT NAME="Faecher" SIZE=5>
  <OPTION>Biologie</OPTION>
  <OPTION>Chemie</OPTION>
  <OPTION>Deutsch</OPTION>
  <OPTION>Englisch</OPTION>
  <OPTION>Erdkunde</OPTION>
  <OPTION>Französisch</OPTION>
  <OPTION>Geschichte</OPTION>
  <OPTION>Informatik</OPTION>
  <OPTION>Kunst</OPTION>
  <OPTION>Latein</OPTION>
  <OPTION>Mathematik</OPTION>
  <OPTION>Musik</OPTION>
  <OPTION>Physik</OPTION>
  <OPTION>Religion</OPTION>
  <OPTION>Sozialkunde</OPTION>
  <OPTION>Sport</OPTION>
  <OPTION>Wirtschaft</OPTION>
 </SELECT>
</FORM>
```

Die Namensvergabe für die Auswahlliste geschieht wieder mittels des Attributs `NAME=`. Im vorliegenden Beispiel heisst die Liste *Faecher*. Das Attribut `SIZE=5` sorgt dafür, dass insgesamt 5 Listeneinträge sichtbar sind. Da jedoch mehr Einträge in der Auswahlliste vorhanden sind, kann der Anwender mit der rechten Laufleiste durch die Einträge scrollen. Wird die Größenangabe `SIZE=1` verwendet, entsteht eine sogenannte ***Drop-Down-Liste***.

Durch das **`<OPTION>`**-Tag wird jeweils ein Listeneintrag festgelegt. In unserem Beispiel sind die verschiedenen Fächer, wie *Biologie*, *Chemie*, *Mathematik*, *Informatik* etc., in unsere Auswahlliste aufgenommen worden. Das abschließende **`</OPTION>`**-Tag ist nicht zwingend erforderlich, dient aber einer besseren Strukturierung der HTML-Befehlszeilen. Die Breite einer Auswahlliste wird in Abhängigkeit des längsten Listeneintrags festgelegt und geschieht voll automatisch.

Du kannst übrigens so viele Listeneinträge erzeugen, wie du für notwendig hältst. Je länger eine Auswahlliste jedoch wird, desto länger braucht ein Anwender auch beim Suchen des passenden Eintrags. Also, keine zu langen Listen erzeugen.

Mehrfachauswahl von Listeneinträgen

Das Attribut **`MULTIPLE`** (`MULTIPLE` ≅ mehrfach) im einleitenden `<SELECT>`-Tag einer Auswahlliste erlaubt es dem Benutzer, mehrere Listeneinträge gleichzeitig anzuklicken. Falls der Schüler *Frederik Schleusenheimer* für zwei Fächer lernen möchte, so kann er neben Mathematik beispielsweise auch noch das Fach *Deutsch* auswählen. Da man jedoch den Unterschied zwischen einer einfachen Auswahlliste und einer mehrfachen nicht sofort erkennen kann, sollte man dies einem Anwender durch einen kleinen Hinweis andeuten.

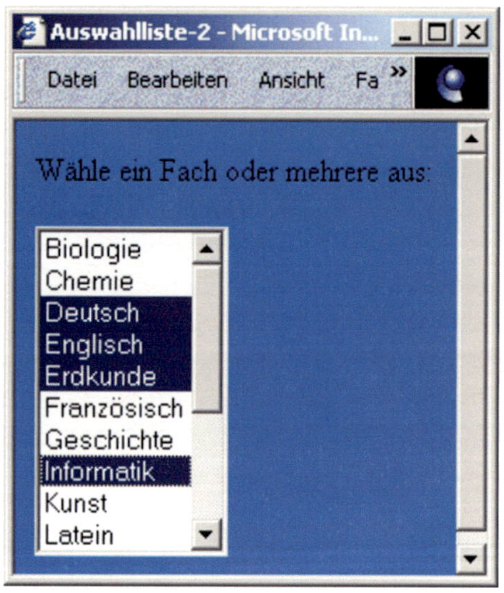

Die mehrfache Auswahl geschieht dann durch das Halten der `[Strg]`-Taste und dem Anklicken der jeweiligen Listenelemente. Die Verwendung der `[Shift]`-Taste führt zur Auswahl ganzer Elementbereiche. Die nebenstehende Abbildung zeigt eine Mehrfachauswahl bezogen auf unsere Fächer.

Möchte man einen oder mehrere Listeneinträge einem Benutzer bereits anbieten, dann kann man eine Vorauswahl definieren. Innerhalb eines `<OPTION>`-Tags wird dann einfach das Attribut **`SELECTED`** verwendet. Weiterhin ist es möglich, den Absendewert eines Eintrags zu verändern. Normalerweise wird beim Senden des Formulars der Text des ausgewählten Eintrags übertragen. Mit Hilfe des Attributs `VALUE=` kann man innerhalb des `<OPTION>`-Tags einen anderen Wert setzen.

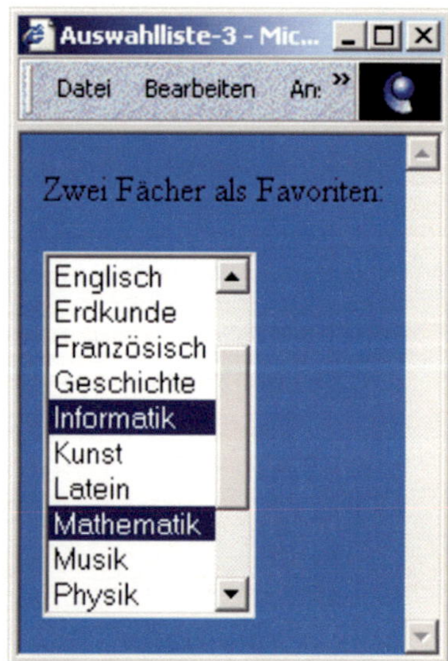

Die Attribute `MULTIPLE`, `SELECTED` und `VALUE=` werden im folgenden Beispiel verwendet:

```
<FORM>
 Zwei Fächer als Favoriten:<P>
 <SELECT NAME="Faecher" SIZE=10 MULTIPLE>
  <OPTION VALUE="F1">Biologie</OPTION>
  <OPTION VALUE="F2">Chemie</OPTION>
  <OPTION VALUE="F3">Deutsch</OPTION>
  <OPTION VALUE="F4">Englisch</OPTION>
  <OPTION VALUE="F5">Erdkunde</OPTION>
```

```
    <OPTION VALUE="F6">Französisch</OPTION>
    <OPTION VALUE="F7">Geschichte</OPTION>
    <OPTION VALUE="F8" SELECTED>Informatik</OPTION>
    <OPTION VALUE="F9">Kunst</OPTION>
    <OPTION VALUE="F10">Latein</OPTION>
    <OPTION VALUE="F11" SELECTED>Mathematik</OPTION>
    <OPTION VALUE="F12">Musik</OPTION>
    ...
  </SELECT>
</FORM>
```

In der obigen Abbildung werden die beiden Fächer *Informatik* und *Mathematik* vorselektiert. Dies geschieht mittels SELECTED in den beiden betreffenden <OPTION>-Tags. Die einzelnen Absendewerte sind nummeriert. Wird zum Beispiel das Fach *Englisch* gewählt, so beträgt der Wert *F4*.

6.5 Radiobuttons und Checkboxen

Das Auswahlkriterium *Fächer* haben wir mit Hilfe der Auswahllisten gelöst. In einem nächsten Schritt soll nun unser Formular so erweitert werden, dass die Art des benötigten Materials ausgesucht werden kann. Natürlich lassen sich alle Kriterien durch Auswahllisten umsetzen – wir wollen jedoch noch weitere Möglichkeiten hierfür kennenlernen.

Radiobuttons

Wir wollen die Auswahl der Unterrichtsmaterialien durch ***Radiobuttons*** realisieren. Dies sind mehrer Schaltknöpfe, von denen sich immer nur einer anwählen lässt. Soll also heißen, dass immer nur eine Materialart, sei es Übungen, Arbeiten, Referate usw., anklickbar ist. Die nebenstehende Abbildung zeigt die Verwendung von Radiobuttons für die vorhandenen Sammlungen.

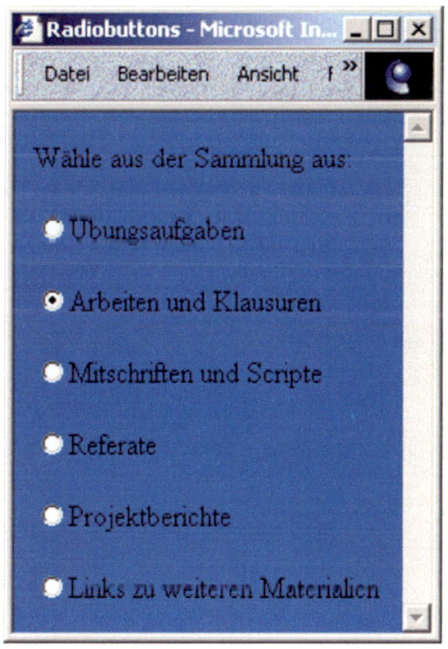

In den 50er Jahren gab es Radiogeräte, deren Bedienknöpfe sehr stark an diese Radiobuttons erinnern. Betätigte man einen Knopf am Radio, so sprang ein anderer heraus. Daher der Name *Radiobutton*.

Die Radiobuttons werden durch die Option **TYPE=RADIO** im <INPUT>-Tag definiert. Weiterhin erhalten alle Buttons durch NAME= eine Bezeichnung. Radiobuttons, die zu einer Gruppe gehören sollen, erhalten die gleiche Bezeichnung. Dadurch kann ein Anwender immer genau einen Knopf auswählen. Mit VALUE= wird, wie bei den Auswahllisten, der Absendewert festgelegt.

Beispiel:

```
<FORM>
 Wähle aus der Sammlung aus:<P>
 <INPUT TYPE=RADIO NAME="Sammlung" VALUE="Uebungen">
  Übungsaufgaben<P>
```

```
<INPUT TYPE=RADIO NAME="Sammlung" VALUE="Arbeiten">
 Arbeiten und Klausuren<P>
<INPUT TYPE=RADIO NAME="Sammlung" VALUE="Script">
 Mitschriften und Scripte<P>
<INPUT TYPE=RADIO NAME="Sammlung" VALUE="Referate">
 Referate<P>
<INPUT TYPE=RADIO NAME="Sammlung" VALUE="Projekt">
 Projektberichte<P>
<INPUT TYPE=RADIO NAME="Sammlung" VALUE="Links">
 Links zu weiteren Materialien
</FORM>
```

Für unsere Sammlung an Unterrichtsmaterialien gehören alle Radiobuttons zu einer Gruppe. Jeder Button trägt die Bezeichnung `NAME="Sammlung"`. Die mit `VALUE=` definierten Absendewerte der einzelnen Radiobuttons beziehen sich auf die angebotenen Inhalte.

Checkboxen

Eine weitere Auswahlmöglichkeit bieten die sogenannten Checkboxen. Eine Checkbox wird innerhalb des `<INPUT>`-Tags durch die Option **`TYPE=CHECKBOX`** eingeleitet. Der Unterschied zu den Radiobuttons liegt darin, dass der Anwender in einer Gruppe von Checkboxen keine, eine oder mehrere auswählen kann. Checkboxen, die zu einer Gruppe gehören sollen, erhalten durch das Attribut `NAME=` alle die gleiche Bezeichnung. Mit `VALUE=` wird, wie bei den Radiobuttons, der Absendewert für jede Checkbox definiert.

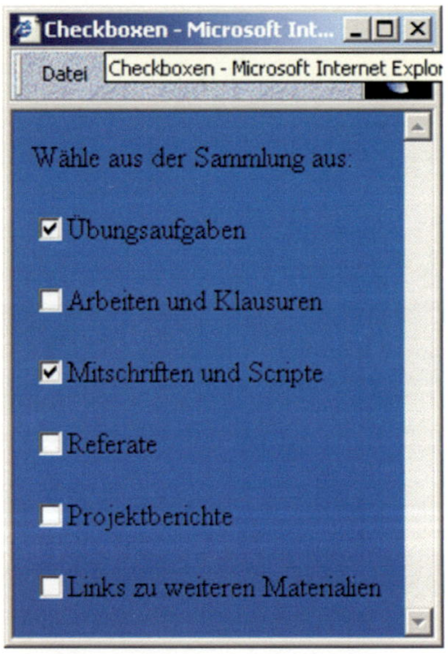

Abbildung 6.3: Checkboxen

In Abbildung 6.3 ist unsere Sammlung von Unterrichtsmaterialien mit Checkboxen realisiert. Der Schüler *Frederik Schleusenheimer* ist somit in der Lage, auch mehrere Materialien auf einmal auszuwählen. Er kann natürlich auch nichts angeben. In diesem Fall wäre es nun möglich, ihm alle vorhandenen Inhalte anzubieten. Somit kann er sich noch besser auf die anstehende Arbeit vorbereiten.

Das Attribut **`CHECKED`** ermöglicht für Radiobuttons und Checkboxen, eine Vorauswahl zu treffen. Es wird einfach im einleitenden `<INPUT>`-Tag des betreffenden Radiobuttons bzw. der Checkbox aufgenommen. So kann man zum Beispiel interessante Inhalte dem Benutzer vorschlagen.

Beispiel:

```
<FORM>
 Wähle aus der Sammlung aus:<P>
 <INPUT TYPE=CHECKBOX CHECKED NAME="Sammlung" VALUE="Uebungen">
  Übungsaufgaben<P>
 <INPUT TYPE=CHECKBOX NAME="Sammlung" VALUE="Arbeiten">
  Arbeiten und Klausuren<P>
```

```
<INPUT TYPE=CHECKBOX CHECKED NAME="Sammlung" VALUE="Script">
 Mitschriften und Scripte<P>
<INPUT TYPE=CHECKBOX NAME="Sammlung" VALUE="Referate">
 Referate<P>
<INPUT TYPE=CHECKBOX NAME="Sammlung" VALUE="Projekt">
 Projektberichte<P>
<INPUT TYPE=CHECKBOX NAME="Sammlung" VALUE="Links">
 Links zu weiteren Materialien
</FORM>
```

Alle Checkboxen gehören wiederum zu einer Gruppe. Dies wird, wie bei den Radiobuttons, durch die gemeinsame Bezeichnung `NAME="Sammlung"` erreicht. Die beiden Elemente *Übungsaufgaben* sowie *Mitschriften und Scripte* sind durch `CHECKED` vorselektiert worden.

Übungen

Das Formular für die Auswahl der Unterrichtsmaterialien soll nun vervollständigt werden. Es fehlen noch die beiden Kriterien *Jahrgangsstufe* und *Thema*. Da insbesondere die Darstellung der verschiedenen Themen vom jeweils gewählten Fach abhängt, ist die Umsetzung einer Auswahlmöglichkeit relativ aufwendig. Sinnvoller Weise sollte diese Arbeit aufgeteilt werden.

Es muss noch die Frage geklärt werden, wie die einzelnen Auswahlkriterien denn im Anschluss ausgewertet werden sollen. Ein Verschicken des fertigen Formulars per Email macht da keinen Sinn. Wir werden uns dann diesem Problem widmen, wenn der Einsatz von JavaScript zur Auswertung von Formularen behandelt wird. Bevor es jedoch soweit ist, können wir uns um den notwendigen Aufbau des Formulars kümmern:

1. Erstelle eine Auswahlmöglichkeit für das Kriterium *Jahrgangsstufe*. Welche Art der Auswahl erachtest du als sinnvoll (Listen, Radiobuttons oder Checkboxen)? Verwende passende Bezeichnungen für die einzelnen Formular-Elemente.

2. Für das Auswahlkriterium *Thema* solltest du dich mit deinen Mitschülern abstimmen. Entscheide dich für ein Fach und schreibe eine Liste der möglichen Themenschwerpunkte auf. Welche Auswahlart erscheint dir hierfür sinnvoll? Erstelle im Anschluss eine Auswahlmöglichkeit in HTML.

3. Die einzelnen Auswahllisten, Radiobuttons und Checkboxen für die verschiedenen Kriterien müssen noch zu einem Gesamtformular zusammengesetzt werden. Gruppiere die einzelnen Formularelemente nach logischen Gesichtspunkten mit Hilfe des `<FIELDSET>`-Tags.

7 JavaScript

Dieses Kapitel gibt einen kurzen Überblick hinsichtlich der wichtigsten Eigenschaften von ***JavaScript***. Es dient als Grundlage für die weiteren programmiertechnischen Überlegungen, die mit dieser ***objektbasierten*** (und nicht ***objektorientierten***) Scriptsprache möglich sind. Insbesondere steht hier der *objektbasierte* Charakter der Scriptsprache im Vordergrund. In einem ersten Schritt werden wir uns zunächst mit den Besonderheiten von JavaScript auseinandersetzen und die verschiedenen Möglichkeiten der Sprache aufzeigen. In einem zweiten Schritt wird dann an kleinen JavaScript-Beispielen gezeigt, wie die Einführung in die *objektorientierte* Programmierung in einfacher Weise unterstützt werden kann.

Was ist JavaScript?

JavaScript ist eine an Java angelehnte Programmiersprache, die von den Firmen Sun und Netscape entwickelt wurde. Ende 1995 veröffentlicht, war sie fest in den Internet-Browser Netscape Navigator 2 integriert. Dies macht auch den besonderen Charakter dieser Programmiersprache deutlich. JavaScript ist nur innerhalb von HTML lauffähig und lässt sich direkt in eine HTML-Datei oder in separaten Dateien schreiben. Die Befehle von JavaScript werden zur Laufzeit im Browser interpretiert und ausgeführt. Eine Übersetzung des Programmcodes, wie er etwa bei Java-Programmen notwendig ist, findet hier nicht statt. JavaScript ist somit plattformunabhängig und hängt nur von der Interpretationsfähigkeit der jeweiligen Browser ab. Vorteilhaft ist der kostenlose Einsatz von JavaScript, da die notwendigen Internet-Browser frei genutzt werden können.

Was kann man mit JavaScript machen?

Mit JavaScript ist es möglich, das Verhalten bzw. das Aussehen von Elementen einer Webseite sowie das Verhalten eines Web-Browsers zu steuern. Durch die Einbindung von JavaScript in HTML lassen sich so interaktive Web-Seiten erstellen. Beispiele hierfür sind Dialogboxen, Eingabeformulare zur Bestellung von Waren über das Internet (e-Commerce), Anmeldeformulare oder Menüs zur Steuerung von Webseiten. Die Abbildung unten zeigt ein Formular mittels JavaScript zur Einrichtung eines Email-Accounts bei www.web.de.

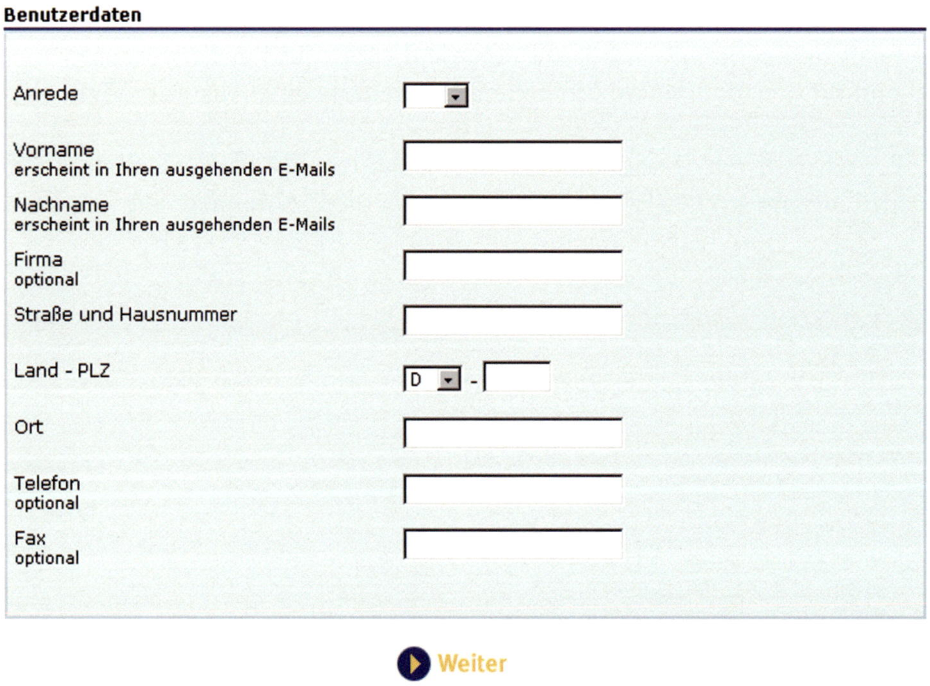

Abbildung 7.1: *Ein Anmeldeformular mittels JavaScript.*

Weiterhin lassen sich viele graphische Elemente mit JavaScript umsetzen, die für einen strukturierten Seitenaufbau hilfreich sind. Diese reichen von einfachen Farbveränderungen und Menüs bis hin zu komplexen Animationen, welche eine Web-Seite dynamisch bereichern. Hier liegt ein wesentlicher Vorteil von JavaScript gegenüber „echten" Programmiersprachen, wie etwa Java. In kürzester Zeit lassen sich nämlich mit einem Browser die Programmierbemühungen sichtbar machen, ohne den Umweg über eine Compilierung gehen zu müssen.

Was benötigt man?

Für den Einsatz von JavaScript benötigt man keine kostenintensive Soft- bzw. Hardware. Ein einfacher Texteditor sowie ein Web-Browser sind die einzigen Komponenten, die für eine Entwicklung von JavaScript-Programmen notwendig sind. Für die Erstellung der HTML-Seiten ist ein dafür vorgesehener HTML-Editor sinnvoll, aber nicht unbedingt notwendig. Durch eine Vielzahl vorgefertigter Elemente wird dem Anwender das mühsame Eingeben der HTML-Befehle abgenommen und er kann sich ganz auf das Design der Web-Seite konzentrieren. Das Erstellen einer Seite gleicht somit der Anwendung einer Textverarbeitung.

Manche Editoren bieten jedoch gerade für die Erstellung von Java-Script-Programmen einige nützliche Hilfsmittel an, welche die Übersichtlichkeit fördern und die Programmierfehler reduzieren. Zum einen wird der JavaScript-Code andersfarbig zwischen den HTML-Befehlen dargestellt und zum anderen werden spezifische JavaScript-Funktionen bereits zur Verfügung gestellt. Gerade Ersteres reduziert die Syntaxfehler in einem erheblichen Maße, da JavaScript „case sensitiv" ist, d. h. Groß- und Kleinschreibung ist zu beachten. Zur besseren Übersichtlichkeit ist es weiterhin ratsam, alle HTML-Befehle komplett in Großbuchstaben zu schreiben.

Etwas weiter geht hier das kostenpflichtige Programm ***Visual JavaScript*** von der Firma Netscape. Mit ihm ist es auf graphische Weise möglich, JavaScript-Programme zu erzeugen. Eine Reihe vorgefertigter Scripts lassen sich so per Drag&Drop in einer Web-Seite unterbringen. Dieses Programm ist komplett in Java geschrieben und benötigt einen leistungsfähigen Computer zur Ausführung. Für den Einsatz von Graphik- und Soundelementen sind schließlich noch Bildbearbeitungs- und Audio-Tools notwendig. Diese lassen sich zum Teil kostenlos bzw. kostengünstig einsetzen. Das Graphikprogramm ***Paint Shop Pro*** und der Audio-Editor ***Cool Edit*** seien hier erwähnt.

7.1 Der objektbasierte Charakter von JavaScript

JavaScript ist eine vergleichsweise einfache Sprache, da viele Aufgabenfelder einer „echten" *objektorientierten* Programmiersprache fehlen. Dies ist kein Mangel, wie es auf den ersten Blick erscheinen mag, sondern bietet den Vorteil des Entwurfs kompakter Scripte. JavaScript ist nicht konsequent objektorientiert, vereinigt aber einige objektorientierte Eigenschaften in sich. Objekte, Eigenschaften und Methoden sind die Basis der ***objektorientierten Programmierung (OOP)***. Bei JavaScript lassen sich diese drei Merkmale der OOP wiederfinden. Durch eine strikte Objekthierarchie wird man nämlich bereits bei den ersten einfachen JavaScript-Programmen an Objekte, Eigenschaften und Methoden gebunden.

Damit wir im nächsten Kapitel gleich mit den ersten Objekten in JavaScript arbeiten können, wollen wir uns zunächst mit den Begriffen der OOP auseinandersetzen. An einem typischen Beispiel aus dem Alltag werden wir uns diese nun aneignen.

Die Simulation eines Fahrrads

Wir wollen uns die Begriffe der objektorientierten Programmierung (OOP) am Beispiel des Fahrrads vergegenwärtigen. In Abbildung 7.2 sind hierfür zur Erinnerung verschiedene Mountainbikes aufgeführt. Ein Fahrrad erkennen wir aufgrund spezieller Eigenschaften, seinem Aussehen und den Einsatzmöglichkeiten. Wir sind in der Lage zu entscheiden, wann ein bestimmtes Gerät ein Fahrrad ist oder nicht. Dabei liefern uns die Eigenschaften und die Konstruktionsmöglichkeiten eine Vorstellung vom Fahrrad. In der OOP sprechen wir hier von der ***Klasse*** Fahrrad.

Ein konkretes Fahrrad wird als ***Objekt***, ***Exemplar*** oder ***Instanz*** bezeichnet, wenn es nach der Bauanleitung der Klasse Fahrrad hergestellt wurde. Dieses Fahrrad weist bestimmte Eigenschaften (***Variablen***) auf, wie etwa Farbe, Größe, Damen- oder Herrenrad. Weiterhin sind einem Objekt einer Klasse verschiedene ***Methoden*** zugeordnet. So kann man mit einem konkreten Fahrrad treten, damit es fährt, es gibt die Möglichkeit zu bremsen, dadurch hält das Fahrrad an und man kann eventuell schalten, damit man in den nächsten Gang kommt.

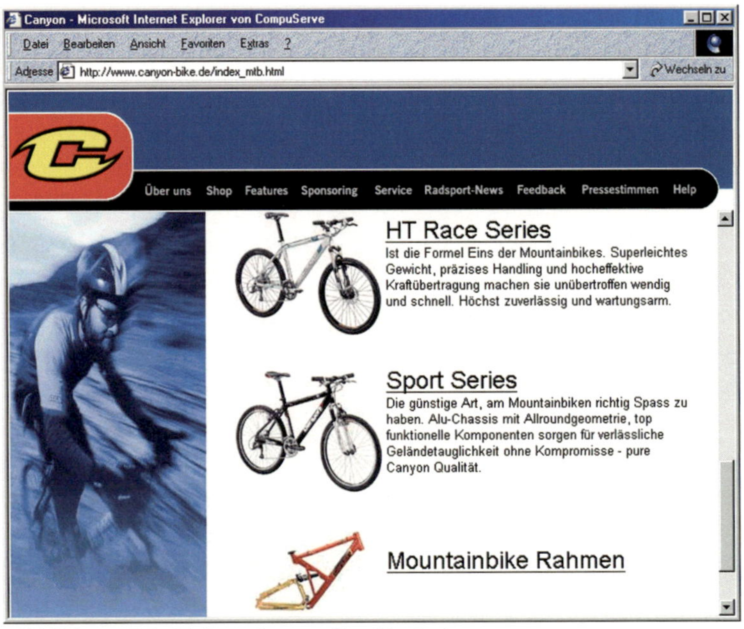

Abbildung 7.2: *Fahrräder in allen Variationen.*

Mittels der Methoden ist es möglich, den Zustand und das Verhalten eines bestimmten Fahrrads zu verändern. In der OOP spricht man vom Senden einer Nachricht an das entsprechende Objekt. Das Objekt Fahrradfahrer sendet durch das Betätigen der Schaltung dem Objekt Fahrrad eine Nachricht, das seinen Zustand daraufhin verändert. Für die Klasse Fahrrad bedeutet dies, dass in ihr bestimmte Methoden definiert sind, mit denen der Zustand und das Verhalten der Objekte dieser Klasse verändert werden können. Objekte können sich somit Nachrichten zu senden, indem sie die Methode des jeweiligen Partners aufrufen.

Eine Klasse ist somit eine Art Container, die alle *Variablen* zur Definition der Objekteigenschaften und alle Methoden zur Objektmanipulation enthält. In der OOP ist es möglich, sogenannte ***Unterklassen*** von einer Klasse zu definieren. Dies ist immer dann sinnvoll, wenn spezielle Klassen festzulegen sind. Man könnte hier an eine Unterklasse *Tandem*, *Dreirad* oder auch *Fahrrad mit Schaltung* denken. Das besondere hieran ist, dass man nicht wieder eine komplett neue Klasse für alle drei Fahrradtypen definieren muss.

Da ein Tandem, ein Dreirad oder auch ein Fahrrad mit Schaltung die typischen Merkmale eines Fahrrads weiterhin aufweist, z. B. zwei Reifen, zwei Pedale, Sattel, Bremsen, reicht es vollkommen aus, dass nur die zusätzlichen Eigenschaften und Methoden in die neuen Klassen einfließen. Beim Tandem wären dies beispielsweise zwei weitere Pedale und ein neuer Sattel, beim Dreirad ein zusätzliches Rad und das Fahrrad mit Schaltung muss eine Möglichkeit zum Schalten bieten. Die ursprünglichen Eigenschaften und Methoden werden von der *Oberklasse* Fahrrad übernommen. Man spricht hier in der OOP von ***Vererbung***. Die Klasse *Tandem* erbt also die Eigenschaften und Methoden der Klasse *Fahrrad*.

Häufig kommt es vor, dass bestimmte Methoden erst in den Unterklassen sinnvoll genutzt werden können und man sich mit einer Definition in der Oberklasse begnügt. Für unser Fahrrad mit Schaltung lassen sich zwei weitere Typen ausmachen, die man als *Fahrrad mit Nabenschaltung* und *Fahrrad mit Kettenschaltung* bezeichnen könnte. Man definiert also eine ***abstrakte Methode*** *schalten* in der Oberklasse und die eigentliche Methode *schalten* wird jeweils getrennt in den beiden Unterklassen umgesetzt.

Übungen

1. Stelle die verschiedenen Klassen und ihre Abhängigkeiten zur Simulation eines Fahrrads graphisch dar. Beziehe die auftretenden Eigenschaften und Methoden ein.

2. Simuliere mit den Mitteln der OOP ein Motorrad.

3. Lässt sich ein sinnvoller Zusammenhang zwischen einem Fahrrad und einem Motorrad herstellen?

7.2 Modellierung eines Formulars

Auf der Grundlage der Fahrradsimulation können wir nun die wesentlichen Merkmale eines Formulars – wie in Abbildung 7.1 dargestellt – analysieren und mit den Mitteln der OOP modellieren.

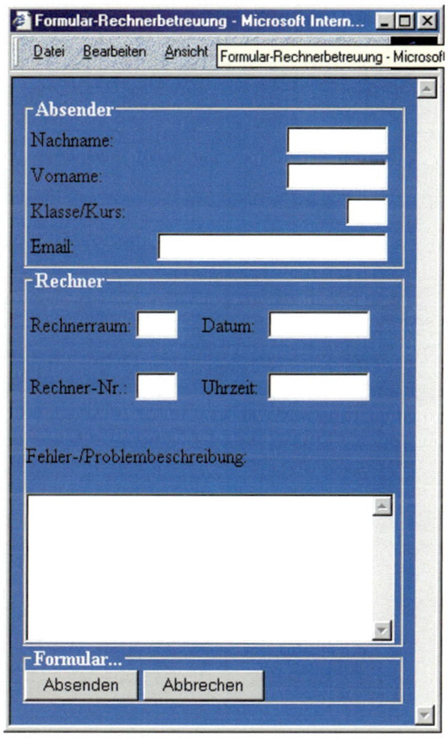

Unser Formular *Rechnerbetreuung*, aus dem letzten Kapitel, wollen wir deshalb nun näher untersuchen. Dabei lassen sich zwei wesentliche Bereiche festhalten, die sich zum einen mit der Eingabe von Personendaten und zum anderen mit der Verwaltung der Daten beschäftigen. Wir werden uns zunächst mit dem ersten Bereich beschäftigen, wobei der zweite später in Angriff genommen wird. Zur Erinnerung ist das Formular noch einmal rechts dargestellt.

Im letzten Kapitel hast du verschiedene interaktive Elemente zum Aufbau des Formulars kennen gelernt. Diese lassen sich nach bestimmten Gesichtspunkten aufteilen, die sich beispielsweise auf deren Funktionalität beziehen. Wir wollen deshalb zunächst die einzelnen Elemente beschreiben und einen funktionalen Zusammenhang zwischen ihnen herstellen. Es lassen sich so die wesentlichen Merkmale einer Benutzerabfrage erkennen, die wir dann später für den Einsatz von JavaScript nutzen können.

Übungen

1. Unterteile die einzelnen Elemente des Formulars *Rechnerbetreuung* nach ihrer Funktionalität. Welche drei Arten von Objekten lassen sich hier ausmachen?

2. Beschreibe die Aufgaben der einzelnen Objekte und versuche mit den Mitteln der OOP einen graphischen Zusammenhang zwischen ihnen herzustellen. Was sind die Eigenschaften und gibt es eventuell Methoden?

3. Welche Objekte hast du im letzten Kapitel weiterhin kennen gelernt? Beschreibe sie!

8 Formulare mit JavaScript auswerten

In diesem Kapitel werden wir uns nun endlich mit JavaScript befassen. Im vorherigen Kapitel hast du erfahren, welche Möglichkeiten mit dem Einsatz von JavaScript auf einer Web-Seite verbunden sind. Weiterhin hast du die wichtigsten Begriffe des objektbasierten Charakters von JavaScript kennen gelernt. Wir wollen also gleich mit einer konkreten Aufgabenstellung anfangen, die uns die ersten Schritte der Programmierung mit JavaScript vermittelt.

8.1 Formulare auswerten

Das Formular *Rechnerbetreuung* aus dem 6. Kapitel, welches die Versendung von Fehler- und Problembeschreibungen von Computern an die Rechnerbetreuung im Intranet ermöglicht, soll nun erweitert werden. Die Erweiterung soll so aussehen, dass die Formulardaten vor dem Senden auf ihre korrekte Eingabe hin überprüft werden. Die Abbildung 8.1 zeigt nochmals das Formular.

Du kennst dies bestimmt schon vom Ausfüllen von Formularen aus dem Internet. Bei Anmelde- bzw. Bestellformularen werden personenbezogene Daten zunächst auf ihre Richtigkeit hin überprüft. Beispielsweise lässt sich so feststellen, ob ein Anwender auch wirklich die Postleitzahl seines Heimatortes eingetragen hat oder irgendein Buchstabensalat vorliegt. Erst wenn die Eingaben korrekt getätigt wurden, kann das Formular versendet werden.

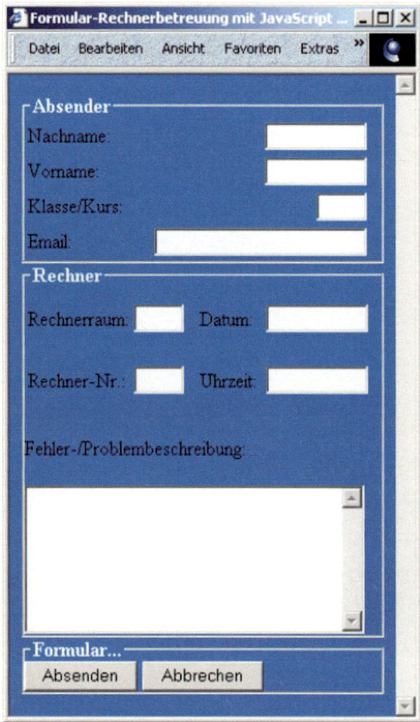

Abbildung 8.1: *Rechnerbetreuung*

Für unser Formular *Rechnerbetreuung* wollen wir nun im einzelnen die folgenden Überprüfungen vornehmen:

1. Alle Eingabefelder müssen vor dem Versenden vollständig ausgefüllt sein

2. Die Eingaben in den einzelnen Feldern müssen einigermaßen korrekt sein. Das Feld *Rechner-Nr.* sollte beispielsweise nur Zahlen und keine Buchstaben bzw. Sonderzeichen aufweisen

3. Bei falschen Daten ist eine erneute Eingabe vom Anwender zu tätigen

Zunächst kümmern wir uns um den ersten Punkt der notwendigen Überprüfungen. Jedes Eingabefeld muss dahingehend getestet werden, ob der Anwender überhaupt Daten eingegeben hat. Danach folgen die Punkte zwei und drei.

Damit wir jedoch zunächst eine überschaubare Anzahl von JavaScript-Befehlen kennen lernen, werden wir die erste Überprüfung auf das Eingabefeld *Nachname* beschränken. Danach folgen schrittweise alle weiteren Felder.

Formularelement ansprechen

Als erstes ist zu überlegen, wie sich ein einzelnes Eingabefeld innerhalb eines Formulars ansprechen lässt. Wir müssen ja irgendwie an die Daten kommen, die vom Anwender in das Feld geschrieben werden. Erst dann können wir überprüfen, ob die Daten korrekt eingegeben wurden.

Gleich zu Anfang kommt daher der objektbasierte Charakter von JavaScript zum Zuge. Wir benötigen also Objekte, die wir auswerten können. Insgesamt müssen wir uns mit vier verschiedenen Objekten auseinandersetzen, die jedoch in JavaScript einfach anzusprechen sind.

Das höchste Objekt in der Hierarchie bildet das sogenannte ***window***-Objekt. Alle anderen Objekte sind ihm untergeordnet. *window* ist das oberste Fenster und zwar das Basisfenster im Browser, was beim Start erzeugt wird. Es beinhaltet Eigenschaften und Methoden, die das Fenster und den Inhalt verändern können. Wir müssen also immer von diesem Fenster aus alle weiteren Betrachtungen hinsichtlich der tieferliegenden Objekte anstellen.

Eine Hierarchieebene tiefer befindet sich das ***document***-Objekt. Das *document*-Objekt beinhaltet Eigenschaften und Methoden, mit denen man das aktuelle Dokument im Browserfenster verändern kann. Wir werden später noch Methoden dieses Objekts verwenden.

Da wir innerhalb eines Formulars ein Formularelement auswerten müssen, ist das *Form*-Objekt anzusprechen, welches dem *document*-Objekt untergeordnet ist. Hierfür benötigen wir den Namen des Formulars, den wir im <FORM>-Tag mit NAME= definieren müssen. Wir wählen hierfür den Namen *Rb* (Rb ≅ Rechnerbetreuung). Das Auswerten des Eingabefeldes, welches mit *Nachname* bezeichnet wird und als Objekt dem Form-Objekt untergeordnet ist, kann dann über die Eigenschaft **value** (value ≅ Wert) ausgelesen werden. Zur besseren Übersicht sind die betreffenden HTML-Befehlszeilen für die Auswertung nachfolgend aufgeführt.

```
<FORM NAME=Rb
 ACTION="mailto:rb@musterschule.de"
 METHOD=POST enctype="text/plain">
 ...
 <TD>Nachname:</TD>
 <TD ALIGN=RIGHT>
  <INPUT NAME="Nachname" SIZE=10 MAXLENGTH=15>
 </TD>
 ...
</FORM>
```

Der vollständige Zugriff auf das Eingabefeld *Nachname* sieht dann wie folgt aus:

window.document.Rb.Nachname.value

Durch den Punkt werden jeweils die einzelnen Objekte nacheinander angesprochen. Die Eigenschaft value liefert zu guter letzt die vom Anwender eingegebenen Daten.

Wir haben somit bereits den Grundstein für unser erstes JavaScript gelegt. Jetzt folgt im Grunde genommen nur noch eine korrekte Umsetzung des JavaScripts an der richtigen Stelle im HTML-Dokument und die Prüfung, ob die Eigenschaft value des Formularelements Nachname leer ist.

Formularelement auswerten

Die notwendigen JavaScript-Befehlszeilen für die Auswertung des Eingabefeldes *Nachname* schreiben wir direkt in das HTML-Dokument hinein. Wir werden später noch sehen, dass der JavaScript-Code auch in einer externen Datei gespeichert werden kann. Damit ein Browser auch weiss, dass ein JavaScript im Dokument eingebettet ist, müssen wir es kenntlich machen. Dies geschieht mittels des einleitenden **<SCRIPT>**-Tags. Das abschließende **</SCRIPT>**-Tag beendet hingegen ein JavaScript.

Ein JavaScript kann an einer beliebigen Stelle im HTML-Dokument stehen. Es hat sich jedoch eingebürgert, die JavaScript-Befehlszeilen ziemlich am Anfang zu notieren, um eine bessere Übersichtlichkeit zu erhalten. Am Besten ist es zwischen den beiden Tags <HEAD> und </HEAD>, also im Kopf des Dokuments, aufgehoben. Wir werden jedoch noch sehen, dass einzelne JavaScript-Befehle auch in bestimmten HTML-Elementen verwendet werden.

Unser erstes kleines JavaScript-Beispiel sieht für die Auswertung des Formularelements wie folgt aus:

```
<HTML>
 <HEAD>
 <TITLE>Formularelement auswerten</TITLE>
 <SCRIPT LANGUAGE="JavaScript1.3">
  <!-- für Browser, die kein JavaScript kennen

  function pruefe_Nachname()
  {
    var Eingabe;
    Eingabe=window.document.Rb.Nachname.value;

    if (Eingabe=="")
    {
      alert ("Bitte den Nachnamen angeben!");
      return false;
    }
  }

  -->
 </SCRIPT>
 </HEAD>
 ...
</HTML>
```

Wir wollen nun schrittweise die einzelnen JavaScript-Befehle durchgehen. Fangen wir also gleich mit dem zusätzlichen Attribut im einleitenden <SCRIPT>-Tag an.

Die Angabe **LANGUAGE="JavaScript1.3"** signalisiert dem Browser die aktuelle JavaScript-Version. Aufgrund der Tatsache, dass sich JavaScript über mehrere Jahre entwickelt hat, wurden immer wieder Verbesserungen und Erweiterungen vollzogen. Dies schlägt sich in den einzelnen Versionen nieder, die von JavaScript1.0, JavaScript1.1 und JavaScript1.2 bis hin zu JavaScript1.3 gehen. In Kapitel 7 wurde bereits erwähnt, welche Version mit welcher Browser-Version zusammenarbeitet. Wir werden mit der JavaScript-Version 1.3 arbeiten.
Die nachfolgende Befehlszeile beginnt mit den Zeichen **<!--** und endet kurz vor dem abschließenden </SCRIPT>-Tag mit den Zeichen **-->**. Für Browser, die kein JavaScript kennen bzw. bei denen es deaktiviert wurde, wird der dazwischen stehende JavaScript-Code als Kommentar interpretiert und somit ignoriert. Du solltest die beiden Zeichen nach Möglichkeit immer verwenden, damit nicht versehentlich der JavaScript-Code als normaler Text im Browserfenster angezeigt wird.

Funktionen

Funktionen dienen in JavaScript zur Strukturierung des Programmcodes und erhöhen dadurch die Übersichtlichkeit. Sie sind eine Zusammenfassung von mehreren Befehlen, die unter einem einheitlichen Namen ausgeführt werden. Man kann sie – wenn sie einmalig definiert wurden – an verschiedenen Stellen im Script verwenden. Dies spart eine Menge Tipparbeit und somit Zeit.
Funktionen werden in JavaScript über das ***reservierte*** Wort **`function`** definiert. Nach einem Leerzeichen folgt der Funktionsname, dem in runden Klammern die notwendigen ***Parameter*** der Funktion nachgestellt sind.

```
function pruefe_Nachname()
```

In unserem Fall werden keine Parameterwerte der Funktion übergeben. Der Funktionsname lautet im vorliegenden Beispiel *pruefe_Nachname*. Zwischen den beiden geschweiften Klammern { und } stehen dann die einzelnen JavaScript-Befehle im sogenannten Funktionsrumpf.

Den Namen einer Funktion kannst du fast beliebig festlegen. Er kann sich aus Buchstaben, Ziffern und dem Unterstrich zusammensetzen. Du musst nur darauf achten, dass keine Sonderzeichen, Leerzeichen und reservierte Wörter verwendet werden. Ansonsten werden Funktionsaufrufe mit Fehlermeldungen vom Browser quittiert. Weiterhin sollte das erste Zeichen des Namens ein Buchstabe oder aber ein Unterstrich sein. Eine Funktionsdefinition wird nicht mit einem Semikolon abgeschlossen.

Variablen

Kommen wir nun zum eigentlichen Inhalt der Funktion `pruefe_Nachname()`. Gleich nach der öffnenden geschweiften Klammer { finden wir eine sogenannte Variablen-Definition, die durch das reservierte Wort **`var`** (`var` ≅ Variable ≅ varius (lat.), verschieden) eingeleitet wird.

Eine *Variable* wird in JavaScript dazu verwendet, um notwendige Daten zu speichern. Man kann sie sich als eine Art Box vorstellen, in die man nur einen Gegenstand auf einmal hineinlegen kann. Legt man etwas anderes hinein, so verschwindet der alte Gegenstand. Variablen-Definitionen sind am Beginn einer Funktion am besten aufgehoben. So kann man gleich erkennen, welche Variablen innerhalb der Funktion verwendet werden.

In unserem Beispiel heißt die definierte Variable *Eingabe* und dient uns zum Speichern der Daten, die vom Anwender in das Eingabefeld *Nachname* eingegeben wurden. Die Variablen-Definiton wird mit einem Semikolon abgeschlossen, da es sich um eine Anweisung in JavaScript handelt.

```
var Eingabe;
```

Für die Vergabe von Variablennamen gelten die gleichen Bedingungen wie bei den Funktionsnamen. Es dürfen also nur die oben genannten Buchstaben, Ziffern und Zeichen verwendet werden. Bevor du jedoch eine definierte Variable im Programm benutzen darfst, muss dieser zunächst ein Wert zugewiesen werden. Dies geschieht in der nächsten Befehlszeile.

Zuweisung

Die Variable *Eingabe* muss jetzt noch mit einem Wert belegt werden, bevor wir sie verwenden können. Dies geschieht durch die folgende Befehlszeile:

```
Eingabe=window.document.Rb.Nachname.value;
```

Wir haben bereits weiter oben gesehen, dass das Formularelement *Nachname* durch **`window.document.Rb.Nachname.value`** angesprochen wird und die Daten des Eingabefeldes liefert. Diese Daten werden nun einfach der Variable *Eingabe* zugewiesen, die diese dann speichert. Durch das Gleichheitszeichen wird die Zuweisung vollzogen. Du musst also Zuweisungen – wie die obige – immer von rechts nach links lesen. Da es sich bei unserer Zuweisung wiederum um eine Anweisung handelt, ist sie mit einem Semikolon abzuschließen.

Warum verwenden wir eigentlich Variablen? Nun, sie sind eine der wichtigsten Elemente einer Programmiersprache und verbessern die Struktur eines Programms. Du kennst den Begriff der Variable ja auch aus der Mathematik. Es sind einfach Platzhalter, für die Namen verschiedener Dinge (Gegenstände, Zahlen usw.) eingesetzt werden können. Weiterhin vereinfachen Variablen den JavaScript-Code. Wir sehen dies gleich weiter unten an den Befehlszeilen.

if-Abfrage

Nachdem wir nun die Daten des Anwenders aus dem Eingabefeld *Nachname* in der Variablen *Eingabe* gespeichert haben, müssen wir mit den Daten eine Überprüfung vornehmen. Wir wollen ja wissen, ob der Anwender seinen Nachnamen eingegeben hat oder nicht. Falls er ihn eingegeben, ist alles in Ordnung und wir akzeptieren zunächst diesen. Hat er jedoch nichts in das Eingabefeld eingetragen, müssen wir ihn mit einer Meldung darauf aufmerksam machen.

Es ist also eine Auswahl zu treffen, die den Verlauf unseres JavaScripts beeinflusst. Dies kann mit einer einseitigen Auswahl geschehen, die auch graphisch verdeutlicht werden kann.

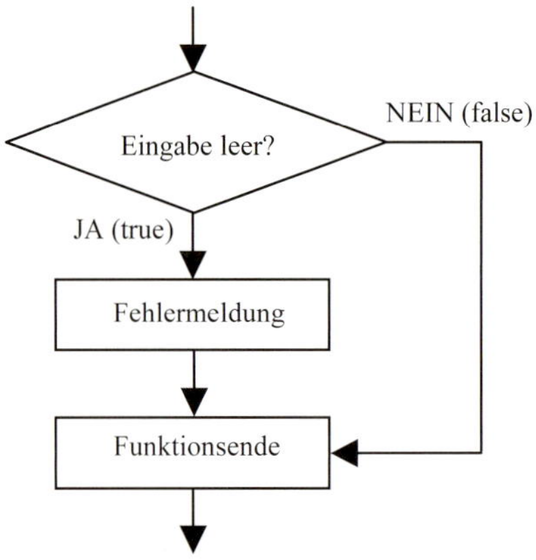

Das obige *Flussdiagramm* kann ganz einfach in JavaScript umgesetzt werden. Die folgenden Befehlszeilen liefern unsere gewünschte Überprüfung:

```
if (Eingabe=="")
{
  alert ("Bitte den Nachnamen angeben!");
  return false;
}
```

Das reservierte Wort **`if`** leitet eine Abfrage ein. Zwischen den beiden Klammern steht unsere definierte Variable *Eingabe*, die auf einen bestimmten Wert hin geprüft wird. Im vorliegenden Fall wird geprüft, ob die Variable *Eingabe* keine Zeichen enthält. Dies geschieht mittels des Vergleichsoperators `==` und den beiden Anführungszeichen, zwischen denen hier keine Zeichen eingetragen sind.

Der Computer vergleicht nun jedes einzelne Zeichen in der Variable *Eingabe* mit den Zeichen zwischen den Anführungszeichen. Wird eine vollständige Übereinstimmung gefunden, liefert die Vergleichsoperation eine wahre Aussage (true) – ansonsten eine falsche (false). In unserem Fall kann eine wahre Aussage nur dann vorliegen, wenn die Variable *Eingabe* ebenfalls kein Zeichen enthält.

Dies ist ja gerade unsere Bedingung. Wenn also die Vergleichsoperation wahr liefert, dann soll etwas passieren. Das, was passieren soll, steht zwischen den beiden geschweiften Klammern `{}`. Da wir den Anwender darauf aufmerksam machen wollen, auch seinen Nachnamen einzutragen, müssen wir ihm dies durch eine Meldung zu verstehen geben. Dies geschieht durch die Befehlszeile

```
alert ("Bitte den Nachnamen angeben!");
```

`alert` erzeugt eine vordefinierte Dialogbox, die einen *OK*-Button, ein Ausrufezeichen als Symbol sowie den Text *Bitte den Nachnamen angeben!* anzeigt. Der Text, den man ausgeben möchte, wird einfach in Anführungszeichen zwischen den beiden runden Klammern **`()`** gesetzt. Die gesamte Zeile wird durch ein Semikolon abgeschlossen. Die nebenstehende Abbildung zeigt den Aufruf dieser Dialogbox.

Wir haben hier zum ersten Mal eine Methode des *window*-Objekts verwendet. `alert` gehört zu einer Vielzahl von vordefinierten Methoden, die vom *window*-Objekt bereitgestellt werden. Da JavaScript nur objektbasierend ist, können wir die Methode `alert` wie oben gezeigt einfach aufrufen. Der vollständige Aufruf ist jedoch **`window.alert ("Bitte den Nachnamen angeben!");`** Beide Möglichkeiten werden jedoch vom Browser unterstützt.

Damit unser Formular erst dann per Email abgeschickt wird, wenn der Anwender auch seinen Nachnamen eingetragen hat, müssen wir dies ausdrücklich festlegen. Dies geschieht durch die Befehlszeile

```
return false;
```

noch innerhalb der *if*-Abfrage.

Durch das reservierte Wort **`return`** wird der Wert **`false`** von unserer Funktion `pruefe_ Nachname()` zurückgeliefert. Vergisst man diese Anweisung, wird das Formular trotzdem versendet. Dies wollen wir jedoch verhindern. Wir werden gleich noch sehen, wie der `false`-Wert verarbeitet wird und an welcher Stelle im HTML-Dokument unsere Funktion `pruefe_Nachname()` aufgerufen werden muss.

Eine *if*-Abfrage wird nicht mit einem Semikolon abgeschlossen. Wir hätten auch die Abfrage `if (window.document.Rb.Nachname.value=="")` ohne die Variable *Eingabe* verwenden können. Dies dient aber nicht einer besseren Übersichtlichkeit.

Eventhandler

Unsere Funktion pruefe_Nachname() ist nun fertig gestellt und muss jetzt noch an einer geeigneten Stelle im HTML-Dokument aufgerufen werden. Die Funktion soll ausgeführt werden, wenn der Anwender versucht, das Formular Rechnerbetreuung abzuschicken – wenn er also auf den *Absenden*-Button klickt. In JavaScript spricht man hier von einem *Ereignis* und zwar von dem, dass der Anwender mit der Maus geklickt hat. Es gibt noch eine Vielzahl weiterer möglicher Ereignisse, die ein Anwender auslösen kann. Wir wollen uns zunächst aber mit dem Mausklick beschäftigen.

Ereignisse werden in JavaScript durch die sogenannten ***Eventhandler*** (Ereignis-Behandler) verarbeitet. Diese Eventhandler stellen eine Verbindung zwischen HTML und JavaScript her. Aufgrund dessen werden sie als Attribute in den HTML-Tags aufgenommen. Es ist jedoch zu berücksichtigen, dass die Eventhandler nicht in jedem beliebigen HTML-Tag eingesetzt werden können und an bestimmte Tags gebunden sind.

Mit Hilfe des Eventhandlers **onClick=** können wir auf den Mausklick eines Anwenders reagieren, wenn er ein Element anklickt. Da wir den *Absenden*-Button auf einen Klick hin überprüfen wollen, müssen wir onClick= als Attribut innerhalb des <INPUT>-Tags, welches den Button realisiert, einfügen. Dies sieht dann wie folgt aus:

```
<HTML>
 <HEAD>
 <TITLE>Formularelement auswerten</TITLE>
 <SCRIPT LANGUAGE="JavaScript1.3">
  <!-- für Browser, die kein JavaScript kennen
  function pruefe_Nachname()
 ...
 <FIELDSET>
  <LEGEND>
   <FONT COLOR=#FFFFFF><STRONG>Formular...</STRONG>
  </LEGEND>
  <INPUT TYPE=SUBMIT VALUE="Absenden"
    onClick="return pruefe_Nachname()">
  <INPUT TYPE=RESET VALUE="Abbrechen">
 </FIELDSET>
 ...
</HTML>
```

Der Eventhandler onClick= reagiert also auf das Anklicken des *Absenden*-Buttons und ruft unsere Funktion pruefe_Nachname() auf, die zwischen zwei Anführungszeichen geschrieben steht. Diese nimmt dann die Überprüfung des Eingabefeldes *Nachname* vor. Da die Funktion einen Wert zurückliefert (true oder false), muss dieser auch an onClick= weitergeleitet werden. Dies geschieht durch das vorgestellte return.

Liefert die Funktion pruefe_Nachname() nun den Wert false zurück, so wird das Formular nicht versendet. Der Nachname wurde also vom Anwender nicht eingegeben, was er dementsprechend auch mit einer Fehlermeldung quittiert bekommt. Ist der Wert hingegen true, was übrigens dem Standardwert entspricht, wird das Formular verschickt.

Übungen

1. Schreibe eine Funktion *pruefe_Vorname* in JavaScript, die das Eingabefeld *Vorname* auf eine Eingabe hin überprüft – bei Nicht-Eingabe des Vornamens soll eine Fehlermeldung ausgegeben werden. Wo ist die Funktion *pruefe_Vorname* aufzurufen, wenn die vorherige Funktion *pruefe_Nachname* weiter verwendet werden soll?

2. Ersetze die Methode `alert` zur Ausgabe der Fehlermeldung durch die Methode **`confirm`**. Den Ausgabetext kannst du beibehalten. Was stellst du fest? Beschreibe!

3. Du hast bereits erfahren, dass man Funktionen *Parameter* übergeben kann. Warum müssen wir für die Funktionen *pruefe_Nachname* und *pruefe_Vorname* keine Parameter übergeben? Welche Parameter werden eigentlich an `alert` bzw. `confirm` übergeben?

4. Schreibe in der *if*-Abfrage die Variable *Eingabe* klein, also *eingabe*. Was stellst du nach dem erneuten Laden des HTML-Dokuments fest? Beschreibe!

5. Verändere die Methode `alert` und schreibe sie komplett gross, also `ALERT`. Was passiert nach dem erneuten Laden des Dokuments? Kannst du dir denken warum?

for-Schleife

Es wäre etwas mühsam, wenn wir für jedes einzelne Eingabefeld des Formulars *Rechnerbetreuung* eine eigene Funktion schreiben müssten. Deshalb wollen wir nun eine Funktion ***pruefe_alle*** definieren, die alle Eingabefelder hinsichtlich einer getätigten Eingabe von Seiten des Anwenders überprüft.

Dies kann man mit einer sogenannten ***for***-Schleife in JavaScript realisieren, die bestimmte Programmanweisungen mehrmals hintereinander ausführt. Wir wollen uns gleich mal die neue Funktion *pruefe_alle* im Detail ansehen. Hier ist schon mal der fertige JavaScript-Code unserer Funktion:

```
function pruefe_alle()
{
  var Eingabe, zaehler;
  for (zaehler=1; zaehler<11; zaehler++)
  {
    Eingabe=window.document.Rb.elements[zaehler].value;

    if (Eingabe=="")
    {
      alert ("Es wurden nicht alle Formularfelder ausgefüllt!");
      return false;
    }
  }
}
```

Wie man sieht, ist gleich am Anfang der Funktion eine neue Variable *zaehler* zusätzlich definiert worden. Die Variable *zaehler* wird dann gleich in der darauffolgenden Befehlszeile verwendet.

Das reservierte Wort **for** leitet die Schleife ein, gefolgt vom sogenannten ***Schleifenkopf***, der in runden Klammern steht. Der Schleifenkopf beinhaltet an erster Stelle den Anfangswert der ***Laufvariable***. In unserem Fall lautet die Laufvariable *zaehler*, die mit dem Wert 1 initialisiert wird. Sie zählt mit, wie häufig die Schleife durchlaufen wurde.

Danach folgt die ***Schleifenbedingung***, die darüber entscheidet, wie häufig die Schleife durchlaufen wird. Sie lautet im vorliegenden Fall **zaehler<11**. Dies bedeutet, dass die Schleife abgebrochen wird, wenn die Variable *zaehler* den Wert 11 erreicht hat. Ist ihr Wert also kleiner als 11, so wird die Schleife weiter durchlaufen.

Wir müssen die Laufvariable *zaehler* von 1 bis 10 laufen lassen, da wir insgesamt neun Formularfelder der Reihe nach abzufragen haben. Normalerweise würden wir die Laufvariable von Wert 0 bis einschließlich Wert 8 hochzählen. Dies entspräche insgesamt den neun Feldern. Da wir jedoch mittels des <FIELDSET>-Tags das Formular Rechnerbetreuung gruppiert haben, werden die Gruppen *Absender*, *Rechner* und *Formular...* jeweils als eigenständige Formularelemente interpretiert. Somit ist die Gruppe *Absender* das 0-te Formularelement, das Eingabefeld *Nachname* das 1-te usw. Daher die etwas eigentümliche Laufweite der Variablen *zaehler*.

Nach der Schleifenbedingung folgt die Angabe der ***Schrittweite*** für die Laufvariable *zaehler*. Nach jedem Schleifendurchlauf wird die Variable um den Wert 1 erhöht. Dies geschieht durch das ***Inkrementieren*** der Variable *zaehler* mittels der beiden nachgestellten +, also `zaehler++`.
Die Initialisierung der *Laufvariablen*, die *Schleifenbedingung* und die *Schrittweite* werden jeweils durch ein Semikolon von einander getrennt.

Im Anschluss an den Schleifenkopf folgt in geschweiften Klammern { } der eigentliche ***Schleifenrumpf***. Im Schleifenrumpf sind die Anweisungen enthalten, die durch die im Schleifenkopf festgesetzte Anzahl von Durchläufen ausgeführt werden. Die einzelnen Anweisungen im Schleifenrumpf sind gegenüber denen in der Funktion *pruefe_Nachname* fast identisch. Eine kleine Neuerung ist jedoch hinzugekommen.

Da wir nun nicht mehr jedes einzelne Formularelement mit seinem Namen ansprechen können, müssen wir uns eine andere Taktik überlegen. Da JavaScript die Formularelemente durchnummeriert, können wir diese durch ihre sogenannte ***Indexnummer*** ansprechen. Dies geschieht durch
elements[Indexnummer], wobei die Indexnummer durch die Laufvariable *zaehler* jeweils verändert wird. Die neue Befehlszeile sieht dann dementsprechend wie folgt aus:

```
Eingabe=window.document.Rb.elements[zaehler].value;
```

Nach dem Auslesen eines Formularfeldes folgt dann wie gewohnt die *if*-Abfrage, die auf eine leere Eingabe hin prüft. Wurde also keine Eingabe vom Anwender getätigt, wird der Wert `false` zurückgeliefert.

Die *for*-Schleife wird nach dem ersten Auffinden eines leeren Eingabefeldes sofort beendet. Dies geschieht aufgrund der Anweisung `return false;` Wäre dies nicht der Fall, so müsste man für jede nicht getätigte Eingabe immer wieder die Fehlermeldung quittieren. Dies wäre dann für den Anwender etwas lästig. Übrigens, der *Schleifenkopf* wird nicht mit einem Semikolon abgeschlossen.

Zum besseren Verständnis der *for*-Schleife wollen wir uns die einzelnen Schleifendurchläufe der Funktion *pruefe_alle* näher anschauen. Wir gehen davon aus, dass der Anwender alle Eingabefelder des Formulars ausgefüllt hat und es per Email versendet werden kann.

Durch-lauf-Nr.	**Laufvariable** `zaehler`	**Schleifenbedingung** `zaehler<11`	**Schleifenrumpf**	**Inkrementierung** `zaehler++`
1	1	Ist 1 kleiner 11? JA (true)	ausführen `elements[1]`	zaehler=2
2	2	Ist 2 kleiner 11? JA (true)	ausführen `elements[2]`	zaehler=3
3	3	Ist 3 kleiner 11? JA (true)	ausführen `elements[3]`	zaehler=4
4	4	Ist 4 kleiner 11? JA (true)	ausführen `elements[4]`	zaehler=5
5	5	Ist 5 kleiner 11? JA (true)	ausführen `elements[5]`	zaehler=6
6	6	Ist 6 kleiner 11? JA (true)	ausführen `elements[6]`	zaehler=7
7	7	Ist 7 kleiner 11? JA (true)	ausführen `elements[7]`	zaehler=8
8	8	Ist 8 kleiner 11? JA (true)	ausführen `elements[8]`	zaehler=9
9	9	Ist 9 kleiner 11? JA (true)	ausführen `elements[9]`	zaehler=10
10	10	Ist 10 kleiner 11? JA (true)	ausführen `elements[10]`	zaehler=11
11	11	Ist 11 kleiner 11? NEIN (false)	nicht ausführen	-

Die Tabelle zeigt nochmals alle Schleifendurchläufe, die für die Überprüfung der einzelnen Formularfelder notwendig sind.

Beim ersten Schleifendurchlauf wird die Laufvariable *zaehler* auf den Wert 1 gesetzt. Danach wird geprüft, ob der Wert der Variablen kleiner 11 ist. Dies ist der Fall, da 1 kleiner als 11 ist.
Der Schleifenrumpf wird also ausgeführt und das erste Eingabefeld, was über `elements[1]` angesprochen wird, wird durch die *if*-Abfrage ausgewertet. Dies ist gerade das Eingabefeld *Nachname*. Da wir ja annehmen, dass alle Felder ausgefüllt sind, wird im Anschluss die Laufvariable *zaehler* um 1 erhöht. Sie hat dann den neuen Wert 2.

So werden nun Schritt für Schritt alle weiteren Eingabefelder im Schleifenrumpf überprüft. Die Schleife endet, wenn die Variable *zaehler* den Wert 11 hat. Die Schleifenbedingung liefert dann nämlich den Wert *false*, was den Abbruch für die *for*-Schleife bedeutet.

Wir haben nun unsere Funktion *pruefe_alle* in JavaScript fertig definiert und können sie jetzt verwenden. Dazu müssen wir nur den alten Funktionsnamen *pruefe_Nachname* durch den neuen im Eventhandler `onClick=` ersetzen. Dies sieht dann so aus:

```
<INPUT TYPE=SUBMIT VALUE="Absenden" onClick="return pruefe_alle()">
```

Damit wird das Formular *Rechnerbetreuung* sofort nach dem Anklicken des *Absenden*-Buttons auf fehlende Eingabe hin überprüft.

8.2 Formulare präziser auswerten

Bis jetzt haben wir die Felder des Formulars *Rechnerbetreuung* nur dahingehend überprüft, ob von Seiten des Anwenders überhaupt eine Eingabe getätigt wurde. Wir wollen jedoch nun zusätzlich testen, in wie weit die einzelnen Eingaben in etwa korrekt waren. Dies bedeutet, dass beispielsweise im Eingabefeld *Nachname* nur Buchstaben eingegeben werden dürfen. Zahlen und Sonderzeichen sind hier nicht erlaubt.

Wir schreiben uns deshalb eine neue Funktion ***pruefe_Namen*** in JavaScript, die die beiden Formularfelder *Nachname* und *Vorname* auf die reine Eingabe von Buchstaben hin überprüft. Daran anschließend werden noch die restlichen Formularfelder getestet. Dies geschieht zunächst mit jeweils eigenen Funktionen, da wir dann Zahlen und Sonderzeichen als Eingabe zulassen müssen.

Zunächst sollten wir einmal überlegen, welche Zeichen ein Anwender in das Feld Nachname und Vorname eintragen darf. Sicherlich ist das gesamte Alphabet in Groß- bzw. Kleinschreibung, die deutschen Umlaute und der Bindestrich für etwaige Doppelnamen erlaubt. Weiterhin müssen wir noch das Leerzeichen gestatten. In JavaScript sind diese Zeichen ausdrücklich anzugeben. Wir speichern deshalb alle erlaubten Zeichen in einer einzigen Variablen *Zeichen* ab. Dies sieht dann wie folgt aus:

```
Zeichen="aAbBcCdDeEfFgGhHiIjJkKlLmMnNoOpPqQrRsStTuUvVwWxXyYzZäÄöÖüÜß- ";
```

Dazu werden einfach alle Zeichen hintereinander in Anführungszeichen geschrieben und der Variablen *Zeichen* zugewiesen. Es handelt sich hierbei um einen sogenannten ***String***, eine „Zeichenkette". Die Befehlszeile wird durch ein Semikolon abgeschlossen.

Buchstaben separieren

Wir müssen nun irgendwie die Zeichen aus den beiden Eingabefeldern *Nachname* und *Vorname* mit den erlaubten vergleichen. Dazu gehen wir wie folgt vor:

1. Auslesen des Eingabefeldes *Nachname* und speichern der Zeichen in einer Variablen *Eingabe.*

2. Bestimmung der Anzahl der eingegebenen Zeichen und speichern in der Variable *laenge.*

3. Aus der Variablen *Eingabe* wird jeweils ein einzelnes Zeichen ***separiert*** (separieren ≅ aussondern) und in einer Variablen *zeichen* gespeichert.

4. Das separierte Zeichen, welches nun in der Variablen *zeichen* abgespeichert ist, wird im obigen String gesucht. Ist es nicht vorhanden, wird eine Fehlermeldung ausgegeben. Das betroffene Feld wird gelöscht und der Anwender wird zu einer erneuten Eingabe aufgefordert.

5. Die Punkte 3 und 4 wiederholen sich solange, bis entweder eine Fehlermeldung auftritt oder aber alle Zeichen in der Eingabe überprüft wurden. Wie viele Zeichen zu überprüfen sind, steht ja in der Variablen *laenge.*

6. Punkt 1 bis 5 werden auf das Eingabefeld *Vorname* angewendet.

Verschachtelte *for*-Schleifen

Als erstes kümmern wir uns um die notwendigen Variablen – wir benötigen insgesamt sechs Stück. Die Variablen-Definition am Anfang der Funktion *pruefe_Namen* sieht dann so aus:

```
var Zeichen, Eingabe, zaehler1, zaehler2, zeichen, laenge;
```

Die Variablen *zaehler1* und *zaehler2* brauchen wir für die beiden erforderlichen *for*-Schleifen, die ineinander verschachtelt sind. Es gibt also eine äußere Schleife und eine innere. Die innere Schleife ist für das schrittweise Separieren und Vergleichen der Zeichen notwendig. Die Äußere liest die beiden Eingabefelder *Nachname* und *Vorname* aus. Die beiden *for*-Schleifen lassen sich wie folgt angeben:

```
for (zaehler1=1; zaehler1<3; zaehler1++)
{
  Eingabe=window.document.Rb.elements[zaehler1].value;
  laenge=Eingabe.length;

  for (zaehler2=0; zaehler2<laenge; zaehler2++)
  {
    zeichen=Eingabe.charAt(zaehler2);
    if (Zeichen.indexOf (zeichen)==-1)
    {
      alert ("Unerlaubte(s) Zeichen im Namen!");
      window.document.Rb.elements[zaehler1].value="";
      window.document.Rb.elements[zaehler1].focus();
      return false;
    }
  }
}
```

Die Laufvariable *zaehler1* der äußeren *for*-Schleife hat den Anfangswert 1. Dadurch wird gewährleistet, dass das Eingabefeld *Nachname*, welches die Indexnummer 1 besitzt, ausgelesen werden kann. Dies geschieht wie gewohnt durch die Befehlszeile

```
Eingabe=window.document.Rb.elements[zaehler1].value;
```

Im Anschluss daran werden die Anzahl der Zeichen, die der Anwender eingegeben hat, bestimmt und in der Variablen *laenge* gespeichert. Dies geschieht mittels der Befehlszeile

```
laenge=Eingabe.length;
```

Auf die Variable *Eingabe* wird eine Eigenschaft des ***string***-Objekts angewendet und zwar **`length`**. Die Objekteigenschaft `length` beinhaltet die Anzahl der Zeichen eines Strings.

Sobald eine ***Zeichenkette*** in JavaScript vorliegt, lassen sich die Eigenschaften und Methoden des *string*-Objekts darauf anwenden. Dabei ist es unerheblich, ob vor dem Punkt eine Variable oder eine andere Objekteigenschaft steht, die eine Zeichenkette gespeichert hat. In JavaScript wird eine Zeichenkette als eine Kette von Einzelzeichen angesehen, wobei jedes Zeichen seine feste Position in der Kette hat.

Nachdem die Anzahl der Zeichen bestimmt ist, folgt der Schleifenkopf der inneren *for*-Schleife. Die Laufvariable *zaehler2* wird mit dem Wert 0 initialisiert, da das erste Zeichen in der Zeichenkette an der 0-ten Position steht. Die Schleifenbedingung lautet `zaehler2<laenge`, da jedes einzelne Zeichen in der Kette im Schleifenrumpf ausgewertet werden muss.

Der Schleifenrumpf der inneren *for*-Schleife ist nun für das Separieren der einzelnen Zeichen aus der Zeichenkette und dem Vergleich mit den erlaubten Buchstaben verantwortlich. Das Separieren geschieht durch die Befehlszeile

```
zeichen=Eingabe.charAt(zaehler2);
```

Die Methode **`charAt()`** des *string*-Objekts liefert das Zeichen zurück, das in einer Zeichenkette an einer bestimmten Position steht. Hier wird das Zeichen dann gleich in der Variablen *zeichen* abgespeichert. Die Position wird als Parameter der Methode `charAt()` übergeben. Im vorliegenden Fall lautet der Parameter `zaehler2`. Die Variable *zaehler2* durchläuft also alle Positionen in der Zeichenkette.

Ist ein Zeichen aus der Zeichenkette separiert, muss noch geprüft werden, ob es ein Erlaubtes ist. Dies geschieht mit Hilfe einer *if*-Abfrage, die sich einer weiteren Methode des *string*-Objekts bedient. Die Methode **`indexOf()`** sucht in einer Zeichenkette nach einem Zeichen und gibt die Position zurück, an der es erstmalig gefunden wurde. Wird es nicht gefunden, so liefert die Methode `-1` als Fehlerwert zurück. Als Parameter bekommt die Methode `indexOf()` das zu suchende Zeichen übergeben.

Wir wenden diese Methode auf die Variable *Eingabe* an und übergeben ihr das Zeichen, welches vorher in der Variablen *zeichen* gespeichert wurde. Durch den Vergleichsoperator `==` prüfen wir, ob die Methode den Fehlerwert `-1` zurückgeliefert hat. Wenn ja, werden die Befehlszeilen in den geschweiften Klammern ausgeführt. Wenn nicht, dann wird das nächste Zeichen separiert und wieder überprüft.

```
if (Zeichen.indexOf (zeichen)==-1)
{
  alert ("Unerlaubte(s) Zeichen im Namen!");
  window.document.Rb.elements[zaehler1].value="";
  window.document.Rb.elements[zaehler1].focus();
  return false;
}
```

Ein Fehlerwert von `-1` führt zu einer Fehlermeldung, die durch `alert` dem Anwender mitgeteilt wird. Weiterhin wird das betroffene Eingabefeld gelöscht und ein ***Fokus*** gesetzt. Der Cursor steht nun blinkend im betreffenden Formularfeld und der Anwender kann eine neue Eingabe tätigen. Dies geschieht mittels der Methode **`focus()`**.

Die Methode `focus()` setzt den Fokus auf ein Objekt. In JavaScript wird also jedes Formularelement als eigenständiges Objekt behandelt, was Eigenschaften und Methoden besitzt.

Hier findest du die komplette Funktion *pruefe_Namen* im Zusammenhang:

```
function pruefe_Namen()
{
  var Zeichen, Eingabe, zaehler1, zaehler2, zeichen, laenge;
  Zeichen="aAbBcCdDeEfFgGhHiIjJkKlLmMnNoOpPqQrRsStTuUvVwWxXyYzZ
         äÄöÖüÜß- ";
```

```
  for (zaehler1=1; zaehler1<3; zaehler1++)
  {
    Eingabe=window.document.Rb.elements[zaehler1].value;
    laenge=Eingabe.length;

    for (zaehler2=0; zaehler2<laenge; zaehler2++)
    {
      zeichen=Eingabe.charAt(zaehler2);
      if (Zeichen.indexOf (zeichen)==-1)
      {
        alert ("Unerlaubte(s) Zeichen im Namen!");
        window.document.Rb.elements[zaehler1].value="";
        window.document.Rb.elements[zaehler1].focus();
        return false;
      }
    }
  }
}
```

Übungen

1. Schreibe eine Funktion *pruefe_Klasse* in JavaScript, die das Formularelement *Klasse/Kurs* auf gültige Zeichen hin überprüft. Bei fehlerhafter Eingabe soll der Fokus auf das Formularelement gesetzt werden, damit der Anwender seine Eingabe erneut tätigen kann. Welche Zeichen sollten nach deiner Meinung für dieses Eingabefeld erlaubt sein?

2. Die Funktion *pruefe_Email* soll die Überprüfung für das Eingabefeld *Email* vornehmen. Welche Zeichen sind hier erlaubt? Schreibe die Funktion *pruefe_Email* in JavaScript und achte auf die richtige Indexnummer für das Formularelement *Email*.

3. Die vier Felder *Rechnerraum*, *Rechnernummer*, *Datum* und *Uhrzeit* sind jetzt noch zu überprüfen. Entwerfe auch hier eine Funktion in JavaScript, die die Eingabe auf gültige Zeichen testet. Welche Zeichen sind für diese vier Eingabefelder erlaubt?

4. Wir haben nun insgesamt fünf verschiedene Funktionen programmiert, die das Formular *Rechnerbetreuung* auswerten. In welcher Reihenfolge und vor allem wo müssen die Funktionen aufgerufen werden?

5. Wenn ein Eingabefeld den Fokus verliert, kann man mit dem Eventhandler **`onBlur=`** auf dieses Ereignis reagieren. Überlege dir, wie du diesen Eventhandler für den Aufruf der einzelnen Funktionen nutzen kannst. An welchen Stellen im HTML-Dokument müsste er eingesetzt werden? Müssen die Funktionen eventuell verändert werden?

8.3 Auswahllisten auswerten

In Abschnitt 6.4 haben wir uns bereits mit dem Thema *Auswahllisten* auseinandergesetzt, um beispielsweise den Verweis *Unterrichtsmaterial* im Intranet zur Verfügung zu stellen. Wir haben eine Auswahlliste für die Fächer in HTML erzeugt und wollen nun diese auswerten. Das Ziel ist, eine weiterführende Auswahl zu präsentieren, aus der in Abhängigkeit des gewählten Faches alle verfügbaren Materialien genutzt werden können.

Wir müssen also jeden einzelnen Listeneintrag der Auswahlliste `Faecher` (s. Abbildung 6.2) auswerten und die entsprechende Sammlung von Materialien zum gewählten Fach aufrufen. Aus dieser Sammlung kann dann der Anwender wiederum wählen. Nachstehend siehst du nochmals alle HTML-Befehlszeilen, die für den Aufbau der Auswahlliste verantwortlich sind. Wir betrachten den Fall, dass der Anwender immer nur einen Eintrag anklicken kann.

```
<FORM NAME=Fach>
 Wähle ein Fach aus:<P>
 <SELECT NAME="Faecher" SIZE=5>
  <OPTION VALUE=0 SELECTED >Biologie</OPTION>
  <OPTION VALUE=1>Chemie</OPTION>
  <OPTION VALUE=2>Deutsch</OPTION>
  <OPTION VALUE=3>Englisch</OPTION>
  <OPTION VALUE=4>Erdkunde</OPTION>
  <OPTION VALUE=5>Französisch</OPTION>
  <OPTION VALUE=6>Geschichte</OPTION>
  <OPTION VALUE=7>Informatik</OPTION>
  <OPTION VALUE=8>Kunst</OPTION>
  <OPTION VALUE=9>Latein</OPTION>
  <OPTION VALUE=10>Mathematik</OPTION>
  <OPTION VALUE=11>Musik</OPTION>
  <OPTION VALUE=12>Physik</OPTION>
  <OPTION VALUE=13>Religion</OPTION>
  <OPTION VALUE=14>Sozialkunde</OPTION>
  <OPTION VALUE=15>Sport</OPTION>
  <OPTION VALUE=16>Wirtschaft</OPTION>
 </SELECT>
</FORM>
```

Zunächst müssen wir dem Formular, in welches die Auswahlliste eingebettet ist, einen Namen geben. Dies ist notwendig, da wir zum Auswerten der Listeneinträge das Formular mit einbeziehen müssen. Das Formular erhält durch das Attribut `NAME=` die Bezeichnung *Fach*.
Nun können wir die Auswahlliste `Faecher` ansprechen. Dies geschieht wie bei den Eingabefeldern in den vorherigen Abschnitten über die einzelnen Objekte. Der Listeneintrag *Biologie* kann dann beispielsweise wie folgt angesprochen werden:

```
window.document.Fach.Faecher.options[0].text;
```

Wir verwenden hier das ***options***-Objekt für den gezielten Zugriff auf die Auswahlliste `Faecher` innerhalb des Formulars `Fach`. Das *options*-Objekt ist dem *elements*-Objekt untergeordnet. Der erste Listeneintrag *Biologie* hat die Indexnummer `0` und lässt sich deshalb über **`options[0]`** ansprechen. Da wir 17 Einträge erzeugt haben, wird der letzte beispielsweise durch **`options[16]`** ausgewertet.

Die Objekteigenschaft **text** des *options*-Objekt liefert hier den Auswahltext *Biologie*. Da wir in Abhängigkeit des gewählten Eintrags die Materialauswahl aufrufen wollen, ist die Objekteigenschaft `text` für unsere Zwecke nicht hilfreich. Wir müssen hingegen die Objekteigenschaft **value** des *options*-Objekt verwenden. Dies liefert den Auswahlwert eines Listeneintrags, insofern er durch das Attribut `VALUE=` beim Aufbau der Auswahlliste verwendet wurde. Die einzelnen Listeneinträge sind im vorliegenden Fall von 0 bis 16 durchnummeriert.

Listeneinträge prüfen

Nachdem nun deutlich geworden ist, wie man eine Auswahlliste ansprechen muss, wollen wir uns eine Funktion *waehle_Fach* in JavaScript schreiben, die jeden einzelnen Listeneintrag testet, ob er angewählt wurde. Der gewählte Listeneintrag wird dann dazu verwendet, um die Materialien zum gewählten Fach angeben zu können. Die Funktion *waehle_Fach* sieht wie folgt aus:

```
function waehle_Fach()
{
  var Auswahl, zaehler, laenge;
  laenge=window.document.Fach.Faecher.length;

  for(zaehler=0; zaehler<laenge; zaehler++)
  {
    Auswahl=window.document.Fach.Faecher.options[zaehler];
    if (Auswahl.selected==true)
    {
      Auswahl_Fach=Auswahl.value;
      break;
    }
  }
}
```

Wir definieren am Anfang der Funktion zunächst die notwendigen Variablen *Auswahl*, *zaehler* und *laenge*. In der Variablen *laenge* speichern wir im Anschluss die Anzahl der Listeneinträge der Auswahlliste `Faecher`. Dies geschieht mittels Auslesen der Objekteigenschaft **length** des *options*-Objekts. Im vorliegenden Fall liefert `length` den Wert 17. Danach folgt eine *for*-Schleife, die alle Listeneinträge unserer Auswahlliste durchläuft. Hier wird die Variable *laenge* in der Schleifenbedingung verwendet. Die *for*-Schleife endet, wenn die Laufvariable *zaehler* den Wert der Variablen *laenge* erreicht hat.

Im Schleifenrumpf wird dann geprüft, welcher Listeneintrag vom Anwender ausgewählt wurde. Dazu wird zunächst über

```
Auswahl=window.document.Fach.Faecher.options[zaehler];
```

in der Variablen *Auswahl* ein aktueller Listeneintrag gespeichert.

Die folgende *if*-Abfrage testet daraufhin, ob dieser selektiert wurde. Dies geschieht durch die Eigenschaft **selected** des *options*-Objekt, die einen wahren Wert (true) liefert, falls der Eintrag ausgewählt wurde. Ansonsten liefert `selected` den Wert *false*. Liegt also eine Auswahl vor, so wird daraufhin in der *globalen* Variablen *Auswahl_Fach* der Auswahlwert des entsprechenden Listeneintrags gespeichert. Daraufhin wird die *for*-Schleife mittels des reservierten Worts **break** verlassen. `break` ist mit einem Semikolon abzuschließen. Die globale Variable *Auswahl_Fach* wird dann weiter benutzt, um im Anschluss eine kleine *Datenbank* abfragen zu können. Doch dazu später mehr.

8.4 Radiobuttons und Checkboxen prüfen

Für die Auswahl der bereitgestellten Materialien hatten wir Radiobuttons verwendet. Damit wir die Auswertung der einzelnen Radiobuttons leichter durchführen können, werden sie in ein neues Formular mit dem Namen *Material* eingebettet. Dies geschieht wiederum durch das Attribut `NAME=` im `<FORM>`-Tag. Den Aufbau der Materialauswahl in HTML ist nochmals nachstehend aufgeführt:

```
<FORM NAME=Material>
  <P><FONT COLOR="#FFFFFF">Wähle aus der Sammlung:</FONT><P>
  <INPUT TYPE=RADIO NAME="Sammlung" VALUE=0 CHECKED>
   Übungsaufgaben<P>
  <INPUT TYPE=RADIO NAME="Sammlung" VALUE=1>
   Arbeiten und Klausuren<P>
  <INPUT TYPE=RADIO NAME="Sammlung" VALUE=2>
   Mitschriften und Scripte<P>
  <INPUT TYPE=RADIO NAME="Sammlung" VALUE=3>
   Referate<P>
  <INPUT TYPE=RADIO NAME="Sammlung" VALUE=4>
   Projektberichte<P>
  <INPUT TYPE=RADIO NAME="Sammlung" VALUE=5>
   Links zu weiteren Materialien
</FORM>
```

Die Absendewerte sind durch das jeweilige Attribut `VALUE=` bestimmt und dienen später zur Bestimmung des gewählten Radiobuttons. Wir können nun ohne weiteres eine Funktion *waehle_Material* zur Auswertung der Materialien angeben. Sie ist mit der vorherigen Funktion *waehle_Fach* fast identisch:

```
function waehle_Material()
{
  var Auswahl, zaehler, laenge;
  laenge=window.document.Material.Sammlung.length;

  for(zaehler=0; zaehler<laenge; zaehler++)
  {
    Auswahl=window.document.Material.Sammlung[zaehler];
    if (Auswahl.checked==true)
    {
      Auswahl_Material=Auswahl.value;
      break;
    }
  }
}
```

Die Anzahl der Radiobuttons, die abgefragt werden müssen, werden in der Variablen *laenge* gespeichert. Da aber diesmal ein neues Formular *Material* für die Radiobuttons verwendet wurde und diese zu einer gemeinsamen Gruppe mit Namen *Sammlung* gehören, wird die Länge über **`window.document.Material.Sammlung.length`** bestimmt. `length` liefert diesmal den Wert 6.

Die einzelnen Radiobuttons werden anschließend im Schleifenrumpf über ihre Indexnummer in der Gruppe *Sammlung* angesprochen und geprüft. Wurde ein Button angewählt, so wird die betreffende Nummer in der globalen Variable *Auswahl_Material* gespeichert und per `break` die *for*-Schleife wiederum verlassen. Dieser Wert wird dann ebenfalls für die spätere Datenbank benötigt.

Die Auswertung von Checkboxen geschieht auf die gleiche Art und Weise, wie dies bei den eben beschriebenen Radiobuttons der Fall ist. Deshalb gehen wir darauf nicht weiter ein. Um eine fehlerfreie Auswertung der Radiobuttons bzw. Checkboxen in JavaScript zu gewährleisten, solltest du sicherheitshalber immer eine Vorauswahl mit dem Attribut `CHECKED` in einem `<INPUT>`-Tag vornehmen. Im vorliegenden Fall wurden die *Übungsaufgaben* vorgegeben. Gleiches gilt für eine Auswahlliste, deren Listeneinträge über das Attribut `SELECTED` vorselektiert werden können.

Übungen

1. Schreibe eine Funktion *waehle_Stufe*, die die gewählte Jahrgangsstufe auswertet. Die nebenstehende Abbildung zeigt die einzelnen Jahrgangsstufen als Radiobuttons realisiert. Die dazugehörigen HTML-Befehlszeilen sind ebenfalls dargestellt.

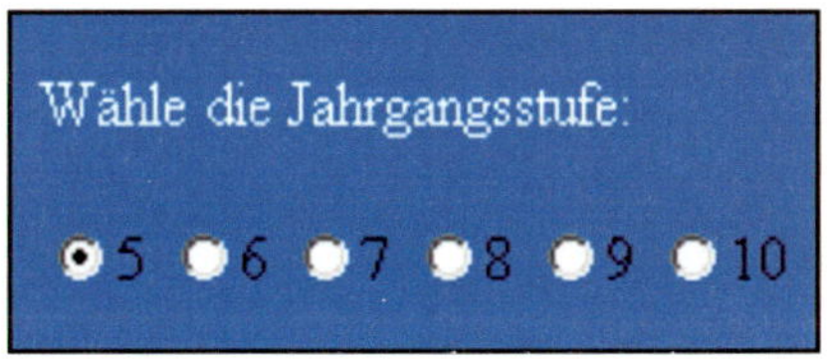


```
<FORM NAME=Stufe>
 <P><FONT COLOR="#FFFFFF">Wähle die Jahrgangsstufe:</FONT><P>
 <INPUT TYPE=RADIO NAME="Jahrgang" VALUE=0 CHECKED>5
 <INPUT TYPE=RADIO NAME="Jahrgang" VALUE=1>6
 <INPUT TYPE=RADIO NAME="Jahrgang" VALUE=2>7
 <INPUT TYPE=RADIO NAME="Jahrgang" VALUE=3>8
 <INPUT TYPE=RADIO NAME="Jahrgang" VALUE=4>9
 <INPUT TYPE=RADIO NAME="Jahrgang" VALUE=5>10<P>
</FORM>
```

2. Die drei Funktionen *waehle_Fach*, *waehle_Material* und *waehle_Stufe* unterscheiden sich kaum von einander. Schreibe deshalb eine Funktion *waehle_FMS* in JavaScript, die alle drei Funktionen in sich vereinigt. Wo muss die neue Funktion aufgerufen werden?

3. Die Auswahlmöglichkeit *Thema* muss nun als nächstes ausgewertet werden. Schreibe auch hierfür eine Funktion *waehle_Thema* in JavaScript, welche diese Aufgabe übernimmt. In Übung 2 auf Seite 77 solltest du eine derartige Auswahl aufbauen. Diese dient uns nun als Grundlage.

4. Dir ist bestimmt schon aufgefallen, dass die Wahl des Themas von den vorher gewählten Punkten Fach, Material und Jahrgangsstufe abhängt. Welche Funktionalität müsste das Auswahlkriterium *Thema* für den Anwender nun bereitstellen?

9 Arrays – Aufbau einer Datenbank

Wir wollen uns in diesem Kapitel mit dem Aufbau einer ***Datenbank*** in JavaScript beschäftigen, die für die Auswahl der Unterrichtsmaterialien benötigt wird. Im letzten Kapitel haben wir einzelne JavaScript-Funktionen geschrieben, die für Auswertung der verschiedenen Auswahlkriterien *Fach*, *Material*, *Jahrgangsstufe* und *Thema* verantwortlich waren. Die dabei ermittelten Werte müssen jetzt weiter verarbeitet werden.

Zunächst einmal werden wir uns eine Datenbank aufbauen, die uns die Themen in Abhängigkeit des Fachs, des Materials und der Jahrgangsstufe liefert. Die so ermittelten Themen werden dann zur Erzeugung einer Auswahlliste *Thema* verwendet, deren Listeneinträge automatisch aufgebaut werden. Wir wollen uns das am folgenden Beispiel verdeutlichen:

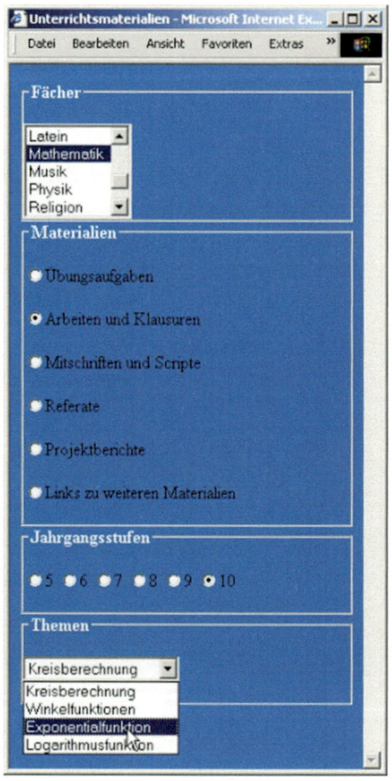

Beispiel:

Ein Schüler wählt aus der Fächerliste das Fach *Mathematik* aus. Weiterhin möchte er verschiedene *Arbeiten und Klausuren* einsehen, die zum Thema *Exponentialfunktionen* für die *Jahrgangsstufe 10* im Schul-Intranet vorhanden sind.

Man kann sich diese Auswahl auch in Form von zwei Tabellen klarmachen. Die Spalten der ersten Tabelle stehen für die einzelnen Fächer und die Zeilen für die verschiedenen Materialien. Die zweite Tabelle nimmt in den Spalten die verschiedenen Jahrgangsstufen auf und die Zeilen die dazu passenden Themenschwerpunkte. Die nachstehenden Abbildungen zeigen die Auswahl für das obige Beispiel.

1. Tabelle

Fach / **Material**	**0** Biologie	**1** Chemie		**10** **Mathe**		**15** Sport	**16** Wirtschaft
0 Übungen							
1 **Arbeiten**				●			
2 Mitschriften							
3 Referate							
4 Projekte							
5 Links							

2. Tabelle (Mathe-Arbeiten)

Stufe / **Thema**	**0** 5. Klasse	**1** 6. Klasse	**2** 7. Klasse	**3** 8. Klasse	**4** 9. Klasse	**5** **10. Klasse**
0	Zahlen	Teilbarkeit	Zuordnung	Terme	Reelle Zahl	Kreisberechnung
1	Addition	Brüche	Prozente	Funktion	Quadratische F.	Winkelfunktionen
2	Multiplikation	Dezimalzahl	Zinsen	Lineare Glchs.	Quadratwurzel	**Exponentialfunktion**
3	Division	Verschiebung		Bruchterm	Strahlensätze	Logarithmusfunktion
⋮						
n-1		Drehung		Flächeninhalt	Flächensätze	
n		Spiegelung			Potenzen	

9.1 Ein Array erzeugen

Die beiden obigen Tabellen sind graphisch durch einen Pfeil verbunden, was ihre Abhängigkeit von einander verdeutlichen soll. In der ersten Tabelle werden zunächst das Fach und die gewünschten Materialien bestimmt. Es wurde das Fach *Mathematik* und das Material *Arbeiten* gewählt, was mit der Spaltenummer **10** und der Zeilennummer **1** der 1. Tabelle übereinstimmt.

Anschließend wurde die *Jahrgangsstufe 10* sowie das Thema *Exponentialfunktion* angeklickt, was in der 2. Tabelle der Spaltennummer **5** und der Zeilennummer **2** entspricht. Wir haben also vier Werte gefunden, die hintereinander geschrieben das gewünschte Thema eindeutig festlegen [10][1][5][2].

Die erste Tabelle speichert in den einzelnen Zellen alle unteren Tabellen. Dies ist mit der Pfeildarstellung nochmals besonders hervorgehoben worden.

Eindimensionales Array

Zum Speichern der verschiedenen Themeninhalte lassen sich einfache Variablen nicht mehr verwenden, da sie nur einen Wert aufnehmen können. Wir müssen nun auf einen neuen Typ von Variablen zurückgreifen, in denen sich mehrere Inhalte speichern lassen. Dazu verwenden wir ein sogenanntes ***Array***, das für den Begriff ***Feld*** steht. Mit Hilfe eines Arrays lassen sich nun mehrere Felder erzeugen, die man sich wie eine Art Tabelle vorstellen kann. Wir können also unsere obigen Tabellen durch Arrays in JavaScript realisieren.

Das eindimensionale Array ist das einfachste in JavaScript. Es besteht nur aus einer einzigen Tabellenzeile, in der die Daten gespeichert werden. Weiterhin verfügt es über eine Art Kopfzeile, in der die sogenannten ***Indexnummern*** stehen. Über die *Indexnummern* hat man dann Zugriff auf den Inhalt des Arrays. Nehmen wir also mal an, wir hätten von der 2. Tabelle nur die erste Zeile vorliegen und müssten diese als Array definieren. Dies würde dann in JavaScript so aussehen:

```
function eindimensionales_Array()
{
    zeile=new Array ("Zahlen", "Teilbarkeit", "Zuordnung",
    "Terme", "Reelle Zahl", "Kreisberechnung");

    alert(zeile[5]);
}
```

Ein Array wird in JavaScript durch das reservierte Wort **`new`** und dem gleichzeitigen Aufruf der Methode **`Array()`** erzeugt. Dem so erzeugten Array müssen wir dann noch einen frei wählbaren Objektnamen geben, der hier einfach *zeile* lautet. Der Objektfunktion `Array()` wurden gleich fünf Parameterwerte übergeben, so dass das Array mit Anfangswerten vorbelegt ist.

Der Zugriff auf die einzelnen Inhalte des Arrays *zeile* erfolgt dann über die Indexnummer. Im vorliegenden Fall wird über **`zeile[5]`** das sechste Element des Arrays angesprochen. Zwischen zwei eckigen Klammern [ ] wird also einfach die gewünschte Indexnummer geschrieben. Dies liefert in Verbindung mit der Methode `alert` eine Dialogbox mit der Ausgabe *Kreisberechnung*. Du siehst hier, dass Arrays immer mit der Indexnummer **0** beginnen.

Wir haben also ein Array mit dem Objektnamen *zeile* erzeugt, dass aus insgesamt sechs Elementen besteht. Alternativ dazu kann man auch zunächst ein leeres Array erzeugen, wenn eine Vorbelegung mit Anfangswerten nicht vorgesehen ist. Dabei kann die Elementanzahl des Arrays als Parameterwert der Objektfunktion `Array()` übergeben werden. Die einzelnen Einträge werden dann anschließend im Array mit ihrer jeweiligen Indexnummer gespeichert. Die Funktion *eindimensionales_Array* kann also auch so aussehen:

```
function eindimensionales_Array()
{
  zeile = new Array(6);
  zeile[0]="Zahlen";
  zeile[1]="Teilbarkeit";
  zeile[2]="Zuordnung";
  zeile[3]="Terme";
  zeile[4]="Reelle Zahl";
  zeile[5]="Kreisberechnung";

  alert(zeile[5]);
}
```

Im vorliegenden Beispiel haben wir im Array *zeile* Zeichenketten gespeichert. Dies wurde durch die Anführungszeichen ausdrücklich festgelegt. Du kannst in einem Array aber auch Zahlen und die *booleschen* Werte speichern. Diese werden jedoch nicht in Anführungszeichen gesetzt.

Zwei- und mehrdimensionales Array

Da wir für die Auswahl des passenden Themas auf die verschiedenen Fächer, Materialien und Jahrgangsstufen zurückgreifen müssen, kommen wir mit einem eindimensionalen Array nicht mehr aus. Wir müssen insgesamt zwei Tabellen mit Arrays realisieren, wie sie weiter oben abgebildet sind. Um die 1. Tabelle zu realisieren, benötigen wir daher ein zweidimensionales Array. Dies wollen wir zunächst aufbauen. Im Anschluss daran erweitern wir das zweidimensionale Array zu einem drei- und vierdimensionalen, was uns dann die gewünschte Realisierung der beiden Tabellen liefert.

Die folgenden JavaScript-Befehlszeilen liefern ein zweidimensionales Array, was dem Aufbau der 1. Tabelle entspricht:

```
function erzeuge_Datenbank(x,y)
{
  var zaehler1;
  var Spalten_1=x, Zeilen_1=y;

  Datenbank=new Array(Spalten_1);

  for (zaehler1=0; zaehler1<Spalten_1; zaehler1++)
  {
    Datenbank[zaehler1]=new Array (Zeilen_1);
  }
}
```

Die Funktion *erzeuge_Datenbank* erwartet zwei Parameter **x** und **y**, welche die Anzahl der zu erzeugenden Spalten und Zeilen der Tabelle festlegen. Am Anfang des Funktionsrumpfs stehen die Definitionen für die Laufvariable *zaehler1* sowie für die Variablen *Spalten_1* und *Zeilen_1*. In den beiden letzten Variablen werden jeweils der übergebene **x**- und **y**-Wert gespeichert. Im Anschluss daran wird mittels

```
Datenbank=new Array(Spalten_1);
```

das zunächst eindimensionale Array *Datenbank* erzeugt. Das Array besteht dann genau aus so vielen Spalten, wie in der Variablen *Spalten_1* als Zahlenwert angegeben sind.

Da mit JavaScript eigentlich nur eindimensionale Arrays möglich sind, müssen wir zwei- und mehrdimensionale Arrays etwas trickreich konstruieren. Um ein zweidimensionales Array zu erzeugen, müssen wir nichts weiter tun, als jede Zelle des eindimensionalen wiederum als Array zu definieren. Jedes so erzeugte Array liefert uns dann die gewünschten Zeilen.

Sinnvoller Weise sollte man diese Definition mit einer *for*-Schleife realisieren. Wir beginnen im Schleifenkopf ab der 0-ten Zelle – *zaehler1* wird auf Null gesetzt – und lassen die Laufvariable *zaehler1* bis auf *Spalten_1*-1 hochzählen. Im Schleifenrumpf wird dann durch die Befehlszeile

```
Datenbank[zaehler1]=new Array (Zeilen_1);
```

jeder einzelnen Zelle des eindimensionalen Arrays *Datenbank* ein neues Array zugewiesen. Somit haben wir ein zweidimensionales Array *Datenbank* erzeugt, das insgesamt *Spalten_1*-1 Spalten und *Zeilen_1*-1 Zeilen besitzt.

Um nun beispielsweise in einer bestimmten Zelle des Arrays *Datenbank* etwas zu speichern, müssen wir nur die Indexnummer der Spalte und die der Zeile angeben. Dies geschieht einfach über **`Datenbank[x] [y]`**, wobei **x** für die Spalten- und **y** für die Zeilennummer steht. Angenommen, wir wollten in der 10. Spalte und 1. Zeile etwas speichern, so müssten wir dies wie folgt realisieren:

```
Datenbank[10][1]="Verweis zur Tabelle Mathe-Arbeiten"
```

Nachdem wir nun in der Lage sind, zweidimensionale Arrays in JavaScript zu definieren, können wir auch mehrdimensionale erzeugen. Wir benötigen für unsere Datenbank ja ein vierdimensionales Array, dass nun aufgebaut werden soll.

Das eben erzeugte Array *Datenbank* werden wir zunächst zu einem dreidimensionalen vergrößern. Dies geschieht durch einfaches Erweitern der Funktion *erzeuge_Datenbank* um eine zweite *for*-Schleife. Die beiden Schleifen werden in diesem Fall ineinander verschachtelt. Die Funktion bekommt einen weiteren Parameterwert **z** übergeben, der für die Anzahl der Spalten der 2. Tabelle verantwortlich ist. Dieser Wert wird dann wieder in einer Variablen abgespeichert und weiter verwendet.

Im Rumpf der zweiten *for*-Schleife wir jede Zelle des zweidimensionales Arrays *Datenbank* wiederum als ein Array definiert. Somit haben wir die Spalten für die 2. Tabelle aufgebaut. Zum Abschluss sind dann nur noch die Zeilen mit den konkreten Themen zu füllen. Doch dazu gleich mehr.

Hier zunächst die Funktion *erzeuge_Datenbank* für das dreidimensionale Array:

```
function erzeuge_Datenbank(x,y,z)
{
  var zaehler1, zaehler2;
  var Spalten_1=x, Zeilen_1=y, Spalten_2=z;

  Datenbank=new Array(Spalten_1);
```

```
  for (zaehler1=0; zaehler1<Spalten_1; zaehler1++)
  {
    Datenbank[zaehler1]=new Array (Zeilen_1);
    for (zaehler2=0; zaehler2<Zeilen_1; zaehler2++)
    {
      Datenbank[zaehler1][zaehler2]=new Array (Spalten_2);
    }
  }
}
```

Wir sind nun an dem Punkt angelangt, wo wir die vorhandenen Themen für das gewählte Fach, das Material und die Jahrgangsstufe festlegen können. Wir kehren zu diesem Zweck noch einmal zu der folgenden Auswahl zurück:

Fach: Mathematik
Materialien: Arbeiten und Klausuren
Jahrgangsstufe: 10
Thema: Exponentialfunktion

Diese Auswahl liefert uns die einzelnen Indexnummern für die Datenbank und zwar nacheinander **10**, **1**, **5** und **2**. Die ersten drei Indexnummern können wir über **Datenbank[10][1][5]** bereits verwenden, da wir ja eben das dreidimensionale Array erzeugt haben. Uns fehlen also noch die einzelnen Einträge für die Themen, die nun zu einem vierdimensionalen Array *Datenbank* führen.

Die hierfür notwendige JavaScript-Befehlszeile lautet:

```
Datenbank[10][1][5]=["Kreisberechnung", "Winkelfunktionen",
                     "Exponentialfunktion", "Logarithmusfunktion"];
```

Somit ist die fünfte Spalte der zweiten Tabelle mit Inhalten gefüllt und wir können darauf zugreifen. **Datenbank[10][1][5][2]** liefert das gewünschte Thema *Exponentialfunktion.*

Wir haben bis jetzt nur die Themen für die obige Beispielauswahl erzeugt. Damit auch die anderen Themen zu den verschiedenen Fächern, Materialien und Jahrgangsstufen ausgewählt werden können, muss man nun, wie eben gezeigt, schrittweise jeden Eintrag erzeugen. Deshalb solltest du nur die Themen in die Datenbank aufnehmen, für die auch bereits konkrete Inhalte vorhanden sind. Man kann dann später einfach neue Inhalte in die Datenbank einfügen und diese so stetig erweitern.

Auswahlliste aufbauen

Wir haben nun mit unserer Datenbank die Grundlage geschaffen, dass die Auswahlliste für die Themen automatisch erzeugt werden kann. Je nachdem, wie der Anwender das Fach, das Material und die Jahrgangsstufe gewählt hat, wird die entsprechende Auswahlliste aufgebaut. Wir werden nun eine Funktion *erzeuge_Themen* in JavaScript schreiben, die diese Aufgabe übernimmt.

Die Funktionen *waehle_Fach*, *waehle_Material* und *waehle_Stufe* liefern uns die ersten drei Indexnummern für das Array *Datenbank*. Diese Werte sind in den globalen Variablen *Auswahl_Fach*, *Auswahl_Material* und *Auswahl_Stufe* gespeichert und werden nun weiter benutzt.

Damit die richtige Anzahl von Listeneinträgen in der Auswahlliste Themen erscheint, muss diese zunächst ermittelt werden. Dies geschieht durch die Befehlszeile

```
laenge = Datenbank[Auswahl_Fach][Auswahl_Material]
                  [Auswahl_Stufe].length;
```

Die Eigenschaft `length` des *Array*-Objekts liefert die Anzahl der Elemente. Dieser Wert wird in der Variablen *laenge* gespeichert. Für unser obiges Beispiel liefert `length` den Wert 4. Wir müssen also vier Listeneinträge für die Auswahlliste erzeugen. Dies machen wir sinnvoller Weise wieder innerhalb einer *for*-Schleife.

Um einen einzelnen neuen Listeneintrag erzeugen zu können, muss zunächst ein neues Element für die Auswahlliste definiert werden. Wir müssen hierfür ein ***option***-Objekt mit `new` erzeugen und den gewünschten Text, der im Listeneintrag angezeigt werden soll, als Parameter übergeben. Die hierfür notwendige Befehlszeile sieht dementsprechend so aus:

```
Eintrag = new Option(Datenbank[Auswahl_Fach][Auswahl_Material]
                               [Auswahl_Stufe][zaehler]);
```

Der Text, der im Listeneintrag angezeigt werden soll, holen wir uns einfach an der richtigen Stelle aus dem Array *Datenbank*. Das so definierte *option*-Objekt wird dann in der Variablen *Eintrag* gespeichert.

Jetzt müssen wir nur noch das neue Element in die Auswahlliste *Thema* einfügen. Dies erledigt die nächste JavaScript-Befehlszeile:

```
window.document.Themen.Thema.options[zaehler] = Eintrag;
```

Die Variable *zaehler* dient hier gleichzeitig als Indexnummer für die Auswahlliste. Der Inhalt der Variable *Eintrag* wird dann an der angegebenen Stelle der Auswahlliste, die durch **`options[zaehler]`** bestimmt ist, eingetragen. Natürlich müssen wir auch den Absendewert eines neuen Elements in `value` definieren, den wir später als Auswahlwert weiter verarbeiten. Dies geschieht ganz einfach durch die zusätzliche Zeile

```
window.document.Themen.Thema.options[zaehler].value = zaehler;
```

Im Rumpf der *for*-Schleife stehen nun die eben beschriebenen Befehlszeilen. Die Laufvariable *zaehler* sorgt dafür, dass alle gespeicherten Inhalte aus dem Array *Datenbank* für die getätigte Auswahl schrittweise in die Auswahlliste *Thema* übernommen werden. Auf der nächsten Seite ist die Funktion *erzeuge_Themen* nochmals im Zusammenhang notiert.
Die komplette Funktion *erzeuge_Themen*:

```
function erzeuge_Themen()
{
  var zaehler, laenge;
  laenge = Datenbank[Auswahl_Fach][Auswahl_Material]
                   [Auswahl_Stufe].length;
  for (zaehler=0; zaehler<laenge; zaehler++)
  {
    Eintrag = new Option(Datenbank[Auswahl_Fach][Auswahl_Material]
                                 [Auswahl_Stufe][zaehler]);
    window.document.Themen.Thema.options[zaehler] = Eintrag;
    window.document.Themen.Thema.options[zaehler].value = zaehler;
  }
}
```

Übungen

1. Wir wollen nun eine kleine Datenbank erzeugen, die personenbezogene Daten deiner Mitschüler enthält. Welche Inhalte sollten hier abgespeichert werden? Führe mit deinen Mitschülern zunächst ein kleines Interview, indem du die wichtigsten Informationen hierfür sammelst.

2. Es soll nun ein Array *deine_Klasse* definiert werden, das die gesammelten Informationen speichert. Welche Dimension muss das neue Array besitzen? Begründe!

3. Überlege dir einen passenden Funktionsnamen, der das Array erzeugt. Die Größe des Arrays soll dabei frei definierbar sein.

4. Speichere nun die personenbezogenen Daten deiner Mitschüler ab. Schreibe hierfür eine neue Funktion *speichere_Schueler*, die dies übernimmt.

5. Wie muss das Array *deine_Klasse* verändert werden, damit auch die Daten der Schüler von anderen Klassen gespeichert werden können? Welche Dimension hat das veränderte Array? Lässt es sich noch in Tabellenform darstellen?

6. Erzeuge nun ein Array *Klassen*, das alle Daten der Schüler deiner Schule aufnehmen kann. Hierbei soll die Größe wiederum frei definierbar sein.

7. Die Informationen zu den verschiedenen Klassen müssen jetzt noch eingeholt werden. Sinnvoller Weise solltest du dich mit deinen Mitschülern absprechen, um eine Klassenaufteilung zu erreichen. In welcher Form sollten die Daten vorliegen, damit man sie leicht in das Array *Klassen* speichern kann. Begründe!

8. Welche Funktionalität sollte eine Datenbank aufweisen, damit man die gespeicherten Informationen verwenden kann?

Auswahlliste auswerten

Nachdem wir nun die Auswahlliste *Thema* aus der Datenbank aufgebaut haben, muss diese noch ausgewertet werden. In den Übungen auf S. 99 solltest du eine Funktion *waehle_Thema* in JavaScript schreiben, die diese Aufgabe übernimmt. Eine mögliche Lösung sieht wie folgt aus:

```
function waehle_Thema()
{
  var Auswahl, zaehler, laenge;
  laenge=window.document.Themen.Thema.length;

  for(zaehler=0; zaehler<laenge; zaehler++)
  {
    Auswahl=window.document.Themen.Thema.options[zaehler];
    if (Auswahl.selected==true)
    {
      Auswahl_Thema=Auswahl.value;
      break;
    }
  }
}
```

Da sie sich nur unwesentlich von der Funktion *waehle_Fach* unterscheidet, wollen wir darauf nicht weiter eingehen. Viel wichtiger ist nun die Frage, wie wir jetzt die gewünschte HTML-Seite aufrufen, die vom Anwender durch die Auswahl bestimmt wurde.

Die nebenstehende Abbildung zeigt eine mögliche HTML-Seite, die eine Klassenarbeit zum Thema *Exponentialfunktion* einer 10. Klasse zeigt. Es sind zwei Hyperlinks vorhanden, die auf die Email-Adresse der verantwortlichen Lehrperson sowie auf die Lösungen verweisen.

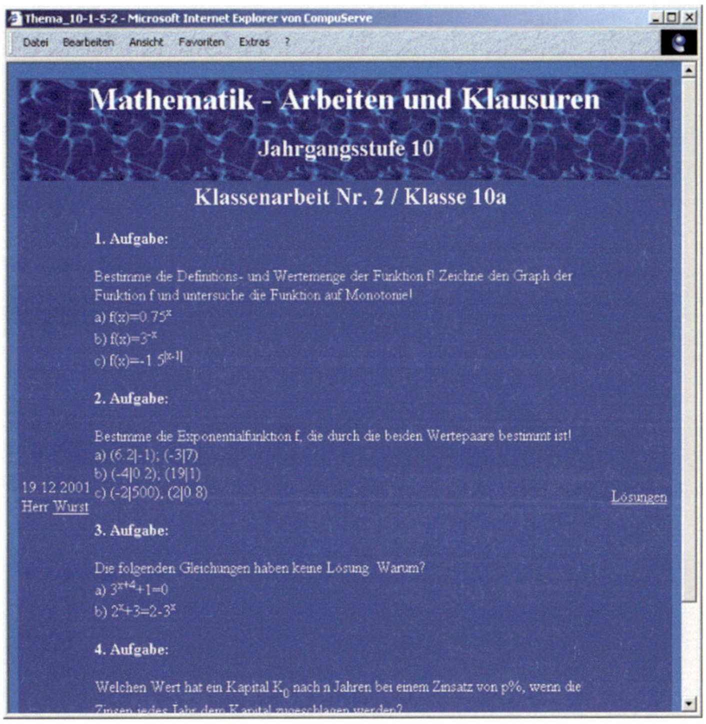

Sobald ein Anwender das gewünschte Thema gewählt hat, soll ein neuen Browser-Fenster geöffnet werden, das die entsprechende Seite anzeigt. Damit wir nicht mit einer weiteren Datenbank uns auseinander setzen bzw. die erzeugte um eine Dimension erweitern müssen, werden wir in der Auswahlliste *Thema* aus den einzelnen Einträgen die Dateinamen der HTML-Seiten automatisch generieren.

Der Dateiname setzt sich aus dem gewählten Thema, einer Nummernfolge – welche die Auswahl widerspiegelt – sowie der Endung **.htm** zusammen. Dies hat den Vorteil, dass wir die entsprechende HTML Seite dann sofort aufrufen können und diese auch eindeutig bestimmt ist. Die nebenstehende Seite bekommt beispielsweise den Namen *Exponentialfunktion_10-1-5-2.htm*.
In der obigen Funktion *waehle Thema* fügen wir hierfür nach der *for*-Schleife einen neuen Funktionsaufruf `zeige_Seite();` ein, der uns die gewünschte Seite anzeigt.

Die Funktion *zeige_Seite* ist schnell geschrieben und sieht wie folgt aus:

```
function zeige_Seite()
{
  var seite;
  seite=Datenbank[Auswahl_Fach][Auswahl_Material]
                [Auswahl_Stufe][Auswahl_Thema];

  seite=seite.concat("_"+Auswahl_Fach+"-"+Auswahl_Material+"-
  "+Auswahl_Stufe+"-"+Auswahl_Thema).concat(".htm");

  window.open(seite);
}
```

Wir definieren uns eine Variable *seite*, die den gewählten Eintrag der Ausswahlliste im Anschluss speichert. Mit Hilfe der Methode `concat` des ***string***-Objekts kann eine Zeichenkette an eine andere angehängt werden. Im vorliegenden Fall hängen wir also an die Zeichenkette, die in der Variablen *seite* gespeichert ist, zunächst die einzelnen Indexnummern der Auswahl an und schließlich noch die Endung **.htm**. Die so erzeugte Zeichenkette wird dann wieder der Variablen *seite* zugeordnet.
Danach wird ein neues Browser-Fenster aufgebaut. Dazu greifen wir auf die Methode `open` des *window*-Objekts zurück, die ein neues Fenster erzeugt. Der Methode open übergeben wir einen Parameterwert und zwar die Variable *seite*, die den Dateinamen der anzuzeigenden HTML-Seite enthält. Im neuen Browser-Fenster wird dann die entsprechende Seite angezeigt.

Funktionen aufrufen

Dir ist bestimmt schon aufgefallen, dass der Browser mit einer Fehlermeldung aufwartet, wenn du versuchst, auf einen Eintrag im Array zu zugreifen, der noch nicht vorhanden ist. Insbesondere in der Funktion *erzeuge_Themen*, die ja eine Auswahlliste aus der Datenbank aufbaut, kommt es beispielsweise zu der nebenstehenden Meldung.

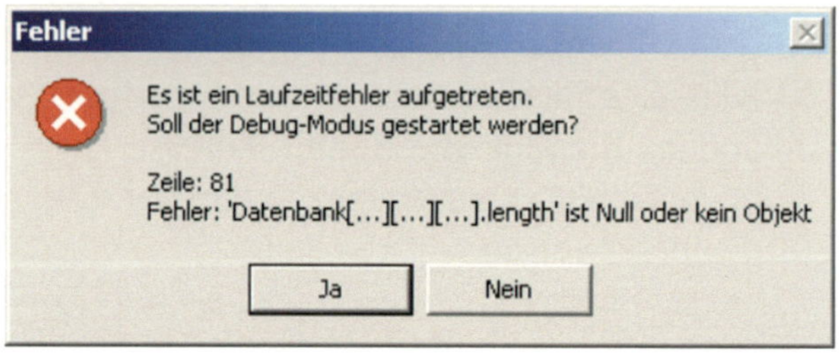

In diesem Fall wird die Eigenschaft `length` auf einen Array-Eintrag angewendet, der noch nicht vorhanden ist. Ein Anwender hat beispielsweise das Fach *Deutsch*, das Material *Referate* und die *Jahrgangsstufe 9* gewählt, für die jedoch noch keine Inhalte im Array abgelegt wurden. Der Browser kann das gewünschte Objekt nicht abfragen und quittiert dies mit einem Laufzeitfehler.

Um eine solche Fehlermeldung zu vermeiden, müssen wir eine kleine *if*-Abfrage in die Funktion *erzeuge_Themen* und *zeige_Seite* aufnehmen, die eine Prüfung hinsichtlich fehlender Einträge vornimmt. Ist der gewählte Eintrag vorhanden, wird die Auswahlliste aufgebaut bzw. die Seite angezeigt. Im Anweisungsblock der *if*-Abfrage werden also die ursprünglichen Befehlszeilen der Funktion ausgeführt. Für die Bedingung der Abfrage gilt:

```
if(Datenbank[Auswahl_Fach][Auswahl_Material][Auswahl_Stufe]!=null)
```

Mit Hilfe des Schlüsselworts **`null`** prüfen wir in JavaScript, ob in einer Variablen ein Inhalt vorliegt. Im vorliegenden Fall wird dann durch den Vergleichsoperator Ungleich (**`!=`**) getestet, ob der gewünschte Array-Eintrag vorhanden ist. Ist der Eintrag also **nicht** leer, wird der Rumpf der *if*-Abfrage ausgeführt.

Alternativ hätten wir auch in der Funktion *erzeuge_Datenbank* alle Array-Einträge sofort erzeugen können. Dazu wäre eine weitere *for*-Schleife erforderlich, die uns ein vierdimensionales Array aufbaut. Die eben beschriebene Möglichkeit lässt aber einen flexibleren Aufbau unserer Datenbank zu, da die Länge der Einträge nicht vordefiniert werden müssen.

Wir müssen uns jetzt noch darum kümmern, wann und wo wir die einzelnen Funktionen *erzeuge_Datenbank*, *waehle_Fach*, *waehle_Material*, *waehle_Stufe*, *erzeuge_Themen*, *waehle_Thema* überhaupt aufrufen. Für den Aufruf der Funktion *erzeuge_Datenbank* bietet sich der Zeitpunkt, an dem die HTML-Seite in den Browser geladen wird.

Wir benötigen hierfür den Eventhandler **`onLoad=`**, der auf dieses Ereignis reagiert. `onLoad=` wird in das `<BODY>`-Tag aufgenommen und ruft die Funktion *erzeuge_Datenbank* mit den hierfür notwendigen Parametern auf. Das einleitende `<BODY>`-Tag hat dann die folgende Gestalt:

```
<BODY onLoad="erzeuge_Datenbank(17,6,6)">
```

Die Funktion wird abgearbeitet und die erforderliche Datenbank aufgebaut.

Damit eine getätigte Auswahl erkannt wird und die entsprechenden Funktionen zur Auswertung aufgerufen werden können, müssen wir permanent die Aktivitäten des Anwenders überwachen.

Zu diesem Zweck verwenden wir den Eventhandler **`onMousemove=`**, der auf die Bewegung der Maus reagiert. Diesen Eventhandler verwenden wir jeweils in den drei `<FORM>`-Tags, die für das Formular *Fach*, *Material* und *Stufe* verantwortlich sind.

Aufgerufen wird dabei die Funktion *ausfuehren*, die den nachstehenden Aufbau besitzt:

```
function ausfuehren()
{
  waehle_Fach();
  waehle_Material();
  waehle_Stufe();
  erzeuge_Themen();
}
```

Die Funktion macht nichts weiteres, als die vier Funktionen *waehle_Fach*, *waehle_Material*, *waehle_Stufe* und *erzeuge_Themen* nacheinander aufzurufen.

Nachdem nun die Auswahlliste *Thema* aufgebaut wurde, muss noch die Funktion *waehle_Thema* aufgerufen werden. Hierfür wird der Eventhandler `onChange=` im einleitenden `<SELECT>`-Tag der Auswahlliste *Thema* verwendet. Wählt der Anwender nun einen Listeneintrag aus, so wird die Funktion abgearbeitet und die entsprechende HTML-Seite mit den gewünschten Inhalten angezeigt.

Der Aufruf sieht der Vollständigkeit halber so aus:

```
<SELECT NAME="Thema" onChange="waehle_Thema()">
```

Die Verwendung des Eventhandlers `onMousemove=` führt zu einem ständigen Aufruf der einzelnen Funktionen. Dies führt zu einem unschönen Flackern der Einträge in der Auswahlliste *Thema*, da sie ständig erzeugt werden müssen. Nutzt man hingegen den Eventhandler **`onMouseover=`**, so findet eine Aktualisierung erst dann statt, wenn der Anwender die Maus auf das nächste Formular bewegt. Die einzelnen Einträge werden nicht so häufig erneuert, was das Flackern unterbindet.

9.2 Die Datenbank durchsuchen

Wir wollen nun die Funktionalität unserer Datenbank dahingehend erweitern, dass der Anwender die Möglichkeit besitzt, ein bestimmtes Thema als Suchbegriff einzugeben. Dies ist insbesondere dann sinnvoll, wenn der Benutzer gleichzeitig aus mehreren Materialien bzw. Jahrgangsstufen zu einem Thema auswählen möchte. Werden also mehrere Inhalte zu einem Thema in der Datenbank gefunden, so sind diese der Reihe nach anzuzeigen.

Zu diesem Zweck schreiben wir eine neue Funktion ***suchen***, die unsere Datenbank nach einem bestimmten Suchbegriff durchforstet. Die Eingabe des Suchbegriffs erfolgt in einem Dialogfenster, das in der nebenstehenden Abbildung zu erkennen ist. Es verfügt weiterhin über einen *OK*- und *Abbrechen*-Button, sowie über einen Aufforderungstext für den Anwender, der hier lautet: *Bitte das Thema eingeben:*

Ein derartiges Dialogfenster wird mit der Objektmethode **`prompt()`** des *window*-Objekts realisiert. Die Methode erwartet zwei Parameterwerte als Übergabe und liefert den eingegeben Wert zurück, der dann weiter verarbeitet werden kann. Der erste Parameterwert steht für den Aufforderungstext, der dem Anwender anzeigt, was er eingeben soll. Durch den zweiten Wert kann die Eingabe vorbelegt werden.

Ein leeres Eingabefeld wird hier durch die Übergabe einer leeren Zeichenkette **""** bestimmt. Die obige Eingabeaufforderung hat in JavaScript also die Form

```
Thema=prompt ("Bitte das Thema eingeben:", "");
```

Im vorliegenden Fall wird dann der Eingabewert einfach der Variablen *Thema* übergeben, der dann in der Datenbank gesucht wird. Bevor jedoch die Suche in der Datenbank gestartet wird, müssen wir zunächst prüfen, ob der Anwender etwas eingegeben hat. Er kann ja ohne weiteres den *OK*-Button drücken, ohne das er eine Eingabe getätigt hat. Um dies zu vermeiden, testen wir zunächst die Variable *Thema* mit einer *if*-Abfrage. Wir nehmen wieder mit Hilfe des Schlüsselworts `null` eine Überprüfung des Inhalts der Variablen *Thema* vor und erlauben ein Durchsuchen der Datenbank erst, wenn diese **nicht** leer ist. Die Bedingung hat also die Form **`if(Thema!=null)`**. Im Rumpf der *if*-Abfrage steht dann der komplette JavaScript-Code zum Suchen in der Datenbank.

Die Funktion *suchen* auf einen Blick:

```
function suchen()
{
  var Thema, gefunden, wert, laenge;
  Thema=prompt("Bitte das Thema eingeben:");
  if (Thema!=null)
  {
    gefunden=false;
    for(Auswahl_Fach=0; Auswahl_Fach<Spalten_1; Auswahl_Fach++)
    {
      for(Auswahl_Material=0; Auswahl_Material<Zeilen_1;
          Auswahl_Material++)
      {
        for(Auswahl_Stufe=0; Auswahl_Stufe<Spalten_2;
            Auswahl_Stufe++)
        {
          wert=Datenbank[Auswahl_Fach][Auswahl_Material]
                        [Auswahl_Stufe];
          if(wert!=null)
          {
            laenge=wert.length;
            for(Auswahl_Thema=0; Auswahl_Thema<laenge;
                Auswahl_Thema++)
            {
              if(Thema==wert[Auswahl_Thema])
              {
                gefunden=true;
                zeige_Seite();
              }
            }
          }
        }
      }
    }
    if(gefunden==false){
     alert("Das Thema wurde nicht gefunden!");
    }
  }
}
```

Der Rumpf der *if*-Abfrage beginnt mit einer Zuweisung für die boolesche Variable *gefunden* mit dem Wert **`false`**. Diese wird weiter unten in einer weiteren *if*-Abfrage ausgewertet und signalisiert dem Anwender, dass im Fall von `false` das gewünschte Thema nicht gefunden werden konnte.

Im Anschluss an dies Zuweisung folgen zunächst drei ineinander verschachtelte *for*-Schleifen, welche alle Spalten und Zeilen des Arrays *Datenbank* schrittweise durchzählen. Der Begriff wird dadurch in jedem Fach, für jedes Material und jede Jahrgangsstufe gesucht.

Im Schleifenrumpf der dritten *for*-Schleife findet nun die eigentliche Überprüfung statt. Die Variable *wert* bekommt zunächst eine aktuelle Zeile des Arrays übergeben, die eventuell Themen gespeichert hat. Ob überhaupt Themen vorliegen, wird durch die nachfolgende Bedingung
`if(wert!=null)` geklärt. Ist die betreffende Zeile **nicht** leer, so wird die Anzahl der Themen durch die Eigenschaft `length` des Array-Objekts bestimmt.

Die Anzahl der Themen dient in der nachfolgenden vierten *for*-Schleife als Abbruch-Bedingung. In dieser Schleife wird nun die betreffende Zeile nach dem eingegeben Begriff durchsucht. Dazu wird in der *if*-Abfrage durch den Vergleichsoperator == getestet, ob der Wert in der Variablen *Thema* mit dem in einer einzelnen Zelle der betreffenden Zeile übereinstimmt. Liegt eine Gleichheit vor, so wird die boolesche Variable *gefunden* auf **`true`** gesetzt – wir haben also einen Treffer gelandet – und die Funktion *zeige_Seite* aufgerufen.

Die weiter unten stehende *if*-Abfrage führt nur dann zu der Meldung *Das Thema wurde nicht gefunden!*, wenn die Variable *gefunden*, nach einer erfolglosen Suche, weiterhin auf `false` steht.

Übungen

1. In den Übungen auf S. 106 hast du eine Datenbank aufgebaut, die alle Klassen deiner Schule beinhaltet. Schreibe für diese Datenbank eine Funktion ***suche_Klasse*** in JavaScript, mit der man nach einem bestimmten Begriff suchen kann. Man sollte also nicht nur nach Namen suchen können, sondern beispielsweise auch nach Wohnorten.

2. Was ist zu tun, wenn zu einem bestimmten Suchbegriff mehrere Treffer in der Datenbank vorhanden sind? Wie sollte dann die Ausgabe der Daten strukturiert sein? Überlege dir hierfür eine zweckmäßige Darstellung und skizziere sie zunächst auf einem Blatt Papier. Realisiere sie anschließend in JavaScript.

3. Wie muss die Funktion *suche_Klasse* erweitert werden, damit auch mehrere Treffer ausgegeben werden können?

4. Schreibe auf der Grundlage von Aufgabe 2 und 3 eine weitere Funktion *ausgabe_klasse*, die alle Treffer zu einem bestimmten Suchbegriff anzeigt.

5. Bei mehreren Treffern soll der Anwender die Möglichkeit haben, diese nach belieben vorwärts und rückwärts zu durchblättern. Schreibe hierfür eine zusätzliche Funktion *ausgabe_klasse_zu-rueck*, die diese Funktionalität bereitstellt.

10 Dynamische Graphiken

Wir haben bereits im Kapitel 3 gesehen, dass die Übersichtlichkeit einer Web-Seite durch den Einsatz von Graphiken verbessert werden kann. Viele Web-Seiten im Internet gehen jedoch noch einen Schritt weiter und präsentieren dem Besucher dynamische Graphiken. Es handelt sich hierbei häufig um kleinere ***Animationen***, die eine Seite auflockern und ihren individuellen Charakter herausstreichen sollen. Es finden sich jedoch auch Web-Seiten, die beispielsweise kleine Animationsfilme als Vorspann zeigen. Erwähnt seien hier die sogenannten ***Flash***-Animationen, mit denen sich derartige Sequenzen erstellen lassen.

Natürlich lassen sich Animationen auch dazu verwenden, um Sachverhalte – die dynamische Abläufe beschreiben – zu veranschaulichen. Das Schwingen eines Pendels aus dem Physikunterricht sei hier als Beispiel genannt.

Wir wollen uns in diesem Kapitel diesen Graphikanimationen widmen. Wir beschränken uns jedoch dabei auf die Möglichkeiten, die mit JavaScript realisierbar sind. Der Einsatz von *GIF*-Animationen wird an dieser Stelle nicht behandelt, da sie bereits im Kapitel 3 kurz dargestellt wurden. Weiterhin bieten die Graphikanimationen durch JavaScript gegenüber den *GIF*-Animationen den Vorteil, dass sie viel weniger Speicherplatz benötigen und somit die Übertragungszeit verkürzen.

Leider müssen wir uns mit dem Umstand abfinden, dass wir keine Zeichenfunktionen in JavaScript zur Verfügung haben. Linien, Rechtecke, Kreise usw. lassen sich nicht erzeugen, so dass wir nur fertige Graphiken verwenden können. Individuelle Graphiken musst du also mit Hilfe eines Zeichenprogramms zunächst erstellen.

10.1 Graphische Links

Auf vielen Web-Seiten findet man einen Navigationsframe, in dem die einzelnen Hyperlinks zu den verschiedenen Inhalten graphisch aufgewertet sind. Es sind zumeist *Buttons*, die ihre Form und Farbe verändern, wenn der Anwender mit der Maus über sie hinweg geht bzw. er sie anklickt. Ein Beispiel für die Verwendung solcher animierter Buttons findet man auf der ***guenstiger***-Seite, die nebenstehend abgebildet ist. Es sind aber auch einfache Graphiken denkbar, die ihr Aussehen verändern, wenn man sie anklickt.

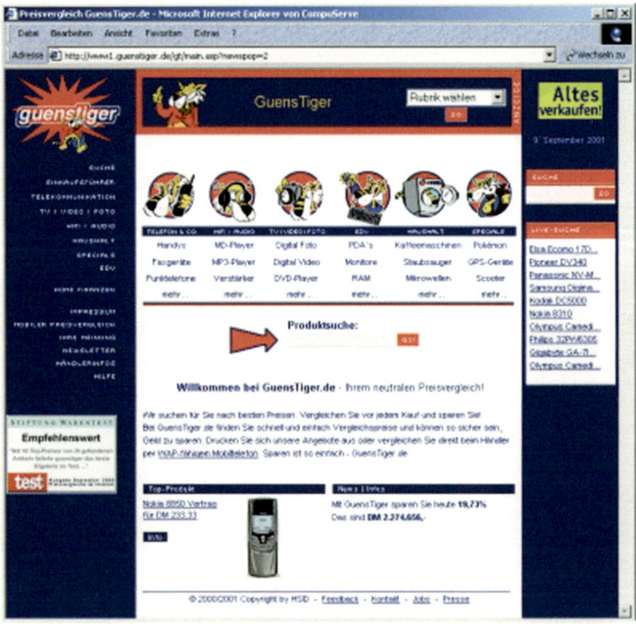

Animierte Buttons

Für die Intranet-Startseite der Musterschule wollen wir nun ebenfalls die einzelnen Verweise graphisch aufwerten. Es sollen hier animierte Buttons zum Einsatz kommen, die dem Anwender die Navigation interessanter, aber auch visuell einfacher machen sollen. Wir kümmern uns zunächst um die drei Verweise *Email*, *Chat* und *Links* auf der Startseite. Diese drei Hyperlinks sollen nun durch Buttons ersetzt werden, die ihr Aussehen aufgrund von Mausaktivitäten von Seiten des Anwenders verändern.

Dabei sollen die folgenden drei Zustände möglich sein, die am Beispiel des Hyperlinks *Email* dargestellt werden:

Der Mauszeiger befindet sich außerhalb der Graphik – die Schriftfarbe ist weiß.

Der Mauszeiger fährt über die Graphik – es entsteht ein Button und die Farbe wechselt zu schwarz.

Der Button wurde angeklickt – Wechsel in den gedrückten Zustand und die Hintergrundfarbe wird angenommen.

Wir benötigen somit für jeden Verweis drei verschiedene Graphiken, die wir je nach Reaktion des Anwenders einblenden. Es findet also ein ständiger Bildwechsel statt, den wir von einer JavaScript-Funktion durchführen lassen müssen. Schauen wir uns also gleich mal den vollständigen JavaScript-Code hierfür an:

```
<SCRIPT LANGUAGE="JAVASCRIPT1.3">
   Email1 = new Image();
   Email1.src = "button-Email-1.gif";
   Email2 = new Image();
   Email2.src = "button-Email-2.gif";
   Email3 = new Image();
   Email3.src = "button-Email-3.gif";

   Chat1 = new Image();
   Chat1.src = "button-Chat-1.gif";
   Chat2 = new Image();
   Chat2.src = "button-Chat-2.gif";
   Chat3 = new Image();
   Chat3.src = "button-Chat-3.gif";

   Links1 = new Image();
   Links1.src = "button-Links-1.gif";
   Links2 = new Image();
   Links2.src = "button-Links-2.gif";
   Links3 = new Image();
   Links3.src = "button-Links-3.gif";

   var index, button;

   function wechsel(index, button)
   {
     window.document.images[index].src=button.src;
   }
</SCRIPT>
```

Die JavaScript-Befehlszeilen beginnen zunächst mit der Erzeugung von Objekten des Typs ***Image***. Dies ist notwendig, damit wir in JavaScript auf die im HTML-Dokument eingebundenen Graphiken Zugriff haben. Für jeden Button wird ein eigenes ***Image***-Objekt erzeugt, das einen eindeutigen Objektnamen erhält.

Für den ersten Email-Button wird beispielsweise mittels

```
Email1 = new Image();
```

das Objekt *Email1* erzeugt. Der Aufruf der Objekt-Methode `Image()` – in Verbindung mit dem bekannten Schlüsselwort `new` – macht dies möglich. Nachdem nun das *Image*-Objekt *Email1* erzeugt wurde, bekommt es die *GIF*-Datei des ersten Buttons zugeordnet und zwar durch

```
Email1.src = "button-Email-1.gif";
```

Dies geschieht über die Eigenschaft `src` des *Image*-Objekts, wobei der Dateiname in Anführungsstrichen stehen muss. Der Browser ist somit in der Lage die angegebenen Graphiken zu laden und sie auch anzuzeigen. Das Erzeugen eines *Image*-Objekts und die Zuordnung der jeweiligen Graphikdatei wird nun nachfolgend für jeden Button vollzogen. Insgesamt werden also neun Objekte benötigt.

Nachdem nun alle notwendigen Objekte vorhanden sind, betrachten wir die Funktion ***wechsel***, die uns die gewünschten dynamischen Veränderungen der Buttons liefert:

```
function wechsel(index, button)
{
  window.document.images[index].src=button.src;
}
```

Die Funktion erwartet zwei Parameterwerte als Übergabe und zwar eine Zahl sowie ein Objekt vom Typ *Image*. Hierfür werden vorher die beiden Variablen *index* und *button* über das Schlüsselwort `var` definiert. Diese werden dann der Funktion übergeben, so dass mit ihnen gearbeitet werden kann.

Die Variable *index* speichert dabei die Indexnummer der Graphik, die gewechselt werden soll. Jede in einem HTML-Dokument über das `<IMG>`-Tag eingebundene Graphik erhält automatisch eine Nummer, die für die erste Graphik bei Null beginnt. Die Variable *button* speichert den Namen des graphischen Objekts, das zum Tausch verwendet werden soll.

Damit nun ein Wechsel stattfinden kann, müssen wir einen direkten Zugriff auf die gewünschte Graphik auf der HTML-Seite haben. Jede Graphik lässt sich über das aktuelle Fenster *window*, das darin enthaltene HTML-Dokument *document* sowie über das Objekt ***images*** identifizieren.

```
window.document.images[index].src=button.src;
```

Wir schreiben einfach hinter `images` in eckigen Klammern die Indexnummer *index* der gewünschten Graphik. Dies ist nichts anderes, als der bereits bekannte Zugriff auf einen bestimmen Eintrag in einem Array. Die so identifizierte Graphik wird über die Objekt-Eigenschaft `src` verändert, indem ihr der Name des neuen Objekts – der in `button.src` gespeichert ist – zugewiesen wird.

Nachdem wir nun den JavaScript-Code komplett vorliegen haben, wollen wir uns um die Aufrufe der Funktion *wechsel* im HTML-Code kümmern. Wir betrachten zunächst wieder den Button *Email*, für den die folgenden HTML-Befehle erforderlich sind:

```
<A HREF="Email" TARGET="rechts" onMouseover="wechsel(0, Email2)"
   onMouseout="wechsel(0, Email1)" onClick="wechsel(0, Email3)">
     <IMG SRC="button-Email-1.gif"
     WIDTH="133" HEIGHT="31" BORDER="0" ALT="Email">
</A>
```

Innerhalb des einleitenden <A>-Tags finden wir drei verschiedene Eventhandler, die auf unterschiedliche Ereignisse von Seiten des Anwenders reagieren. Fährt der Anwender mit seiner Maus über den Button *Email*, so tritt der Eventhandler **onMouseover=** in Aktion. Er ruft dann die Funktion **wechsel(0, Email2)** auf und übergibt ihr die beiden Werte *0* und *Email2*. Die ursprüngliche Graphik wird somit durch einen Button ersetzt. Es wird also der Funktion *wechsel* zunächst immer die Indexnummer der Graphik übergeben, die ausgetauscht werden soll sowie das neue Objekt, das an Stelle des alten erscheinen soll.

Auf die gleiche Art und Weise verfahren wir mit den beiden anderen Eventhandlern **onMouseout=** und **onClick=**. Verlässt der Mauszeiger den Button *Email*, so wird der Eventhandler onMouseout= aktiv und ruft die Funktion *wechsel* mit den Werten *0* und *Email1* auf. Der ursprüngliche Zustand wird wieder hergestellt.

Wird hingegen die Maustaste gedrückt, so sorgt der Eventhandler onClick= dafür, dass der Button gedrückt erscheint und das gewünschte Verweisziel aufgerufen wird. Dazu wird einfach die Funktion **wechsel(0, Email3)** aufgerufen.

Die HTML-Befehlszeilen für die beiden anderen Verweise *Chat* und *Links* sehen dementsprechend wie folgt aus:

```
<A HREF="Chat" TARGET="rechts"
   onMouseover="wechsel(1, Chat2)" onMouseout="wechsel(1, Chat1)"
   onClick="wechsel(1, Chat3)">
     <IMG SRC="button-Chat-1.gif"
     WIDTH="133" HEIGHT="31" BORDER="0" ALT="Chat">
</A>

<A HREF="Links" TARGET="rechts"
   onMouseover="wechsel(2, Links2)" onMouseout="wechsel(2, Links1)"
   onClick="wechsel(2, Links3)">
     <IMG SRC="button-Links-1.gif"
     WIDTH="133" HEIGHT="31" BORDER="0" ALT="Links">
</A>
```

Die Graphik für den Verweis *Chat* besitzt die Indexnummer *1* und für den Verweis *Links* die *2*.
Die zu tauschenden Bildobjekte tragen jeweils die entsprechenden Bezeichnungen.

An die Funktion *wechsel* haben wir eben zwei verschiedene Arten von Daten übergeben und zwar eine Indexnummer sowie ein Objekt. Die Indexnummer war dabei eine konkrete Zahl und wurde an die Variable *index* weitergeben, die dann innerhalb der Funktion verarbeitet wurde. Man spricht hier von ***call by value***, da eine Übergabe stattgefunden hat, die keine Auswirkung auf den Wert der Variablen außerhalb der Funktion besitzt. Es wurde innerhalb der Funktion nur eine Kopie der Variablen angelegt.
Wird hingegen ein Objekt übergeben, wie dies im vorliegenden Fall mit dem zweiten Parameterwert geschehen ist, so nennt man dies ***call by reference***. Es wird dementsprechend **keine** Kopie des Objekts innerhalb der Funktion angelegt, sondern man arbeitet mit dem Original.

Wir haben also gesehen, dass wir einer Funktion verschiedene Arten von Parametern übergeben können. Derartige universelle Funktionen sind immer dann von Vorteil, wenn man den JavaScript-Code vereinfachen möchte und immer wiederkehrende Abläufe vorkommen. Wir wollen dies in der nachstehenden Übung vertiefen, die den weiteren graphischen Aufbau der Intranet-Seite als Thema hat.

Übungen

1. Der linke Navigationsframe unserer Intranet-Seite soll nun auch durch Buttons graphisch aufgewertet werden. Überlege dir zunächst, welche graphischen Effekte die Buttons dem Anwender bieten sollen. Zeichne dann mit Hilfe eines Graphikprogramms alle notwendigen Buttons und speichere sie im *GIF*-Format mit einem aussagekräftigen Dateinamen ab.
   Alternativ kannst du dir auch frei verfügbare Graphiken aus dem Internet downloaden und sie dann weiter verarbeiten.

2. Schreibe nun den JavaScript-Code, der alle benötigten Graphiken zunächst als *Image*-Objekte ablegt. Überlege dir sinnvolle Bezeichnungen für die einzelnen Objekte.

3. Schreibe nun eine neue Funktion *tausche*, die den Wechsel der einzelnen Graphiken vornimmt.

4. Jetzt müssen noch die verschiedenen Eventhandler im HTML-Code der einzelnen Verweise integriert werden. Überlege dir zunächst, welcher Button für eine bestimmte Aktion von Seiten des Benutzers angezeigt werden soll und rufe dann über den entsprechenden Eventhandler die Funktion *tausche* mit den notwendigen Parametern auf.

5. Es soll nun eine kleine Diashow in JavaScript realisiert werden, die es dem Benutzer erlaubt, durch eine Reihe von Bildern vorwärts und rückwärts zu blättern. Dies können Aufnahmen von deiner Schule sein, die dem Besucher die wichtigsten Gebäude und einen eventuellen Lageplan zeigen. Das Blättern soll über zwei Buttons realisiert werden, welche die beiden JavaScript-Funktionen *vorwaerts* und *rueckwaerts* aufrufen.

6. Erweitere die Diashow nun derart, dass ein dritter Button zum Einsatz kommt, mit dem der Anwender ein aktuelles Bild vergrößern kann. Insbesondere für die Anzeige eines Lageplans ist diese Funktionalität hilfreich. Schreibe hierfür eine Funktion *vergroessern*, die diese Aufgabe übernimmt. Natürlich musst du dazu die einzelnen Bilder zunächst mit einem Graphikprogramm vergrößern.

10.2 Einfache Animation

Wir wollen nun noch etwas mehr Bewegung auf unsere Intranet-Seite bringen. Dazu sollen die einzelnen Verweise im Navigationsframe sich nacheinander aufbauen. Der Verweis *Aktuelles* bewegt sich als erstes von unten nach oben an seine vorher festdefinierte Position. Danach folgt der Verweis *Termine*, der sich ebenfalls schrittweise an seine Position bewegt. Dies wird solange durchgeführt, bis alle Verweise auf der Seite ihren Platz eingenommen haben. Wir haben es hier mit einer einfachen linearen Animation zu tun, die sich mit dem Austausch und Löschen von Graphiken in JavaScript realisieren lässt.

Die Realisierung dieser Animation ist eigentlich relativ unkompliziert. Wir setzen zunächst Graphiken ein, die im Navigationsframe alle untereinander stehen. Diese Graphiken sind zunächst leer und stehen jeweils an den Positionen, wo später die einzelnen Verweise ihren endgültigen Platz finden werden. Der erste Verweis *Aktuelles* wird nun in die einzelnen leeren Graphiken eingesetzt, was durch einen Tausch realisiert wird, den wir bereits bei den Button *Email*, *Chat* und *Links* durchgeführt haben. Dieses schrittweise Tauschen findet solange statt, bis der Graphikverweis seine endgültige Position erreicht hat. Damit überhaupt eine Bewegung für den Anwender sichtbar ist, muss die vorherige Graphik dabei immer wieder gelöscht werden.

Die leeren Graphiken sind so gewählt, dass sie der Größe der Graphikverweise besitzen und die Hintergrundfarbe des Navigationsframes aufweisen. Für unsere Animation benötigen wir also nicht viel mehr, als die bereits vorhandenen Graphikverweise sowie eine leere Graphik, die mit einem Zeichenprogramm schnell erstellt ist. Diese leere Graphik binden wir insgesamt also elfmal in den Verweisframe ein sowie einmal zusätzlich als Puffer. Dies führt zu den folgenden HTML-Befehlszeilen:

```
<BODY BGCOLOR=#006FDD onLoad="animation(12, bild[1], 1)">
  <A HREF="aktuelles.htm"><IMG SRC="leer.gif"
     WIDTH="133" HEIGHT="31" BORDER="0" ALT="Aktuelles"></A>
  <A HREF="termine.htm"><IMG SRC="leer.gif"
     WIDTH="133" HEIGHT="31" BORDER="0" ALT="Termine"></A>
  <A HREF="projekte.htm"><IMG SRC="leer.gif"
     WIDTH="133" HEIGHT="31" BORDER="0" ALT="Projekte"></A>
  <A HREF="klassen.htm"><IMG SRC="leer.gif"
     WIDTH="133" HEIGHT="31" BORDER="0" ALT="Klassen"></A><P>
  <A HREF="praktikas.htm"><IMG SRC="leer.gif"
     WIDTH="133" HEIGHT="31" BORDER="0" ALT="Praktikas"></A>
  <A HREF="Stundentafel.htm"><IMG SRC="leer.gif"
     WIDTH="133" HEIGHT="31" BORDER="0" ALT="Stundentafel"></A>
  <A HREF="material.htm"><IMG SRC="leer.gif"
     WIDTH="133" HEIGHT="31" BORDER="0" ALT="Material"></A>
  <A HREF="ausbildung.htm"><IMG SRC="leer.gif"
     WIDTH="133" HEIGHT="31" BORDER="0" ALT="Ausbildung"></A>
  <A HREF="buecherei.htm"><IMG SRC="leer.gif"
     WIDTH="133" HEIGHT="31" BORDER="0" ALT="Bücherei"></A>
  <A HREF="sv.htm"><IMG SRC="leer.gif"
     WIDTH="133" HEIGHT="31" BORDER="0" ALT="SV"></A><P>
  <A HREF="rechner.htm"><IMG SRC="leer.gif"
     WIDTH="133" HEIGHT="31" BORDER="0" ALT="Rb"></A>
  <IMG SRC="leer.gif" WIDTH="133" HEIGHT="31"
     BORDER="0" ALT="leer">
</BODY>
```

Der Übersichtlichkeit halber wurden die notwendigen Eventhandler, welche die animierten Buttons aus dem letzten Abschnitt realisieren, weggelassen. Wir erkennen im einleitenden `<BODY>`-Tag einen Funktionsaufruf **`animation(12, bild[1], 1)`** mittels des Eventhandlers `onLoad=`, der uns die gewünschte Animation beim Laden des Frames liefert.

Die hierfür notwendige Funktion ***animation*** müssen wir jetzt noch in JavaScript implementieren. Der vollständige JavaScript-Code sieht daher wie folgt aus:

```
<SCRIPT LANGUAGE="JAVASCRIPT1.3">

   var bild=new Array();
   bild[1]=new Image(); bild[1].src="button-Aktuelles-1.gif";
   bild[2]=new Image(); bild[2].src="button-Termine-1.gif";
   bild[3]=new Image(); bild[3].src="button-Projekte-1.gif";
   bild[4]=new Image(); bild[4].src="button-Klassen-1.gif";
   bild[5]=new Image(); bild[5].src="button-Praktikas-1.gif";
   bild[6]=new Image(); bild[6].src="button-Stundentafel-1.gif";
   bild[7]=new Image(); bild[7].src="button-Material-1.gif";
   bild[8]=new Image(); bild[8].src="button-Ausbildung-1.gif";
   bild[9]=new Image(); bild[9].src="button-Buecherei-1.gif";
   bild[10]=new Image(); bild[10].src="button-SV-1.gif";
```

```
bild[11]=new Image(); bild[11].src="button-Rechner-1.gif";
bild[12]=new Image(); bild[12].src="leer.gif";

var zaehler=1;

function animation(anfang, button, ende)
{
  index=anfang;
  endpos=ende;
  inhalt=button;

  if(index > endpos)
  {
    index--;
    window.document.images[index].src=inhalt.src;
    window.document.images[index+1].src=bild[12].src;
    window.setTimeout('animation(index, inhalt, endpos)', 50);
  }
  else
  {
    zaehler++;
    if(zaehler < 12)
    {
      animation(12, bild[zaehler], zaehler);
    }
  }
}

</SCRIPT>
```

Bevor wir uns mit den JavaScript-Befehlszeilen der Funktion *animation* beschäftigen, müssen wir zunächst die notwendigen graphischen Elemente bereitstellen. Dies geschieht mit Hilfe eines Arrays ***bild***, welches alle Bilder, die für die Animation benötigt werden, speichert. Es werden insgesamt zwölf *GIF*-Dateien im Array abgelegt, die sich über **bild[1]** bis **bild[12]** ansprechen lassen. Das *Image*-Objekt `bild[1]` beispielsweise hat die *GIF*-Datei für den Verweis *Aktuelles* zugeordnet bekommen und `bild[12]` die für die Animation wichtige Datei *leer.gif*.

Die Verwendung des Arrays *bild* hat einen bestimmten Grund. Dadurch sind wir nämlich in der Lage, die Funktion *animation* universell zu nutzen. Wir können ihr ein bestimmtes *Image*-Objekt übergeben, das animiert werden soll. Über die Indexnummer lässt sich jede Graphik somit nacheinander ansprechen. Wir beginnen die Nummerierung bei 1, da das Logo im Verweisframe nicht verwendet werden soll.

Damit auch wirklich jeder Graphik-Verweis animiert wird, definieren wir eine globale Variable *zaehler*, die das Array *bild* schrittweise durchläuft. Sie wird gleichzeitig mit dem Wert 1 initialisiert. Im Anschluss daran beginnt schon die Funktion *animation*, der insgesamt drei Parameterwerte übergeben werden:

```
function animation(anfang, button, ende)
```

Der Parameter **anfang** erwartet die Indexnummer, von welcher Position aus die Animation starten soll. Im vorliegenden Fall lassen wir die Animation von Position 12 starten, da an dieser Stelle das unterste leere Bild in Verweisframe steht.

Der Parameter **button** bekommt das *Image*-Objekt übergeben, welches aktuell animiert werden soll. Es werden also alle Objekte von `bild[1]` bis `bild[11]` an die Funktion weitergereicht. Der dritte Parameter **ende** erhält die Indexnummer, bis zu welcher Stelle die Animation stattfinden soll. Der Graphikverweis *Aktuelles* wird bis zur Position 1 animiert, der Verweis *Termine* bis zur 2 usw. Dadurch erreicht nacheinander jeder Verweis seine endgültige Lage im Frame.

Die übergebenen Parameter werden innerhalb der Funktion in den drei weiteren Variablen *index*, *endpos* und *inhalt* gespeichert:

```
index=anfang;
endpos=ende;
inhalt=button;
```

Die drei lokalen Variablen sind notwendig, da sie für weitere Funktionsaufrufe verwendet werden, ohne die die Animation nicht ablaufen würde. Doch dazu gleich weiter unten mehr.

if-else-Abfrage

In Kapitel 8 hast du bereits die *if*-Abfrage kennen gelernt. Es handelte sich hierbei um eine einseitige Auswahl, da nur bei einer positiven Bedingung der Anweisungsblock ausgeführt wurde. Im vorliegenden Fall reicht die einseitige Auswahl nicht mehr aus und wir müssen eine ***zweiseitige*** verwenden. Es wird ein sogenannter ***else***-Zweig eingesetzt, der immer dann ausgeführt wird, wenn die Bedingung der *if*-Anweisung nicht erfüllt ist.

Wir wollen uns dies erneut an einem Flussdiagramm verdeutlichen:

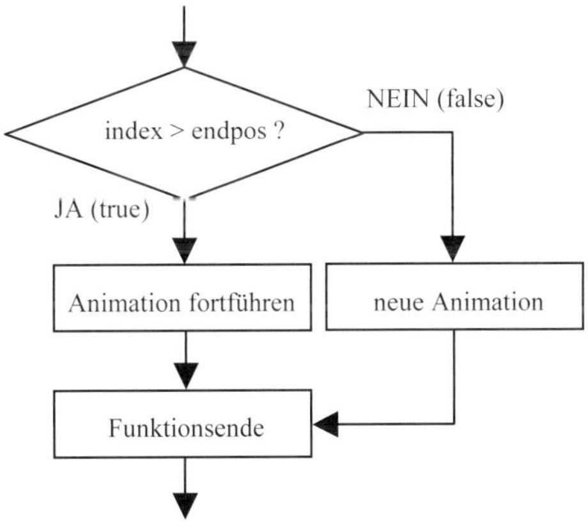

Die *if*-Abfrage prüft zunächst, ob ein aktuell animierter Graphikverweis seine endgültige Position bereits erreicht hat.

```
if(index > endpos)
```

Ist der Wert der Laufvariablen *index* größer als der von der Variablen *endpos*, so wird die aktuelle Animation weitergeführt. Ist hingegen die Endposition erreicht, so wird eine neue Animation gestartet, die den nächsten graphischen Verweis an seinen Platz bewegt.
Wir müssen uns jetzt noch um die beiden Anweisungsblöcke kümmern, die für die eigentlichen Animationen zuständig sind. Wir werden hier zusätzlich eine neue Art von Funktionen kennen lernen, mit denen wir bestimmte Programmieraufgaben sinnvoll lösen können.

Rekursive Funktionen

Wie bereits weiter oben angedeutet, wird eine einzelne Animation durch das schrittweise Tauschen und Löschen der zu animierenden Graphiken realisiert. Dies geschieht im *dann*-Zweig der *if*-Abfrage mittels der folgenden JavaScript-Befehle:

```
index--;
window.document.images[index].src=inhalt.src;
window.document.images[index+1].src=bild[12].src;
window.setTimeout('animation(index, inhalt, endpos)', 50);
```

Die Variable *index* wird zunächst heruntergezählt und dient als Indexnummer für die einzelnen Graphiken. Im Anschluss daran wird das zu animierende Bild an der neuen Position im Verweisframe angezeigt (Indexnummer *index*) und gleichzeitig das alte durch die leere Graphik ersetzt (Indexnummer *index+1*). Somit wurde ein Animationsschritt durchgeführt. Dieser Schritt wird nun solange wiederholt, bis die Endposition *endpos* des Bildes erreicht ist.

Damit überhaupt ein neuer Animationsschritt sich vollziehen kann, muss die Funktion *animation* jedes Mal neu aufgerufen werden. Die Funktion ruft sich dabei immer wieder selbst auf, was durch die Befehlszeile

```
window.setTimeout('animation(index, inhalt, endpos)', 50);
```

geschieht.

Wir benutzen hierfür die Methode **`setTimeout`** des *window*-Objekts, die nach einer bestimmten Verzögerung eine Anweisung ausführt. Im vorliegenden Fall wird die Funktion *animation* ausgeführt und zwar nach einer Verzögerungszeit von 50 Millisekunden. Die Verzögerung ist notwendig, da das Wechseln der Graphiken sonst zu schnell gehen würde und die Animation kaum als solche zu erkennen wäre. Die Funktion *animation* bekommt wiederum beim Aufruf drei Parameter übergeben, wobei sich nur der Wert von *index* zum vorherigen jeweils ändert. Es wird die neue Position dabei übergeben und somit die Animation um einen weiteren Schritt vorangebracht.

Wir haben es hier mit einer sogenannten ***rekursiven*** Funktion zu tun, da sie sich während ihrer Abarbeitung selbst aufruft. Zusätzlich benötigt jede rekursive Funktion eine Abbruchbedingung, damit sie nicht endlos weiterläuft. Dies übernimmt hier die *if*-Abfrage. Eine rekursive Funktion ist immer dann hilfreich, wenn wiederkehrende Teilaufgaben zu bearbeiten sind. Dadurch müssen die notwendigen Befehlszeilen nur einmal definiert werden. Das Tauschen und Löschen der Graphiken für unsere Animation sind solche Teilaufgaben.

Der *dann*-Zweig der *if*-Abfrage liefert also immer eine vollständige Animation. Da wir aber mehrere Graphiken hintereinander im Verweisframe animieren wollen, müssen wir den *else*-Zweig zusätzlich definieren. Dieser kommt dann zum Zuge, wenn eine Graphik komplett animiert wurde:

```
zaehler++;
if(zaehler < 12)
{
  animation(12, bild[zaehler], zaehler);
}
```

Die Variable *zaehler*, die als Indexnummer für die im Array *bild* gespeicherten Verweis-Graphiken dient, wird zunächst erhöht. Die folgende *if*-Abfrage prüft, ob nicht schon alle Graphiken animiert wurden. Hat nämlich die Variable *zaehler* den Wert 12 erreicht, so sind alle Verweise an ihrer festen Stelle und die Animation ist beendet.

Wurden hingegen noch nicht alle Graphiken verwendet, so wird erneut die Funktion *animation* aufgerufen. Die Animation beginnt bei Position 12 und endet mit der Position, welche die Variable *zaehler* aktuell gespeichert hat. Der Parameter `bild[zaehler]` steht für den Verweis, der als nächstes animiert werden soll.

Übungen

1. Schreibe eine Funktion ***countdown*** in JavaScript, die einen Zähler realisiert. Dieser soll bei Zehn beginnen und schrittweise bis auf Null herunterzählen. Erzeuge mit Hilfe eines Zeichenprogramms die hierfür notwendigen Graphiken.

2. Erweitere den Zähler nun derart, dass man ihn *starten*, *stoppen* und *zurücksetzen* kann. Dies soll über drei Buttons geschehen, die einem Anwender zur Verfügung gestellt werden.

3. Der Zähler soll jetzt zusätzlich von Null bis Zehn heraufzählen können. Wie muss die Funktion *countdown* verändert werden, damit beide Zählrichtungen möglich sind?

4. Der Zähler soll nun bis Hundert zählen können. Schreibe hierfür eine neue Funktion ***counter***, die diese Aufgabe realisiert. Lässt sich hierfür die Funktion *countdown* weiter verwenden?

11 Kryptologie mit JavaScript

In Kapitel 8 haben wir ein Formular *Rechnerbetreuung* aufgebaut, das einem Anwender im Intranet bei etwaigen Rechnerproblemen die Möglichkeit bietet, mit dem Administrator in Kontakt zu treten. Wir wollen nun dieses Formular dahingehend erweitern, dass der Absender vor dem Abschicken per Email sich identifizieren muss. Dadurch soll verhindert werden, dass beispielsweise Mails nur so aus Spaß an den Administrator versendet werden.

Dazu werden wir eine Abfrage einbauen, die sich nach dem Anklicken des *Absenden*-Buttons einblendet und den Benutzer-Namen sowie das Passwort als Eingabe fordert. Erst wenn der eingegebene Name sowie das Passwort vom System bestätigt werden, und somit eine Übereinstimmung mit der Benutzerdatenbank vorliegt, wird das Formular versendet. Abbildung 11.1 zeigt eine solche Passwort-Abfrage.

Abbildung 11.1: *Abfrage*

Hierbei lässt sich erkennen, dass die Eingabe des Passworts für den Benutzer unsichtbar bleibt, da nur Sternchen angezeigt werden. Dies ist auch sinnvoll, da eine andere Person das Passwort ja nicht herausfinden soll. Leider gibt es hier einen gravierenden Nachteil. Sobald das Passwort nämlich vom Benutzer eingegeben wurde, liegt es als sogenannter ***Klartext*** vor und kann aus dem Eingabefeld ausgelesen werden. Die Sternchen gaukeln dem Anwender nur eine scheinbare Sicherheit vor.

Wir müssen also eine Möglichkeit finden, um das Passwort vor unbefugten Blicken zu schützen. Das Zauberwort heißt hier ***Verschlüsselung***, die uns den Klartext in einen ***Geheimtext*** verwandelt, der für eine Person nicht mehr lesbar ist. Dadurch schaffen wir ein gewisses Maß an Sicherheit für den Anwender.

11.1 Die Verschlüsselung nach Caesar

Die Wissenschaft, die sich unter anderem mit der Verschlüsselung von Nachrichten beschäftigt, wird ***Kryptologie*** (von griech. *kryptos*: geheim und *logos*: Wort, Sinn) genannt. Die Kryptologie hat eine lange Tradition, erste Verschlüsselungsverfahren wurden bereits im 5. Jh. vor Christus in Griechenland entwickelt. Damals benötigte man die Verfahren, um eine gewisse Sicherheit in der Politik sowie der Diplomatie herzustellen. Mit dem bekannten römischen Staatsmann und Feldherrn Gaius Julius Caesar hielt die Kryptologie im 1. Jh. vor Christus Einzug in militärische Bereiche. Sie diente beispielsweise der Geheimhaltung von Feldzügen, die Caesar im Laufe seiner Amtszeit plante und durchführte.

Der militärische Bereich war es auch, der die Kryptologie stetig weiter voranbrachte. Immer neue Verfahren wurden entwickelt, um Botschaften geheim zu halten. Insbesondere im 2. Weltkrieg hatten die Deutschen durch die Chiffriermaschine ***ENIGMA*** (griechisch für Geheimnis) – die übrigens auf der Verschlüsselung von Caesar basierte – lange Zeit einen großen Vorsprung gegenüber den Alliierten.
Heute spielt die Kryptologie eine große Rolle im Bereich der Wirtschaft und insbesondere auch für das Internet. Angefangen vom Homebanking, über das Verschlüsseln von Emails bis hin zu Online-Bestellungen verwendet man die verschiedensten Verfahren zur Geheimhaltung von Daten und Informationen. Ein sehr einfaches Verfahren – die Verschlüsselung nach Caesar – wollen wir zunächst in JavaScript umsetzen.
Die Verschlüsselung nach Caesar ist wohl die berühmteste Methode, um einen Klartext in einen Geheimtext und umgekehrt zu verwandeln. Man spricht hier von einer einfachen ***Substitution***, da jeder Buchstabe des Klartexts durch einen anderen ersetzt wird. Dazu wird ein ***Klartextalphabet*** vorausgesetzt, aus dem die Buchstaben für die zu verschlüsselnde Botschaft verwendet werden dürfen.

Demgegenüber steht das ***Geheimtextalphabet***, so dass jeder einzelne Buchstabe durch den darunter stehenden ersetzt werden kann. Wir wollen uns dies am folgenden Beispiel verdeutlichen:

Beispiel:

Das Klartextalphabet sind hier die 26 Kleinbuchstaben unseres deutschen Alphabets und das Geheimtextalphabet eine Verschiebung des Klartextalphabets um den Faktor 3 nach rechts.

Klartextalphabet: `a b c d e f g h i j k l m n o p q r s t u v w x y z`
Geheimtextalphabet: `d e f g h i j k l m n o p q r s t u v w x y z a b c`

Der Begriff *javascript* soll nun verschlüsselt werden. Die einzelnen Buchstaben werden daher wie folgt substituiert:

```
j → m
a → d
v → y
a → d
s → v
c → f
r → u
i → l
p → s
t → w
```

Der verschlüsselte Text lautet also *mdydvfulsw*. Die einfache Verschiebung des ursprünglichen Alphabets um den Faktor 3 basiert auf Caesar. Natürlich kann man auch andere Werte angeben. Aufgrund des Verschiebefaktors spricht man bei dieser Art von Verfahren auch von einer sogenannten ***additiven Chiffrierung***.

Die Umsetzung der Verschlüsselung nach Caesar mit JavaScript zeigt die nachstehende Funktion:

```
function caesar(M, K)
{
  var zaehler, ord, C="";
  for (zaehler=0; zaehler<=M.length; zaehler++)
  {
    ord = M.charCodeAt(zaehler) + K;
    if(ord > 122){ord = ord - 26;}
    if(ord < 97) {ord = ord + 26;}

    C=C.concat(String.fromCharCode(ord));
  }
}
```

Die Funktion *caesar* erwartet zwei Parameterwerte als Übergabe. Der erste Parameter ist der zu verschlüsselnde Klartext `M` und der zweite der Verschiebefaktor `K`. Die Variable `C` wird im Anschluss deklariert und bekommt eine leere Zeichenkette zugewiesen. Sie speichert nacheinander die verschlüsselten Buchstaben und beinhaltet am Ende der Funktion den kompletten Geheimtext.

Es folgt eine *for*-Schleife, die solange durchlaufen wird, bis das Ende des Klartexts M erreicht ist. Dies geschieht über eine einfache Abfrage der Eigenschaft `length` des *String*-Objekts. Der Schleifenrumpf beginnt mit der Bestimmung der Ordnungszahl eines Zeichens innerhalb der *ASCII*-Tabelle (s. Anhang). Dazu wird aus der Zeichenkette, die in der Variablen M gespeichert ist, schrittweise jedes einzelne Zeichen über die Laufvariable `zaehler` angesprochen.

```
ord = M.charCodeAt(zaehler) + K;
```

Die Methode **`charCodeAt()`** des *String*-Objekts bekommt die Position des aktuellen Zeichens in der Zeichenkette übergeben und liefert die entsprechende Ordnungszahl. Es wird der Verschiebefaktor `K` addiert und der Variablen `ord` zugewiesen.

Die Ordnungszahlen für die kleinen Buchstaben des Alphabets liegen zwischen **97** und **122**. Hierbei steht die 97 für das kleine *a* und 122 für das *z*. Da bei der Verschiebung um den Faktor `K` auch Ordnungszahlen auftreten können, die außerhalb dieses Bereichs liegen, müssen wir die Alphabetlänge 26 mit einbeziehen. Da die Funktion *caesar* in beide Richtungen verwendet werden soll – zum Verschlüsseln und zum Entschlüsseln – müssen wir diesem Umstand Rechnung tragen.

Dies geschieht mit Hilfe von zwei *if*-Abfragen:

```
if(ord > 122){ord = ord - 26;}
if(ord < 97) {ord = ord + 26;}
```

Die erste Abfrage *subtrahiert* von der ermittelten Ordnungszahl `ord` den Wert 26, falls diese die Zahl 122 überschritten hat. Die zweite *addiert* den Wert 26, falls die Zahl 97 unterschritten wurde. Der zweite Fall tritt immer dann auf, wenn ein negativer Verschiebefaktor `K` gewählt wird, um einen Geheimtext zu entschlüsseln.

Nachdem nun die neue Ordnungszahl aufgrund der Verschiebung ermittelt wurde, wird mit der entgegen gesetzten Methode **`fromCharCode()`** des *String*-Objekts das dazugehörige Zeichen aus der ASCII-Tabelle ermittelt. Als Parameterwert bekommt die Methode die entsprechende Ordnungszahl übergeben. Die bereits bekannte Methode `concat()` fügt dann jedes Zeichen schrittweise zu einer Zeichenkette zusammen und speichert sie in der Variablen `C` ab.

Die Verschlüsselung nach Caesar hat den gravierenden Nachteil, dass auch ohne Wissen über den Verschiebefaktor ein Geheimtext schnell entschlüsselt werden kann. In einem Geheimtextalphabet kommen einzelne Buchstaben häufiger vor als andere und so lässt sich denkbar schnell der dazugehörige Buchstabe im Klartextalphabet ermitteln. In unserem deutschen Alphabet wird beispielsweise der Buchstabe *e* am Häufigsten verwendet.

Damit die Häufigkeiten der Buchstaben im Geheimtextalphabet möglichst gleich groß werden und eine Entschlüsselung dadurch weit schwieriger wird, wollen wir uns nun einem weiteren Verschlüsselungsverfahren widmen. Das neue an diesem Verfahren ist nun, dass nicht immer derselbe Klartextbuchstabe mit demselben Geheimtextbuchstaben verschlüsselt wird, wie es bei Caesar der Fall ist.

11.2 Die Vigenère-Verschlüsselung

Im 16. Jahrhundert kam der französische Diplomat Blaise de ***Vigenère*** auf die Idee, die Caesar-Methode in unterschiedlicher Kombination zu verwenden. Dabei wird nicht nur eine Geheimtextalphabet verwendet, sondern eine ganze Reihe von verschobenen Klartextalphabeten. Diese Geheimtextalphabete sind im sogenannten ***Vigenère-Quadrat*** zusammengefasst, das wie folgt aussieht:

a	b	c	d	e	f	g	h	i	j	k	l	m	n	o	p	q	r	s	t	u	v	w	x	y	z
A	B	C	D	E	F	G	H	I	J	K	L	M	N	O	P	Q	R	S	T	U	V	W	X	Y	Z
B	C	D	E	F	G	H	I	J	K	L	M	N	O	P	Q	R	S	T	U	V	W	X	Y	Z	A
C	D	E	F	G	H	I	J	K	L	M	N	O	P	Q	R	S	T	U	V	W	X	Y	Z	A	B
D	E	F	G	H	I	J	K	L	M	N	O	P	Q	R	S	T	U	V	W	X	Y	Z	A	B	C
E	F	G	H	I	J	K	L	M	N	O	P	Q	R	S	T	U	V	W	X	Y	Z	A	B	C	D
F	G	H	I	J	K	L	M	N	O	P	Q	R	S	T	U	V	W	X	Y	Z	A	B	C	D	E
G	H	I	J	K	L	M	N	O	P	Q	R	S	T	U	V	W	X	Y	Z	A	B	C	D	E	F
H	I	J	K	L	M	N	O	P	***Q***	R	S	T	U	V	W	X	Y	Z	A	B	C	D	E	F	G
I	J	K	L	M	N	O	P	Q	R	S	T	U	V	W	X	Y	Z	A	B	C	D	E	F	G	H
J	K	L	M	N	O	P	Q	R	S	T	U	V	W	X	Y	Z	A	B	C	D	E	F	G	H	I
K	L	M	N	O	P	Q	R	S	T	U	V	W	X	Y	Z	A	B	C	D	E	F	G	H	I	J
L	M	N	O	P	Q	R	S	T	U	V	W	X	Y	Z	A	B	C	D	E	F	G	H	I	J	K
M	N	O	P	Q	R	S	T	U	V	W	X	Y	Z	A	B	C	D	E	F	G	H	I	J	K	L
N	O	P	Q	R	S	T	U	V	W	X	Y	Z	A	B	C	D	E	F	G	H	I	J	K	L	M
O	P	Q	R	S	T	U	V	W	X	Y	Z	A	B	C	D	E	F	G	H	I	J	K	L	M	N
P	Q	R	S	T	U	V	W	X	Y	Z	A	B	C	D	E	F	G	H	I	J	K	L	M	N	O
Q	R	S	T	U	V	W	X	Y	Z	A	B	C	D	E	F	G	H	I	J	K	L	M	N	O	P
R	S	T	U	V	W	X	Y	Z	A	B	C	D	E	F	G	H	I	J	K	L	M	N	O	P	Q
S	T	U	V	W	X	Y	Z	A	B	C	D	E	F	G	H	I	J	K	L	M	N	O	P	Q	R
T	U	V	W	X	Y	Z	A	B	C	D	E	F	G	H	I	J	K	L	M	N	O	P	Q	R	S
U	V	W	X	Y	Z	A	B	C	D	E	F	G	H	I	J	K	L	M	N	O	P	Q	R	S	T
V	W	X	Y	Z	A	B	C	D	E	F	G	H	I	J	K	L	M	N	O	P	Q	R	S	T	U
W	X	Y	Z	A	B	C	D	E	F	G	H	I	J	K	L	M	N	O	P	Q	R	S	T	U	V
X	Y	Z	A	B	C	D	E	F	G	H	I	J	K	L	M	N	O	P	Q	R	S	T	U	V	W
Y	Z	A	B	C	D	E	F	G	H	I	J	K	L	M	N	O	P	Q	R	S	T	U	V	W	X
Z	A	B	C	D	E	F	G	H	I	J	K	L	M	N	O	P	Q	R	S	T	U	V	W	X	Y

Abbildung 11.2: *Das Vigenère-Quadrat*

Das Vigenère-Quadrat setzt sich also aus insgesamt 26 Alphabeten zusammen, die immer um einen Buchstaben verschoben sind. Aus diesen einzelnen Alphabeten wird dann der entsprechende Geheimtextbuchstabe gewonnen. Wie dies genau funktioniert, wollen wir uns am nachfolgenden Beispiel verdeutlichen:

Es soll wiederum das Wort *javascript* verschlüsselt werden. Hierfür benötigen wir zunächst ein Schlüsselwort und wählen „**HTML**“. Dieses Schlüsselwort wird solange über den Klartext geschrieben, bis seine Länge erreicht ist:

Schlüsselwort:	H	T	M	L	H	T	M	L	H	T
Klartext:	j	a	v	a	s	c	r	i	p	t

Die Verschlüsselung des ersten Klartextbuchstabens *j* vollzieht sich nun wie folgt: Wir schauen zunächst nach, welcher Schlüsselwortbuchstabe über dem *j* steht. Hier ist es der Buchstabe *H*. Danach gehen wir in die Zeile des Vigenère-Quadrats, die mit dem Buchstaben *H* beginnt und holen uns den Buchstaben, der in der Spalte *j* steht. Dies ist im vorliegenden Fall das ***Q*** und zugleich der ermittelte Geheimtextbuchstabe. Die obige Abbildung 11.1 macht dies noch einmal deutlich.

Mit den weiteren Klartextbuchstaben verfahren wir genauso und erhalten:

Schlüsselwort:	H	T	M	L	H	T	M	L	H	T
Klartext:	j	a	v	a	s	c	r	i	p	t
Geheimtext:	Q	T	H	L	Z	V	D	T	W	M

Die Entschlüsselung eines Geheimtexts verläuft auf die gleiche Art und Weise. Man muss das Verfahren nur umkehren.

Verschlüsselung

Das Vigenère-Verfahren wollen wir nun in JavaScript umsetzen. Wir kümmern uns zunächst um die Verschlüsselung eines Klartexts und schreiben eine Funktion *vigenere_encrypt*, die diese Aufgabe übernimmt. Der vollständige JavaScript-Code sieht wie folgt aus:

```
function vigenere_encrypt(M, K)
{
  var ord1, ord2, C="", zaehler1, zaehler2;
  for (zaehler1=0; zaehler1<=M.length; zaehler1++)
  {
    ord1=M.charAt(zaehler1).toUpperCase().charCodeAt(0);

    zaehler2=zaehler1;
    if(zaehler1>=K.length)
    {
      zaehler2=zaehler1%K.length;
    }

    ord2=K.charAt(zaehler2).toUpperCase().charCodeAt(0);

    C=C.concat(String.fromCharCode(65+((ord1+ord2)%26)));
  }
}
```

Die Funktion *vigenere_encrypt* erwartet zwei Parameterwerte: den Klartext `M` sowie das Schlüsselwort `K`. Zu Beginn der Funktion werden zunächst alle notwendigen Variablen deklariert und insbesondere der Variablen `C` eine leere Zeichenkette zugewiesen. Sie beinhaltet am Ende der Funktion den Geheimtext. Wie bei der Funktion *caesar* wird wiederum eine *for*-Schleife verwendet, die alle Klartextbuchstaben durchläuft.

Es folgt eine weitere JavaScript-Befehlszeile, welche die Ordnungszahl des Klartextbuchstabens ermittelt und sie am Ende der Variablen `ord1` zuordnet. Dazu wird zunächst mit Hilfe der Methode **`charAt()`** des *String*-Objekts das aktuelle Zeichen aus dem Klartext `M` extrahiert. Das so ermittelte Zeichen wird in einen Großbuchstaben umgewandelt, was durch die Methode **`toUpperCase()`** realisiert wird. Danach erfolgt die Bestimmung der Ordnungszahl des Zeichens durch die bekannte Methode `charCodeAt()`.

Der Variablen *zaehler2* wird im Anschluss der aktuelle Wert der Variablen *zaehler1* zugewiesen. Die Variable *zaehler2* gibt die Position des Zeichens im Schlüsselwort an, das für die Berechnung des Geheimtextzeichens notwendig ist.

Die folgende *if*-Abfrage überprüft daraufhin, ob das Schlüsselwort den Klartext noch überdeckt und zur Verschlüsselung weiter genutzt werden kann. Ist dies nicht mehr der Fall – das Ende des Schlüsselworts ist also erreicht – muss es ja immer wieder über den Klartext geschrieben werden. Dies wird durch die Befehlszeile

```
zaehler2=zaehler1%K.length;
```

erreicht. Da wir nicht wirklich das Schlüsselwort über den Klartext schreiben, sondern bei Überschreitung der Länge dieses nur wieder auf das erste Zeichen zurücksetzen müssen, bedienen wir uns einer mathematischen Operation. Es handelt sich hier um eine ***Modulo-Division***, die durch den Berechnungsoperator `%` in JavaScript realisiert wird.

Bei einer Modulo-Division werden zwei Werte dividiert und das Ergebnis ist der Rest der Division. So liefert beispielsweise die Berechnung `7%3` den Wert 1, da 7 geteilt durch 3 gleich 2 ist und ein Rest von 1 übrig bleibt.

Es wird die aktuelle Position des Zeichens im Klartext (`zaehler1`) ***modulo*** der Länge des Schlüsselworts (`K.length`) genommen und das Ergebnis an die Variable *zaehler2* übergeben. Die Modulo-Division liefert uns somit die richtige Position des Zeichens im Schlüsselwort, wenn seine Länge überschritten wurde.

Ist die Position des benötigten Zeichens im Schlüsselwort bekannt, so wird dieses daraufhin aus der Zeichenkette extrahiert, in einen Großbuchstaben umgewandelt und seine Ordnungszahl `ord2` ermittelt. Die hierfür notwendigen Befehlszeilen sind mit denen für die Ermittlung des Klartextbuchstabens identisch.

Die Bestimmung jedes einzelnen Geheimtextbuchstabens erfolgt mittels der Befehlszeile

```
C=C.concat(String.fromCharCode(65+((ord1+ord2)%26)));
```

Neu – gegenüber der Caesar-Methode – ist hier die Berechnung der Ordnungszahl für einen einzelnen Geheimtextbuchstaben. Die in Abbildung 11.2 dargestellte Vorgehensweise zur Festlegung des Buchstabens über den Schnitt der betreffenden Zeile und Spalte, wird hier durch eine Addition der beiden Ordnungszahlen `ord1` und `ord1` modulo 26 erreicht. Modulo 26 deshalb, da wir ja nur insgesamt 26 Buchstaben pro Alphabet zur Verfügung haben. Weiterhin wird noch die Zahl 65 addiert, damit wir in der ASCII-Tabelle im Bereich der Großbuchstaben bleiben.

Entschlüsselung

Nachdem wir nun eine Verschlüsselung auf der Basis der Vigenère-Methode realisiert haben, ist es an der Zeit, auch an die Entschlüsselung zu denken. Denn was nützt uns ein Geheimtext, den wir nicht entziffern können. Wie bereits weiter oben erwähnt, müssen wir das Vigenère-Verfahren einfach nur umkehren. Der Programmieraufwand hält sich in Grenzen, da wir weitestgehend die JavaScript-Befehlszeilen von der Funktion *vigenere_encrypt* übernehmen können und sie nur an ein Paar stellen modifizieren müssen.

Der JavaScript-Code für die Entschlüsselungsfunktion *vigenere_decrypt* sieht dementsprechend so aus:

```
function vigenere_decrypt(C, K)
{
  var ord1, ord2, M="", zaehler1, zaehler2;

  for (zaehler1=0; zaehler1<=C.length; zaehler1++)
  {
    ord1=C.charAt(zaehler1).toUpperCase().charCodeAt(0);

    zaehler2=zaehler1;
    if(zaehler1>=K.length)
    {
      zaehler2=zaehler1%K.length;
    }

    ord2=K.charAt(zaehler2).toUpperCase().charCodeAt(0);

    M=M.concat(String.fromCharCode(65+((ord1-ord2+26)%26)));
  }
}
```

Gegenüber der Funktion *vigenere_encrypt* gibt es eine grundlegende Veränderung. Die Bestimmung der Ordnungszahl für den jeweiligen Klartextbuchstaben geschieht nun durch eine Subtraktion der beiden Ordnungszahlen `ord1` und `ord2`. Dies ist genau die Umkehrung.

Es wird noch die Zahl 26 addiert, da bei der Subtraktion auch negative Ergebnisse vorkommen können und die *Modulo*-Division dementsprechend auch negative Reste liefern würde. Weiterhin werden neue Variablennamen verwendet, um den Klar- bzw. Geheimtext besser unterscheiden zu können.

Übungen

1. Entwickle ein Ein- und Ausgabeformular, das zum Test der beiden Verschlüsselungsverfahren *Caesar* und *Vigenère* verwendet werden kann. Der Anwender sollte weiterhin die Möglichkeit besitzen, ein beliebiges Verschlüsselungs-Verfahren auszuwählen.

2. Die Funktion *caesar* lässt sich auch mit Hilfe der Modulo-Division realisieren. Welche Veränderungen sind hierfür an der Funktion vorzunehmen?

3. Erweitere die Funktion *caesar* dahingehend, dass nicht nur Kleinbuchstaben verschlüsselt bzw. entschlüsselt werden können, sondern auch Großbuchstaben.

4. Wie muss die Funktion *vigenere_encrypt* und *vigenere_decrypt* angepasst werden, damit auch Zahlenwerte verarbeitet werden können?

11.3 Das RSA-Verfahren

Ein wesentlicher Nachteil der *Caesar*- und *Vigenère*-Methode ist die Verwendung eines einzigen Schlüssels zum Ver- und Entschlüsseln einer Nachricht. Man spricht hierbei von sogenannten ***symmetrischen*** Verfahren. Zwei Personen, die Geheimbotschaften austauschen wollen, müssen sich auf einen gemeinsamen geheimen Schlüssel einigen. Diese Festlegung ist mit gewissen Risiken verbunden, da der Schlüsselaustausch auf irgend einem Weg stattfinden muss. Eine dritte Person könnte sich diesen Schlüssel aneignen und somit den Nachrichtenverkehr abhören bzw. sogar Veränderungen vornehmen.

Eine weitaus sichere Lösung bieten die sogenannten ***asymmetrischen*** Verschlüsselungs-Verfahren, die sich zweier Schlüssel bedienen. Es gibt einen sogenannten ***öffentlichen Schlüssel E***, der zur Verschlüsselung benutzt wird und einen ***geheimen privaten Schlüssel D***, der zum Entschlüsseln dient. Dabei ist es nicht möglich, aus dem öffentlichen Schlüssel den privaten irgendwie herzuleiten. Wir wollen uns dies an einem kleinen Beispiel verdeutlichen:

Beispiel:

Claus-Dieter möchte eine Nachricht **M** an seinen Bruder *Hannes* schicken, die nur er lesen kann. Also verschlüsselt er die Nachricht wie folgt:

- *Claus-Dieter* besorgt sich den öffentlichen Schlüssel $\mathbf{E_{Hannes}}$ seines Bruders,
- verschlüsselt die Nachricht **M** mit Hilfe des Schlüssels $\mathbf{E_{Hannes}}$ und
- schickt die so verschlüsselte Nachricht $\mathbf{C=E_{Hannes}(M)}$ an seinen Bruder

Hannes will natürlich die verschlüsselte Nachricht **C** von *Claus-Dieter* lesen. Er geht deshalb wie folgt vor:

- *Hannes* holt sich seinen geheimen privaten Schlüssel $\mathbf{D_{Hannes}}$,
- entschlüsselt die Nachricht **C** mit seinem privaten Schlüssel $\mathbf{D_{Hannes}}$ und
- erhält die ursprüngliche Nachricht $\mathbf{D_{Hannes}(C) = M}$

Möchte nun wiederum *Hannes* eine verschlüsselte Botschaft an seinen Bruder *Claus-Dieter* senden, so muss er sich den öffentlichen Schlüssel $\mathbf{E_{Claus\text{-}Dieter}}$ besorgen und die gleichen Schritte wie eben durchführen. Sein Bruder entschlüsselt dann einfach mit seinem privaten Schlüssel $\mathbf{D_{Claus\text{-}Dieter}}$.

Voraussetzung bei den asymmetrischen Verfahren ist natürlich, dass die öffentlichen Schlüssel frei zugänglich sind. Man spricht deshalb auch von einem sogenannten ***public-key***-Verfahren. Der jeweilige private Schlüssel ist sicher aufzubewahren und nur der betreffenden Person bekannt.

Wir wollen uns nun einem konkreten asymmetrischen Verfahren zu wenden. Das nach den Entwicklern benannte ***RSA***-Verfahren (*Ronald **R**ivest*, *Adi **S**hamir* und *Leonard **A**dleman*) gehört wohl zu den bekanntesten seiner Art. Es basiert auf einer mathematischen Schwierigkeit und zwar der ***Faktorisierung*** großer natürlicher Zahlen. Dadurch ist das RSA-Verfahren äußerst sicher, es sei denn ein pfiffiger Mathematiker entwickelt irgendwann einen ordentlichen Faktorisierungs-Algorithmus.

Was es genau damit auf sich hat, wollen wir uns nun im einzelnen ansehen. Dabei werden wir etwas Zahlentheorie benötigen, die jedoch nur ein gewisses Maß an mathematischen Grundwissen voraussetzt. Wir werden uns die ganze Zeit im Bereich der natürlichen Zahlen bewegen und uns den Primzahlen zuwenden, die eine große Rolle bei der Schlüsselerzeugung spielen.

Die Schlüsselerzeugung

Es wurde bereits erwähnt, dass der öffentliche Schlüssel **E** und der private **D** nicht von einander abgeleitet werden dürfen. Um dieser Forderung gerecht zu werden, bedienen wir uns einiger mathematischer Methoden, die uns das gewünschte Ergebnis liefern.

Zunächst einmal werden zwei große ***Primzahlen*** **p** und **q** benötigt, von denen das Produkt **n=p·q** gebildet wird. Danach definieren wir für die natürliche Zahl **n** die Anzahl der zu **n** teilerfremden natürlichen Zahlen, die nicht größer als **n** sind, mit **Φ(n)**. Damit wir später Φ(n) einfach berechnen können, werden wir folgende zwei Aussagen verwenden:

1. Für eine Primzahl **p** gilt: **Φ(p) = p-1**

2. Für die beiden verschiedenen Primzahlen **p** und **q** gilt: **Φ(p·q) = (p-1)·(q-1)**

Wir wollen diese beiden Aussagen nicht weiter beleuchten und gehen direkt zum Satz von ***Euler*** über, der die eigentliche Grundlage des RSA-Verfahrens ist. Dieser Satz besagt:

Satz von Euler
Sind **m** und **n** zwei natürliche Zahlen, die teilerfremd sind, so gilt

$$m^{\Phi(n)} \text{ MOD } n = 1.$$

Bezogen auf unseren Fall bedeutet dies:

$$m^{\Phi(p \cdot q)} \text{ MOD } p \cdot q = 1,$$
$$m^{(p-1)(q-1)} \text{ MOD } p \cdot q = 1.$$

Die *Modulo*-Division **MOD** hast Du bereits im letzten Abschnitt kennen gelernt. Im vorliegenden Fall besagt die obige Gleichung, dass immer ein Rest von **1** bei der Division der natürlichen Zahl $m^{\Phi(n)}$ durch **n** herauskommt.

Bis jetzt fehlen uns immer noch die beiden Schlüssel **E** und **D**, die nun bestimmt werden sollen. Dazu machen wir uns eine weitere Aussagen zu Nutze, die folgendes besagt:

Sind **a** und **b** ***teilerfremd***, dann lässt sich eine Zahl **c** berechnen, so dass gilt

$$b \cdot c \text{ MOD } a = 1.$$

Wir beziehen diese Aussage auf unseren Fall und schreiben

$$E \cdot D \text{ MOD } \Phi(n) = 1,$$
$$E \cdot D \text{ MOD } (p-1)(q-1) = 1.$$

Die Bestimmung des öffentlichen Schlüssels **E** ist relativ einfach, da man sich zunächst ein solches **E** sucht, dass teilerfremd zu **Φ(n)** ist. Man verwendet hierfür eine Primzahl, die kleiner als **n-1** sein muss. Die Berechnung des privaten Schlüssels **D** wird mit Hilfe des ***erweiterten Euklidischen Algorithmus*** durchgeführt. Wie dies konkret funktioniert, wird später bei der ***Implementierung*** in JavaScript beschrieben.

Die Ver- und Entschlüsselung

Damit man eine Nachricht **M** mit dem *RSA*-Verfahren überhaupt verschlüsseln kann, muss sie in Form einer oder mehrerer natürlicher Zahlen vorliegen. Wir nehmen mal an, die Nachricht **M** liege als natürliche Zahl **m** vor, wobei dann $\mathbf{m} \leq \mathbf{n}$ gelten muss. Dann lässt sich die Nachricht mit dem öffentlichen Schlüssel **E** wie folgt verschlüsseln:

$$\mathbf{c} = \mathbf{m}^{\mathbf{E}} \ \mathbf{MOD} \ \mathbf{n}.$$

Entschlüsseln kann man die Nachricht dann mit dem privaten Schlüssel **D** durch

$$\mathbf{m} = \mathbf{c}^{\mathbf{D}} \ \mathbf{MOD} \ \mathbf{n}.$$

Der öffentliche und private Schlüssel sind beim *RSA*-Verfahren eigentlich ein Schlüsselpaar. Denn ohne die Kenntnis über **n** kann eine Ver- bzw. Entschlüsselung nicht durchgeführt werden. Der öffentliche Schlüssel ist somit das Paar **(E,n)** und der private **(D,n)**.

Möchte nun eine dritte Person aus der Kenntnis des öffentlichen Schlüssel den privaten erlangen, so müsste sie die Zahl **Φ(n)** kennen. Da sich jedoch **Φ(n)** aus den zwei Primzahlen **p** und **q** durch **Φ(n)=(p-1)(q-1)** berechnen lässt, müssten diese zunächst ermittelt werden. Und genau hier liegt die Schwierigkeit. Die Bestimmung der Primzahlen **p** und **q** aus dem Produkt **n = p·q** – also die *Faktorisierung* von **n** – ist ein sehr schwieriges Problem in der Mathematik. Insbesondere wenn die natürliche Zahl **n** besonders groß ist – 150 Stellen und mehr.

Schlüsselerzeugung in JavaScript

Nachdem wir nun die mathematischen Grundlagen für das *RSA*-Verfahren gelegt haben, wollen wir uns mit der Implementierung in JavaScript beschäftigen. Wir fangen zunächst mit der wichtigen Schlüsselerzeugung an, die einige mathematische Verfahren bereithält. Diese werden wir nun schrittweise umsetzen und auch erweitern.

Wir vereinfachen zunächst die Schlüsselerzeugung und geben zwei Primzahlen sowie den öffentlichen Schlüssel vor. Später werden wir diese automatisch erzeugen lassen. Somit lässt sich ohne weiteres eine Funktion ***berechne_phi*** in JavaScript angeben, welche uns die Zahl **Φ(n)** liefert.

```
function berechne_phi(p,q)
{
  n=p*q;
  phi=(p-1)*(q-1);
}
```

Die Funktion *berechne_phi* erwartet die zwei Parameter und zwar die beiden Primzahlen `p` und `q`. Es wird das Produkt aus den beiden Primzahlen berechnet und der globalen Variablen `n` zugewiesen. Danach wird die Zahl **Φ(n)** durch `(p-1)*(q-1)` berechnet und in der globalen Variablen `phi` gespeichert. Rufen wir die Funktion mit **p=61** und **q=47** auf, so erhalten wir für `n` die natürliche Zahl **2867** und für `phi` **2760**.

Nachdem wir nun die beiden Zahlen **n** und **Φ(n)** berechnet haben, können wir uns an die Ermittlung des privaten Schlüssels **D** heranwagen. Wir wählen uns hierfür zunächst einen öffentlichen Schlüssel **E**, der teilerfremd zu **Φ(n)** ist wie z. B. die natürliche Zahl **43**. Nun müssen wir den privaten Schlüssel **D** aus der bekannten Gleichung **E·D MOD Φ(n) = 1** errechnen. Dies funktioniert mit Hilfe des bereits erwähnten *erweiterten Euklidischen Algorithmus*.

Erweiterter Euklidischer Algorithmus

Bevor wir den *erweiterten Euklidischen Algorithmus* näher beleuchten, müssen wir uns zunächst um den ***Euklidischen Algorithmus*** kümmern. Dieser wurde bereits ca. 300 v. Chr von ***Euklid*** geschrieben und berechnet den ***größten gemeinsamen Teiler*** (kurz: **ggT)** von zwei ganzen Zahlen. Wir werden eine rekursive Variante des Algorithmus angeben, die sich auf natürliche Zahlen beschränkt. Hierfür verwenden wir folgenden Satz, der als Grundlage für unseren rekursiven Euklidischen Algorithmus verwendet wird:

Satz:
Es sind **a** und **b** zwei natürliche Zahlen. Dann gilt

$$\mathbf{ggT(a, b) = ggT(b, a\ MOD\ b)}.$$

Auf den Beweis dieses Satzes gehen wir hier nicht weiter ein, sondern geben gleich die rekursive Funktion ***ggT*** in JavaScript an:

```
function ggT(a,b)
{
  if (b==0)
    return a;
  else
    return ggT(b,a%b);
}
```

Die Funktion liefert am Ende den größten gemeinsamen Teiler zurück, wenn die Variable `b` den Wert `0` erreicht hat. Dies ist irgendwann im Laufe der rekursiven Aufrufe der Fall, da die *Modulo*-Berechnung `a%b` immer kleiner als `b` ist. Wir haben also eine erfüllbare Abbruchbedingung für die Rekursion gefunden.

Die JavaScript-Funktion *ggT* liefert für die beiden natürlichen Zahlen **2760** und **43** den Wert **1** zurück – **ggT(2760, 43)=1**. Dies ist ja gerade beabsichtigt, da der öffentliche Schlüssel **E** und die Zahl **Φ(n)** nach Voraussetzung teilerfremd seien sollen.

Auf der Grundlage des ggT zweier natürlicher Zahlen lässt sich nun die Berechnung des privaten Schlüssels **D** weiter vorantreiben. Hat man nämlich den größten gemeinsamen Teiler **ggT(a,b)** gefunden, so kann man diesen als sogenannte ***Vielfachsumme*** von **a** und **b** darstellen:

$$\mathbf{ggT(a,b) = x \cdot a + y \cdot b},$$

wobei **x** und **y** zwei ganze Zahlen sind und die Gleichung sogar von verschiedenen Zahlenpaaren **x,y** erfüllt wird.

Der größte gemeinsame Teiler von **2760** und **43** ist ja bekanntermaßen **1**. Wir können diesen mit **x=-16** und **y=1027** durch **1 = -16·2760 + 1027·43** darstellen. Dieser Ausdruck bringt uns direkt zum gesuchten Schlüssel **D** mit folgender Begründung:

Wir setzen **a = Φ(n)** und **b = E**, was zur der folgenden Gleichungskette führt

$$ggT(\Phi(n), E) = 1 = x \cdot \Phi(n) + y \cdot E.$$

Nun können wir also **x·Φ(n) + y·E = 1** verwenden und auf beiden Seiten Modulo **Φ(n)** rechnen. Dies ergibt

$$(x \cdot \Phi(n) + y \cdot E) \text{ MOD } \Phi(n) = 0 + y \cdot E \text{ MOD } \Phi(n) = 1,$$

also insgesamt

$$E \cdot y \text{ MOD } \Phi(n) = 1.$$

Der Wert von **y** liefert somit den privaten Schlüssel **D** – in diesem Fall also die Zahl **1027**.

Da wir die Berechnung des ggT(a,b) durch die rekursive Variante ggT(b, a MOD b) durchgeführt haben, sieht auch die Vielfachsumme etwas anders aus. Sie hat natürlich folgende Gestalt:

$$ggT(b, a \text{ MOD } b) = x' \cdot b + y' \cdot (a \text{ MOD } b)$$

Wir erhalten aber leicht die bekannte Darstellung

$$ggT(a, b) = x \cdot a + y \cdot b,$$

wenn wir **x = y'** und **y = x' - y'(a/b)** setzen.

Wir schreiben uns nun eine neue Funktion ***Euklid*** in JavaScript, welche den erweiterten euklidischen Algorithmus als rekursive Variante umsetzt. Der Aufbau ähnelt der bereits weiter oben beschriebene Funktion *ggT*, wobei zusätzlich die Vielfachsumme mit Hilfe der eben dargestellten Ersetzungsschritte berechnet wird. Diese werden durch eine zusätzliche Funktion ***ersetze*** realisiert. Der JavaScript-Code hat somit die folgende Gestalt:

```
function Euklid(a,b)
{
  if (b==0)
    return g=a;
  else
  {
    Euklid(b,a%b);
    div=Math.floor(a/b);
    ersetze(div);
  }
}
```

Der Funktion *Euklid* werden wiederum zwei natürliche Zahlen übergeben, die im Anschluss rekursiv verarbeitet werden. Die globale Variable `g` beinhaltet am Ende den größten gemeinsamen Teiler, wenn nämlich die Variable `b` den Wert `0` erreicht hat. Im *else*-Zweig der *if*-Abfrage wird die Funktion rekursiv aufgerufen und nach Beendigung eines Rekursionsschritts jeweils eine ganzzahlige Division durchgeführt.

Wir verwenden hierfür die Methode `floor()` des ***Math***-Objekts, um eine ganzzahlige Division zu realisieren. Die Methode `floor` berechnet die nächstniedrigere ganze Zahl von einem ihr übergeben Wert aus. Im vorliegenden Fall bekommt die Methode den Wert übermittelt, der sich aus der Divison der Variablen **a** und **b** ergibt.

Beispiel:

```
a=2760, b=43
a/b = 64.18604651
floor(a/b) = 64
```

Das *Math*-Objekt bietet eine Vielzahl von Eigenschaften und Methoden, mit denen sich mathematische Berechnungen durchführen lassen. Es werden Konstanten und Funktionen, wie etwa die Zahl *Pi* oder aber die *Sinus*-Funktion, bereitgestellt. Diese müssen also nicht mehr mühsam eingegeben bzw. programmiert werden.

Die so berechnete ganze Zahl wird der globalen Variablen **div** zugewiesen und der Funktion ersetze als Parameter übergeben. Die Funktion berechnet nun die Vielfachsumme, indem sie die bereits angesprochenen Ersetzungsschritte vollzieht. Die beiden globalen Variablen **x** und **y** sind hierfür mit **1** bzw. 0 vorher zu initialisieren. Die Funktion hat folgenden Aufbau:

```
function ersetze(div)
{
  var t;
  t=x;
  x=y;
  y=t-div*y;
}
```

Die lokale Variable **t** dient hierbei als Hilfsvariable, um die Ersetzung zu ermöglichen.

Wie bereits weiter oben erwähnt ist die Berechnung der Vielfachsumme nicht eindeutig. Es gibt also verschiedene ganze Zahlenpaare **x,y**, die in Frage kommen. Für den Schlüssel **D** sollen jedoch nur natürliche Zahlen verwendet werden, damit bei der späteren *Modulo*-Berechnung für die Entschlüsselung keine Probleme auftreten. Wir berechnen daher die nächste natürliche Zahl **y**, welche die Vielfachsumme erfüllt. Die folgende Funktion ***erzeuge_D*** liefert uns also nun den gewünschten Schlüssel **D**:

```
function erzeuge_D(n,E)
{
  Euklid(n,E);
  while(y<0)
  {
    y=y+phi;
  }
  D=y%phi;
}
```

Die Funktion *erzeuge_D* erwartet die Parameter **n** und **E**, die der Funktion *Euklid* übergeben werden. Diese berechnet dann die bereits erwähnte Vielfachsumme.

while-Schleife

Du kennst bereits die *for*-Schleife, um JavaScript-Befehle mehrfach zu wiederholen. Hier lernst du nun eine neue Art von Schleife kennen, die man als ***bedingte*** Wiederholung bezeichnet. Die sogenannte ***while***-Schleife wird mit dem Schlüsselwort **`while`** (while ≅ solange) eingeleitet. Dahinter steht in runden Klammern die Wiederholungs-Bedingung und zwar im vorliegenden Fall `y<0`. Die Anweisungen im Schleifenrumpf werden also solange wiederholt, wie diese Bedingung wahr ist.

Solange also der Inhalt der Variablen **`y`** kleiner als Null ist – die Zahl ist somit negativ – wird der Wert der Variablen **`phi`** immer wieder zu **`y`** hinzuaddiert. Da der Wert von `phi` eine natürliche Zahl ist, wird `y` im Laufe der Berechnung positiv. Die *while*-Schleife ist somit beendet und die *Modulo*-Berechnung **`D=y%phi`** liefert im Anschluss den positiven Schlüssel **`D`**.

Ver- und Entschlüsselung in JavaScript

Nachdem wir nun eine einfache Schlüsselerzeugung für das *RSA*-Verfahren realisiert haben, können wir uns mit der Ver- und Entschlüsselung in JavaScript auseinandersetzen. Wir gehen davon aus, dass der Klartext `M` bzw. Geheimtext `C` bereits als natürliche Zahl vorliegen. Zunächst einmal ist die Umsetzung der weiter oben beschriebenen Verschlüsselungsfunktion in JavaScript zu verwirklichen. Die hierfür notwendige JavaScript-Funktion sieht wie folgt aus:

```
function rsa_encrypt(M,E,n)
{
  C=M;
  for (zaehler=1; zaehler<E; zaehler++)
  {
    C=(C*M)%n;
  }
}
```

Aufgrund der Tatsache, dass in JavaScript die Potenzierung von großen Zahlen Schwierigkeiten bereitet, wird die Verschlüsselung $\mathbf{c = m^E\ MOD\ n}$ schrittweise vollzogen. Dazu wird innerhalb einer *for*-Schleife der Klartext `M` immer wieder mit sich selbst multipliziert und jedes Mal eine *Modulo*-Berechnung durchgeführt. Diese Methode erscheint auf den ersten Blick etwas abenteuerlich –
dadurch werden jedoch große Zahlen bei der Potenzierung vermieden, was zu einer schnelleren Verarbeitung führt.

Eine andere Möglichkeit zur Potenzierung bietet die Methode **`pow()`** des *Math*-Objekts. Die Methode erwartet zwei Parameter, wobei der erste als Basis und der zweite als Exponent interpretiert wird. Die obige Funktion *rsa_encrypt* würde dann nur die Befehlszeile **`C=Math.pow(M,E)%n`** enthalten. Leider funktioniert die Methode `pow()` nicht bei großen Parameterwerten, da der Zahlenbereich in JavaScript überschritten wird. Insbesondere bei der Entschlüsselung, wo der Exponent sehr groß sein kann, kommt es daher zu unschönen Nebeneffekten.

Für die Entschlüsselung $\mathbf{m = c^D\ MOD\ n}$ in JavaScript wird das gleiche Verfahren verwendet. Die neue Funktion ***rsa_decrypt*** unterscheidet sich daher nur in den übergebenen Parametern.

Sie hat somit die folgende Gestalt:

```
function rsa_decrypt(C,D,n)
{
  M=C;
  for (zaehler=1; zaehler<D; zaehler++)
  {
     M=(M*C)%n;
  }
}
```

Wir wollen die Ver- bzw. Entschlüsselung für unsere weiter oben gewählten und berechneten Schlüssel **E** und **D** zur Vollständigkeit an einem konkreten Klartextbuchstaben kurz verdeutlichen.

Beispiel:

Der zu verschlüsselnde Klartextbuchstabe sei das **A**. Die Ordnungszahl von A ist die **65**. Diese Zahl wird nun ver- bzw entschlüsselt:

- `E=43`, `n=2867`
- `rsa_encrypt(65,43,2867)` liefert: `C=1422`

- `D=1027`
- `rsa_decrypt(1422,1027,2867)` liefert wieder: `M=65`

Übungen

1. In der letzten Übung hast du ein Ein- und Ausgabeformular für die beiden Verschlüsselungsverfahren *Caesar* und *Vigenère* erzeugt. Erweitere nun das Formular dahingehend, dass auch das *RSA*-Verfahren ausgewählt werden kann.

2. Um einen Klartext M zu verschlüsseln, haben wir bei den vorherigen Verfahren für jeden Buchstaben die Ordnungszahl berechnet. Dieses Verfahren wollen wir auch für die *RSA*-Verschlüsselung anwenden. Schreibe deshalb eine Funktion ***rsa_verschlüsseln***, die für jeden Klartextbuchstaben die Ordnungszahl berechnet und im Anschluss die obige Funktion *rsa_encrypt* zum Verschlüsseln aufruft. Überlege dir eine Möglichkeit, wie du die einzelnen verschlüsselten Zahlen abspeichern kannst. Warum ist dies notwendig?

3. Schreibe eine Funktion ***rsa_entschlüsseln***, die einen Geheimtext C wieder entschlüsselt. Der Geheimtext liegt dabei als Zahlenfolge vor, die nun mit der bereits bekannten Funktion *rsa_decrypt* wieder entschlüsselt werden soll.

4. Wenn ein Anwender den Geheimtext C in Form einer Zahlenfolge eingibt, so müssen natürlich die einzelnen Folgeglieder für die Berechnung auseinander gehalten werden. Überlege dir ein Verfahren, wie du die einzelnen Folgeglieder extrahieren kannst.

11.4 Passwort-Abfrage mit RSA

Nachdem wir nun alle notwendigen Funktionen für die *RSA*-Verschlüsselung zur Verfügung haben, müssen wir diese nur noch in der richtigen Reihenfolge aufrufen und auf unsere Passwort-Abfrage anwenden. Zunächst wollen wir uns den Aufbau, der in Abbildung 11.1 dargestellten Passwort-Abfrage, näher ansehen. Die hierfür erforderlichen Befehlszeilen in der HTML-Datei **passwort.htm** sehen wie folgt aus:

```
<HTML>
 <HEAD>
  <TITLE>Passwort-Abfrage</TITLE>
  <SCRIPT LANGUAGE="JAVASCRIPT1.3" SRC="klasse.js"></SCRIPT>
  <SCRIPT LANGUAGE="JAVASCRIPT1.3" SRC="passwort.js"></SCRIPT>
  <SCRIPT LANGUAGE="JAVASCRIPT1.3" SRC="rsa.js"></SCRIPT>
 </HEAD>
 <BODY TEXT="#000000" BGCOLOR="#0080FF">
  <FORM NAME="Abfrage">
   <FIELDSET>
    <LEGEND><FONT COLOR=#FFFFFF><STRONG>Passwort
    Abfrage</STRONG></LEGEND>
    <TABLE>
     <TR>
      <TD><STRONG>Benutzer:</STRONG></TD>
      <TD><INPUT TYPE=TEXT NAME="login" SIZE=15 MAXLENGTH=15></TD>
     </TR>
     <TR>
      <TD><STRONG>Passwort:</STRONG></TD>
      <TD><INPUT TYPE=PASSWORD NAME="passwort" SIZE=15 MAX
           LENGTH=15></TD>
     </TR>
    </TABLE>
   </FIELDSET>
  </FORM>
  <FORM NAME="Pruefen">
   <INPUT TYPE=SUBMIT VALUE="Bestätigen"
   onClick="bestaetigen(Abfrage.login.value,Abfrage.passwort.value)">
   <INPUT TYPE=RESET VALUE="Abbrechen" onClick="window.close()">
  </FORM>
 </BODY>
</HTML>
```

Gleich zu Anfang fällt auf, dass der eigentliche JavaScript-Code in der HTML-Datei nicht mehr vorzufinden ist. Alle notwendigen JavaScript-Befehlszeilen befinden sich in den drei verschiedenen Dateien **klasse.js**, **passwort.js** und **rsa.js** und werden durch die drei `<SCRIPT>`-Tags eingebunden. Die Dateiendung **js** (`js` ≅ JavaScript) in Verbindung mit dem Attribut `SRC` signalisiert dem Browser, dass der eigentliche JavaScript-Code in einer separaten Datei steht.
Dies hat im vorliegenden Fall den Vorteil, dass wir die Benutzernamen und Passwörter in einer gesonderten Datei ablegen und somit vor unerwünschten Blicken Dritter schützen können. Der Browser zeigt die JavaScript-Befehle nämlich nicht an. Weiterhin ist es erheblich einfacher einzelne Dateien zu warten, insbesondere dann, wenn die Funktionalität des JavaScript-Codes aufgeteilt werden kann.

Im vorliegenden Fall beinhaltet die Datei `klasse.js` die Schülerdaten einer Klasse. Die Datei `passwort.js` stellt die Funktionen für die Abfrage der Daten bereit und die Datei `rsa.js` liefert uns die Funktionen für das *RSA*-Verfahren, die wir bereits umgesetzt haben.

Ein weitere Neuerung findet sich im `<INPUT>`-Tag, welches für das Eingabefeld *Passwort* verantwortlich ist. Durch das zusätzliche Attribut **`TYPE=PASSWORD`** wird erreicht, dass alle Eingaben durch den Benutzer hinter kleinen Sternchen verborgen werden. Wie bereits zu Anfang des Kapitels erwähnt, ist dies nur eine scheinbare Sicherheit für den Anwender.

Damit der Benutzername und das Passwort überprüft werden können, wird beim Drücken des *Bestätigen*-Buttons die Funktion **`bestaetigen`** aufgerufen. Dies geschieht mit Hilfe des bekannten Eventhandlers `onClick` und hat folgende Gestalt:

```
onClick="bestaetigen(Abfrage.login.value,Abfrage.passwort.value)"
```

Der Funktion `bestaetigen` werden zwei Parameter übergeben, die den Benutzernamen und das Passwort beinhalten. Wie die Funktion im einzelnen aussieht, klären wir im Anschluss.
Wird hingegen der *Abbrechen*-Button gedrückt, so wird das Fenster für die Passwort-Abfrage geschlossen. Hierfür wird die ***close***-Methode des *window*-Objekts verwendet, welches das aktuelle Browserfenster schließt.

Die Datei „`klasse.js`"

Damit wir überhaupt eine Passwort-Abfrage durchführen können, benötigen wir zunächst einmal Benutzer, die eine Email an die Rechnerbetreuung senden dürfen. Die Benutzerdaten sind in der Datei `klasse.js` in einer kleinen Datenbank abgelegt. Diese hat den folgenden Aufbau:

```
// Datenbank aufbauen
var deine_Klasse, Spalten, Zeilen, zaehler;
Spalten=30, Zeilen=6;
deine_Klasse=new Array(Spalten);

for (zaehler=0; zaehler<Spalten; zaehler++)
{
  deine_Klasse[zaehler]=new Array (Zeilen);
}

// Daten
deine_Klasse[0][0]="Frederik";
deine_Klasse[0][1]="Schleusenheimer";
deine_Klasse[0][2]="9c";
deine_Klasse[0][3]="frederik.schleusenheimer@musterschule.de";
deine_Klasse[0][4]="freddy";
deine_Klasse[0][5]=" 176319249222243172911201763223l";
deine_Klasse[1][0]="Fabian";
deine_Klasse[1][1]="Fleischer";
deine_Klasse[1][2]="9c";
deine_Klasse[1][3]="fabian.fleischer@musterschule.de";
deine_Klasse[1][4]="fabi";
deine_Klasse[1][5]=" 3572243172922311763192492222431536l763";
```

Es wurden beispielhaft zwei Benutzer angelegt, die in einem zweidimensionalen Array gespeichert werden. Der erste Teil der Datei ist für die Erzeugung des Arrays **`deine_Klasse`** verantwortlich, welches insgesamt 30 Benutzerdaten speichern kann. Dies wird durch die Anzahl der Spalten festgelegt. Der zweite Teil speichert schrittweise den Vornamen, den Nachnamen, die Klasse, die Email-Adresse, den Benutzernamen sowie das Passwort einer Person in dem Array ab.

Dabei fällt auf, dass die Array-Einträge für das Passwort eine lange Zahlenfolge aufweisen. Dies ist auch beabsichtigt, denn die Passwörter liegen hier bereits verschlüsselt vor.

Wir können somit in der separaten Datei `klasse.js` alle notwendigen Benutzer ablegen und sie vor unbefugten Zugriffen schützen. Die Verwaltung der Daten geschieht in einer einzigen Datei und vereinfacht die Wartung und Pflege der Datenbank für die Rechnerbetreuung.

Die Datei „`passwort.js`"

Auf der Grundlage einer vorhandenen Benutzerdatenbank lässt sich nun die Passwortabfrage realisieren. Die Datei `passwort.js` beinhaltet insgesamt drei JavaScript-Funktionen, die diese Aufgabe übernehmen. Die erste Funktion `bestaetigen` wird beim Drücken des *Bestätigen*-Buttons ausgeführt. Sie ist relativ kurz und ruft ihrerseits zwei weitere JavaScript-Funktionen auf:

```
function bestaetigen(login, wort)
{
   var codiert;
   codiert=codiere_passwort(wort);
   suche_benutzer(login,codiert);
}
```

Die Funktion erwartet den Benutzernamen und das Passwort als Parameterübergabe. Danach wird eine Funktion **`codiere_passwort`** mit dem Parameter **`wort`** aufgerufen, die dann das eingegebene Passwort mit Hilfe des *RSA*-Verfahrens verschlüsselt. Die Funktion liefert das verschlüsselte Passwort zurück, welches in der lokalen Variablen **`codiert`** gespeichert wird. Das Passwort wird dann zusammen mit dem Benutzernamen an die Funktion **`suche_benutzer`** übergeben, welche die eigentliche Überprüfung der Benutzerdaten durchführt.

Die Funktion `codiere_passwort` nutzt nun die verschiedenen JavaScript-Funktionen, die wir weiter oben für das *RSA*-Verfahren entwickelt haben. Sie hat den folgenden Aufbau:

```
function codiere_passwort(wort)
{
   var passwort, ord, zaehler, code;
   passwort=wort, code="";

   berechne_phi(61,47);
   for (zaehler=0; zaehler<passwort.length; zaehler++)
   {
     ord=passwort.charCodeAt(zaehler);
     rsa_encrypt(ord,43,n);
     code=code.concat(C);
   }
    return code;
}
```

Es werden zunächst die notwendigen Werte für die *RSA*-Verschlüsselung berechnet und zwar durch den Funktions-Aufruf **`berechne_phi(61,47)`**. Danach wird in der *for*-Schleife jedes einzelne Zeichen des Passworts verschlüsselt. Es wird die Ordnungszahl des Zeichens in der *ASCII*-Tabelle ermittelt und in der Variablen **`ord`** abgelegt. Danach folgt der Funktionsaufruf **`rsa_encrypt`**, der für das Verschlüsseln des Zeichens zuständig ist.

Die Befehlzeile **`code=code.concat(C)`** sorgt im Anschluss dafür, dass die codierten Zeichen als Zahlenfolge in der Variablen **`code`** gespeichert werden. Die komplette Zahlenfolge wird dann am Ende der Funktion mittels **`return code`** zurückgegeben.

Eine Überprüfung des Passworts in der Benutzerdatenbank kann natürlich nur dann geschehen, wenn der Benutzername der betreffenden Person überhaupt vorhanden ist. Wir benötigen also eine Funktion in JavaScript, welche zunächst den Benutzernamen sucht und bei Vorhandensein das Passwort überprüft. Dies übernimmt die nachfolgende Funktion **`suche_benutzer`**:

```
function suche_benutzer(login, wort)
{
  var benutzer, passwort, gefunden, wert;
  benutzer=login, passwort=wort;

  if (benutzer!=null)
  {
    gefunden = false;
    for (zaehler1=0; zaehler1<Spalten; zaehler1++)
    {
       if(benutzer==deine_Klasse[zaehler1][4])
       {
         gefunden=true;
         if(passwort==deine_Klasse[zaehler1][5]){
           alert("Access allow!"); return true;}
         else{
           alert("Access deny!"); return false;}
         break;
       }
    }
    if(gefunden==false){
      alert("Benutzername nicht gefunden!"); return false;}
  }
}
```

Die Funktion erwartet den Benutzernamen und das verschlüsselte Passwort als Parameter und speichert diese in den lokalen Variablen **`benutzer`** und **`passwort`** ab. Die *if*-Abfrage prüft daraufhin, ob ein Benutzername eingegeben wurde. Ist dies nicht der Fall, so wird die Suche in der Datenbank erst gar nicht gestartet. Wurde hingegen ein Name angegeben, so durchläuft eine *for*-Schleife die einzelnen Einträge der Datenbank, die dem Benutzernamen zugeordnet sind.

Wird der Benutzer gefunden, so testet die *if*-Anweisung, ob das eingegebene Passwort mit dem Passwort-Eintrag in der Datenbank übereinstimmt. Ist dies der Fall, so wird die nebenstehende Meldung ausgegeben und **`return true`** zurückgegeben. Dies ist wichtig, damit die Email an die Rechnerbetreuung versendet werden kann. Weiterhin wird die *for*-Schleife durch den Befehl **`break`** verlassen, um eine unnötige weitere Suche zu vermeiden.

Übungen

1. Unsere Passwort-Abfrage funktioniert nur, wenn in der Datenbank die Passwörter ebenfalls verschlüsselt vorliegen. Entweder werden diese beim Anlegen der Benutzer gleich mitverschlüsselt oder man speichert sie als Klartext ab und führt bei der Prüfung eine Entschlüsselung durch. Die zweite Möglichkeit hat den Nachteil, dass die Passwörter eingesehen werden können, wenn eine Person unsere Datei `klasse.js` in die Hände bekommt. Deshalb ist es sinnvoll, die erste Variante zu wählen. Dazu muss jedoch die Datenbank angepasst werden:

   a) Erweitere die Datenbank aus Kapitel 9 so, dass beim Anlegen neuer Benutzer die einzelnen Passwörter gleich mitverschlüsselt und abgespeichert werden.

   b) Die vorgestellte Passwort-Abfrage funktioniert nur bei einer Datenbank, die aus einem zweidimensionalen Array erzeugt wurde. Erweitere die Funktion `suche_benutzer` derart, dass sie auch für die Datenbank aus Kapitel 9 eingesetzt werden kann.

2. Die Passwort-Abfrage soll alternativ mit dem *Caesar*- bzw. *Vigenère*-Verfahren realisiert werden. Passe dementsprechend für beide Verfahren die notwendigen JavaScript-Dateien an.

3. Nach dem derzeitigen Programmierstand weist unser *RSA*-Verfahren noch einige Lücken auf, die es einer unbefugten Person ermöglichen, ohne große Schwierigkeiten die Passwörter zu knacken. Von welchen „Programmierlücken" ist hier die Rede und wie könnte man sie beseitigen?

12 Ausgewählte JavaScript-Beispiele

Wir sind nun an einem Punkt angelangt, an dem wir mit JavaScript bereits eine Vielzahl von Aufgaben gelöst haben, die sich mit dem Aufbau der Intranet-Seiten einer Schule beschäftigt haben. In diesem Kapitel werden nun einige kleine JavaScript-Programme vorgestellt, die zum einen mathematischer Natur sind – zum anderen aber auch Erweiterungen sowie Verbesserungen für die Intranet-Seiten oder der privaten Homepage liefern können. Zunächst beschäftigen wir uns jedoch mit etwas Mathematik.

12.1 Primzahltest

Im vorherigen Kapitel haben wir mit Hilfe des *RSA*-Verfahrens eine Passwort-Abfrage verschlüsselt, um mehr Sicherheit im Intranet zu gewährleisten. Die Sicherheit ist jedoch nicht sehr groß, da wir für die Umsetzung der *RSA*-Verschlüsselung Primzahlen verwendet haben, die im JavaScript-Code integriert waren. Eine unbefugte dritte Person könnte die verwendeten Primzahlen auslesen und die verschlüsselten Passwörter ohne Probleme entschlüsseln. Diese Lücke soll nun geschlossen werden, indem die notwendigen Primzahlen automatisch erzeugt werden.

Zu diesem Zweck schreiben wir eine Funktion ***primzahltest*** in JavaScript, die eine beliebige natürliche Zahl **n** auf die Primzahleigenschaft überprüft. Dabei gehen wir wie folgt vor:

Teilersuche

Wir teilen die natürliche Zahl **n** schrittweise durch alle Zahlen von 1 bis **n** und prüfen, ob die Division den Rest 0 liefert. n ist dann eine Primzahl, wenn alle Divisionen niemals den Rest 0 liefern.

Natürlich ist dieses Verfahren etwas aufwendig, aber wir können es durch zwei zusätzliche Überlegungen etwas vereinfachen:

1. Wir prüfen zunächst, ob die Zahl **n** durch 2 teilbar ist. Ist sie es nicht, können alle Vielfachen von 2 als Testkandidaten ausgeschlossen werden. Die Prüfung beschränkt sich dann nur noch auf die ungeraden Zahlen. Ist sie jedoch durch 2 teilbar, sind wir mit dem Test sofort fertig.

2. Weiterhin müssen wir die Division nicht bis n durchführen. Wenn man sich nämlich daran erinnert, dass der größte Teiler einer Zahl nicht größer als deren Wurzel sein kann, so reicht eine Division bis einschließlich $\sqrt{n}$ aus.

Aber warum gilt dies eigentlich? Man kann sich dies an folgendem Satz klar machen: ***Jede zusammengesetzte natürliche Zahl n besitzt einen Primteiler p mit $p \le \sqrt{n}$.*** Hierzu ein kleiner Beweis: Da **n** zusammengesetzt ist, gibt es sicher einen ***Primteiler*** **p** mit $p \ne 1$ und $p \ne n$. Zu p existiert ein sogenannter ***komplementärer Teiler*** **r** aus den natürlichen Zahlen mit $r \cdot p = n$. Ist **r** selbst eine Primzahl, so kann $p > \sqrt{n}$ und $r > \sqrt{n}$ nicht gelten, da ansonsten $r \cdot p > n$ wäre. Also ist entweder $r \le \sqrt{n}$ oder $p \le \sqrt{n}$. Für den Fall, dass der komplementäre Teiler **r** keine Primzahl ist, kann man wiederum von einem Primteiler s mit $s \ne 1$ und $s \ne n$ für r ausgehen und die eben angestellten Betrachtungen für den Fall p und s durchspielen.

Wir sind nun in der Lage eine Funktion ***primzahltest*** in JavaScript zu realisieren, die zunächst einmal die Teilbarkeit durch 2 testet, dann mit der Zahl 3 fortfährt und Schritt für Schritt durch erhöhen um 2 alle ungeraden Zahlen verwendet.

Die hierfür notwendige Funktion lässt sich folgendermaßen realisieren:

```
function primzahltest(zahl)
{
  var z, t;
  z=zahl;
  t=2;

  if(z%t==0||z==1) return false;
  else t=3;

  do
  {
    if(z%t==0) return false;
    t=t+2;
  }while(t<=Math.sqrt(z));

  return true;
}
```

Die Funktion *primzahltest* erwartet als Übergabe die zu untersuchende natürliche Zahl. Diese wird in der lokalen Variablen `z` abgelegt. Die Variable `t` durchläuft nun alle Kandidaten und wird zunächst mit der 2 initialisiert. Die nachfolgende *if*-Anweisung prüft nun, ob die anstehende *Modulo*-Divison den Rest 0 liefert. Weiterhin wird durch die beiden senkrechten Doppelstriche || eine sogenannte boolesche ***ODER***-Operation durchgeführt, welche die beiden Operanden `z%t==0` und `z==1` logisch miteinander verknüpft. Das logische ***ODER*** liefert den Wert *true*, wenn mindestens ein Operand den Wert *true* liefert. Wir prüfen also zusätzlich, ob die übergebene Zahl die 1 war.

Liefert der Logikoperator *ODER* den Wert *false*, so wird ebenfalls *false* zurückgegeben. Es liegt also keine Primzahl vor. Anderenfalls bekommt die Variable `t` den Wert 3 zugewiesen und die Überprüfung geht weiter.

do-while-Schleife

Es kommt eine neue Art von Schleife zum Einsatz, die sogenannte ***do-while***-Schleife. Im Gegensatz zur *while*-Schleife findet eine Überprüfung der Abbruchbedingung hier erst am Ende der Schleife statt. Der Anweisungsblock wird also am Anfang mindestes einmal durchlaufen. Für unser Beispiel ist dies genau die richtige Schleifenart, denn wir wollen ja gleich die Teilbarkeit durch 3 testen. Es kommt wiederum eine *if*-Anweisung zum Einsatz, die bei Rest 0 den Wert *false* zurückliefert. Es ist also keine Primzahleigenschaft vorhanden.

Im anderen Fall wird der nächste Teilerkandidat ermittelt, indem einfach die Variable `t` um den Wert 2 erhöht wird. Jetzt kommt die Abbruchbedingung der *do-while*-Schleife zum Zuge. Die Schleife wird also solange durchlaufen, solange der Testkandidat $t \leq \sqrt{z}$ ist. Die hierfür notwendige Wurzelfunktion wird von JavaScript bereits zur Verfügung gestellt. Dazu ruft man einfach die Methode **`sqrt`** des *Math*-Objekts auf.

Die Abbruchbedingung der *do-while*-Schleife steht – wie bei der *while*-Schleife – zwischen zwei runden Klammern. Neu ist hierbei, dass mit einem Semikolon abgeschlossen werden muss.

Wird die *do-while*-Schleife vorher nicht durch ein **`return false`** abgebrochen, liefert die Funktion *primzahltest* am Ende durch **`return true`** die Primzahleigenschaft der übergebenen Zahl.

12.2 Automatische *RSA*-Schlüsselerzeugung

Im letzten Kapitel haben wir uns mit dem *RSA*-Verfahren beschäftigt, welches uns eine Verschlüsselung der Passwort-Abfrage für das Formular Rechnerbetreuung lieferte. Bis dato waren wir nicht in der Lage, die Erzeugung des öffentlichen Schlüssels E zu automatisieren, da die Bestimmung zweier beliebiger Primzahlen noch nicht möglich war. Dies wollen wir nun nachholen.

Zufallszahlen erzeugen

Damit wir eine beliebige Zahl auf die Primzahleigenschaft überhaupt überprüfen können, muss diese zunächst einmal vorhanden sein. Die Bestimmung einer beliebigen Zahl soll auch automatisch geschehen, woraufhin wir zunächst eine Funktion ***zufallszahl*** in JavaScript schreiben, die uns diese Funktionalität bietet. Sie kann wie folgt angegeben werden:

```
function zufallszahl()
{
  var zufall;
  zufall=Math.random()*100;
  zufall=Math.round(zufall);
  return zufall;
}
```

Die Variable **zufall** beinhaltet am Ende der Funktion eine Zufallszahl. Diese wird mit Hilfe der Methode **random** des *Math*-Objekts ermittelt. Da die Methode random nur eine Zufallszahl zwischen 0 und 1 liefert – also zum Beispiel 0.563789235673 – wird im Anschluss noch mit der 100 multipliziert. Dies liefert uns eine größere Zufallszahl. Natürlich lassen sich noch größere Zahlen erzeugen – für die notwendigen Primzahlen beim *RSA*-Verfahren soll dies jedoch genügen.
Weiterhin muss die ermittelte Zufallszahl noch gerundet werden. Dies geschieht mit Hilfe der Methode **round** des *Math*-Objekts, die eine kaufmännisch gerundete Zahl zurückliefert.

Primzahlen ermitteln

Nachdem wir nun eine Funktion zum Erzeugen von Zufallszahlen in JavaScript implementiert haben, können wir uns um die Ermittlung der notwendigen Primzahlen für das *RSA*-Verfahren kümmern. Die Funktion ***ermittle_primzahlen*** lässt sich wie folgt angeben:

```
function ermittle_primzahlen()
{
  do{
      prim=false;
      while(prim==false){
        p=2*zufallszahl()+1;
        prim=primzahltest(p);
      }
      prim=false;
      while(prim==false){
        q=2*zufallszahl()+1;
        prim=primzahltest(q);
      }
    }while(p==q);
}
```

Eine *do-while*-Schleife wird dazu verwendet, um Primzahlen zu vermeiden, die zufällig gleich gewählt wurden. Innerhalb der Schleife wird zunächst die erste Primzahl p ermittelt. Es wird also solange eine Zufallszahl im Rumpf der *while*-Schleife gesucht, bis diese eine Primzahl ist. Hierfür wird die eben beschriebene Funktion *zufallszahl* aufgerufen und der Primzahlanwärter p in eine ungerade Zahl verwandelt. Im Anschluss daran prüft die Funktion *primzahltest*, ob es sich um eine Primzahl handelt.

Wurde die erste Primzahl p gefunden, so muss noch eine zweite Primzahl q ermittelt werden. Dies geschieht auf die gleiche Art und Weise. Zuvor muss jedoch die Testvariable **`prim`** auf *false* zurückgesetzt werden, da sie den Wert *true* noch von der vorherigen Primzahl gespeichert hat.

Öffentlichen Schlüssel E erzeugen

Jetzt ist es ein Leichtes, die noch fehlende Funktion für die Erzeugung des öffentlichen Schlüssels E anzugeben. Diese sieht dann dementsprechend so aus:

```
function erzeuge_E(phi)
{
  var anzahl;
  ermittle_primzahlen();
  berechne_phi(p,q);

  while(g!=1)
  {
    E=zufallszahl();
    g=ggT(E,ph);
    anzahl++;
  }
  return E;
}
```

Als ersten Schritt wird die Funktion *ermittle_primzahlen* aufgerufen, um die beiden notwendigen Primzahlen p und q zu erzeugen. Danach berechnet die Funktion *berechne phi* aus den beiden Primzahl p und q das Produkt n sowie die Zahl Φ(n). In der nachfolgenden *while*-Schleife wird nun zunächst eine Zufallszahl E gesucht, die wiederum mit Hilfe der Funktion *zufallszahl* ermittelt wird.
Da der öffentliche Schlüssel E zu der Zahl Φ(n) teilerfremd sein muss, wird im Anschluss eine ggT-Berechnung durchgeführt. Ist der ggT dabei 1, so haben wir den öffentlichen Schlüssel E gefunden. Dies entspricht auch der Abbruchbedingung der *while*-Schleife.

Übungen

1. Die Funktion *primzahltest* hat noch einen kleinen Schönheitsfehler. Suche den Fehler der Funktion und überlege dir eine Verbesserung. Welche JavaScript-Befehle sind für die Problemlösung angebracht?

2. Binde die eben vorgestellten JavaScript-Funktionen in die vorhandenen JavaScript-Befehlszeilen des letzten Kapitels für das *RSA*-Verfahren ein. Alle JavaScript-Funktionen, die für die Umsetzung des *RSA*-Verfahrens benötigt werden, sollen in einer eigenen Datei ***rsa.js*** stehen.

3. Die notwendigen Funktionen für den Primzahltest sind in einer eigenen Datei ***primzahltest.js*** zu speichern. Welche Funktionen sollten hier sinnvoller Weise abgelegt werden?

12.3 Laufschriften und Bannertexte

Mit JavaScript lassen sich sehr einfach Texte über eine Web-Seite bewegen. Diese Art der Informationsdarstellung ist vor allem dann interessant, wenn wichtige Neuigkeiten oder Kurznachrichten präsentiert werden sollen. Für unsere Intranet-Startseite bietet sich die Bereitstellung von aktuellen Informationen Rund um die Schule mit Hilfe sogenannter ***Laufschriften*** und ***Bannertexte*** geradezu an.

So wären Kurzinformationen zu anstehenden Schulereignissen – wie Wandertagen, Festen, Aufführungen – denkbar oder einfach nur Hinweise, welche beispielsweise Sonderangebote der schuleigenen Cafeteria betreffen. Nähere Informationen könnte man dann einem Besucher der Seite mit einem Verweis *Aktuelles* oder *News* bereitstellen.

Wir wollen zunächst eine Laufschrift in JavaScript realisieren, die in der Statusleiste des Browsers ausgegeben wird. Normalerweise werden in dieser Leiste Informationen hinsichtlich der aktuellen Browseraktivitäten angezeigt. Wir können die Statusleiste jedoch auch für unsere eigenen Zwecke nutzen. In Abbildung 12.1 lässt sich eine kurze Laufschrift mit dem folgenden Textlaut erkennen:

+++ACHTUNG+++ACHTUNG+++HITZEFREI IN DER 6. STUNDE+++

Sie wandert von rechts nach links und verschwindet am Ende ganz. Im Anschluss daran soll der Text erneut erscheinen und wieder nach links wandern.

Abbildung 12.1: *Eine Laufschrift in der Statusleiste des MS Internet Explorers 5.5*

Der hierfür notwendige JavaScript-Code steht in einer eigenen Datei ***laufschrift.js*** und hat folgendes Aussehen:

```
var zaehler1=0, zaehler2, text, ausgabe, breite, laenge, leer=" ";
function statusleiste(t,b,z)
{
  text=t, breite=b, zeit=z;
  for(zaehler2=0;zaehler2<=breite; zaehler2++)
  {
    leer=leer+" ";
  }
  text=leer+text;
  laenge=text.length;
  lauftext();
}

function lauftext()
{
  zaehler1=zaehler1+1;
  ausgabe=text.substring(zaehler1,laenge);
  window.status=ausgabe;
  if(zaehler1>=laenge){ zaehler1=0;}
  window.setTimeout('lauftext()', zeit);
}
```

Alle notwendigen Variablen werden zunächst global definiert, damit sie in den beiden Funktionen ***statusleiste*** und ***laufschrift*** verwendet werden können. Die Funktion *statusleiste* erwartet drei Parameter als Übergabe: den eigentlichen Text `t`, die Breite des sichtbaren Bereichs `b` sowie eine Zeitverzögerung `z`. Innerhalb der Funktion werden die drei Parameter den globalen Variablen **`text`**, **`breite`** und **`zeit`** zugeordnet.

Die Funktion *statusleiste* ist für die Vorbereitung der eigentlichen Laufschrift verantwortlich. In der *for*-Schleife werden durch **`leer=leer+"  "`** schrittweise Leerzeichen eingefügt, die dann im Anschluss vor den Text gesetzt werden. Dies ist notwendig, damit sich später die Laufschrift auch wirklich von rechts nach links bewegt. Werden keine Leerzeichen eingefügt, so wird der Text sofort links in der Statusleiste ausgegeben. Die *for*-Schleife fügt solange Leerzeichen ein, bis die gewünschte Breite der Laufschrift erreicht ist.
Nach dem Einfügen wird die neue Länge des Textes durch **`laenge=text.length`** berechnet und die Funktion *lauftext* aufgerufen. Sie übernimmt nun die eigentliche Darstellung der Laufschrift in der Statusleiste des Browsers. Hierfür wird zunächst die Variable **`zaehler1`** um 1 erhöht und die folgende Befehlszeile ausgeführt:

```
ausgabe=text.substring(zaehler1,laenge);
```

Wir benutzen hier die Methode **`substring`** des *string*-Objekts, um aus der Zeichenkette – die in `text` gespeichert ist – eine Teilzeichenkette herauszuziehen. Diese neue Zeichenkette beginnt ab der Zeichenposition `zaehler1` und endet mit der maximalen Zeichenposition `laenge`. Die so erzeugte Teilzeichenkette wird dann in der Variablen **`ausgabe`** gespeichert. Unser ursprünglicher Text wird also im vorliegenden Fall um ein Zeichen verkürzt und dann mittels

```
window.status=ausgabe;
```

in der Statusleiste ausgegeben. Hierfür sorgt die Eigenschaft **`status`** des *window*-Objekts. Damit auch wirklich unser Text von rechts nach links läuft, muss nun das Verkürzen der Zeichenkette jeweils nacheinander geschehen. Mit Hilfe der bereits bekannten Methode `setTimeout` des *window*-Objekts wird die Funktion *lauftext* nach einer vorgegeben Zeit immer wieder aufgerufen. Die Variable `zaehler1` erhöht sich dann erneut um 1 und die Zeichenkette wird im Anschluss um ein Zeichen verkürzt ausgegeben. Dies erzeugt uns also den gewünschten Laufschrift-Effekt. Nachdem die Laufschrift links aus der Statusleiste herausgelaufen ist, soll sie erneut von rechts hereinkommen. Dazu müssen wir nur eine kleine *if*-Abfrage einbauen, welche die Variable `zaehler1` nach dem Überschreiten der Maximallänge auf 0 zurücksetzt.

Übungen

1. Füge eine Laufschrift in der Statusleiste der Intranet-Startseite ein. Welchen Eventhandler solltest du für den Aufruf verwenden?

2. Um einen sogenannten *Bannertext* auf einer Web-Seite zu erzeugen, können wir uns mit einem einzeiligen Eingabefeld behelfen. Schreibe eine Funktion ***bannertext***, die einen Text als Banner in einem Eingabefeld ausgibt. Achte dabei auf die Größe des Feldes und der notwendigen Leerzeichen.

3. Die Laufschrift in der Statuszeile und der Bannertext sollen gleichzeitig ablaufen. Erweitere die Funktionen so, dass beide Versionen mit unterschiedlichen Texten angezeigt werden.

4. Alternativ lässt sich für die Ausgabe auch ein Frame verwenden. Welche Veränderungen müssen hierfür an den Funktionen vorgenommen werden?

12.4 Datum und Uhrzeit

Mit JavaScript ist es auch möglich, das aktuelle Datum sowie die Uhrzeit auf einer Web-Seite anzuzeigen. Wir wollen uns mit der lokalen Zeit beschäftigen und unser Formular *Rechnerbetreuung* aus Kapitel 6 nochmals erweitern. Der Benutzer musste hier zum Versenden des Formulars zunächst das Datum und die Uhrzeit per Hand eingeben. Dies wollen wir nun automatisieren, so dass immer das aktuelle Datum sowie die Uhrzeit eingetragen ist.

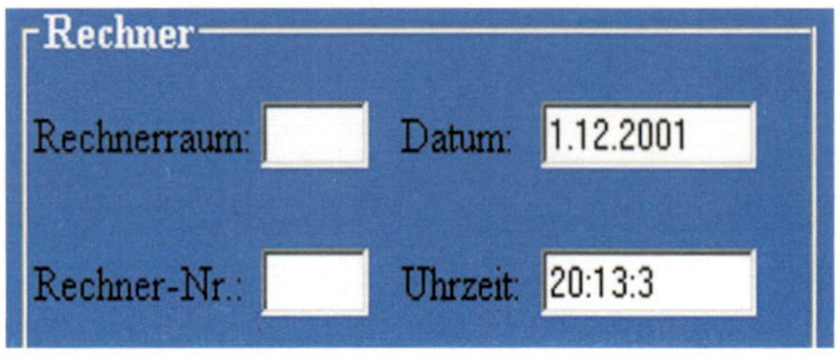

Unsere kleine JavaScript-Datei `zeit.js` beinhaltet also die folgenden Befehlszeilen:

```
function zeit()
{
  var datum, tag, monat, jahr, sekunden, minuten, stunden;
  datum = new Date();
  tag = datum.getDate();
  monat = datum.getMonth()+1;
  jahr = datum.getYear();
  window.document.Rb.Datum.value=tag+"."+monat+"."+jahr;

  sekunden = datum.getSeconds();
  minuten = datum.getMinutes();
  stunden = datum.getHours();
  window.document.Rb.Uhrzeit.value=stunden+":"+minuten+":"+sekunden;
  window.setTimeout('zeit()',1000);
}
```

Um auf das Datum und die Uhrzeit zugreifen zu können, müssen wir das ***Date***-Objekt von JavaScript verwenden. Zunächst erzeugen wir also eine neues Objekt dieses Typs mit Hilfe des bereits bekannten Schlüsselworts `new` und speichern es im selbstgewählten Objektnamen **`datum`** ab. Danach können wir die einzelnen Methoden des *Date*-Objekts verwenden.
Zunächst lesen wir der Reihe nach den Tag, den Monat und das Jahr aus. Dies geschieht mittels der drei Methoden **`getDate`**, **`getMonth`** und **`getYear`**. Die Werte werden in den einzelnen Variablen abgespeichert, wobei wir für die Monatsberechnung den gelieferten Wert um 1 erhöhen müssen, da JavaScript mit der Monatszählung bei 0 beginnt. Im Anschluss daran werden sie im vorgesehenen Eingabefeld `Datum` nacheinander – durch einen Punkt getrennt – ausgegeben. Die Ermittlung der aktuellen Uhrzeit funktioniert genauso, nur das hier die drei Methoden **`getSeconds`**, **`getMinutes`** und **`getHours`** verwendet werden. Damit die Uhrzeit ständig aktualisiert wird, rufen wir die Funktion *zeit* nach 1000 Millisekunden wiederum mit Hilfe der Methode `setTimeout` auf.

Übungen

1. Die Funktion *zeit* muss noch aufgerufen werden. Welcher Eventhandler erscheint dir hierfür sinnvoll und an welcher Stelle sollte er eingefügt werden.?

2. Verändere die Funktion *zeit* dahingehend, dass bei einstelligen Werten eine zusätzliche 0 eingefügt wird. Aus 1:12:2001 soll 01:12:2001 bzw. aus 20:13:3 soll 20:13:03 werden.

3. Schreibe eine Funktion ***dauer*** in JavaScript, welche die Aufenthaltsdauer eines Anwenders auf der Web-Seite berechnet.

12.5 Objekte selbst erzeugen

Wir wollen uns nun den objektbasierten Charakter von JavaScript einmal etwas näher ansehen und selbst ein Objekt erzeugen. Zu diesem Zweck werden wir ein Objekt ***lehrer*** definieren, das uns für den Aufbau einer alphabetisch sortierten Telefonliste aller Lehrkräfte dienen soll. Das Objekt soll die drei Eigenschaften ***Nachname***, ***Vorname*** und ***Telefon*** besitzen sowie eine Methode ***show***, welche die Daten einer Lehrperson in einem eigenen Browserfenster auflistet. Die hierfür notwendigen JavaScript-Befehlszeilen sehen wie folgt aus:

```
function lehrer(nachname, vorname, telefon)
{
  this.nachname=nachname;
  this.vorname=vorname;
  this.telefon=telefon;
  this.show=show;
  function show()
  {
    var win=window.open("","Benutzerdaten");
    win.document.writeln("Nachname: "+this.nachname);
    win.document.writeln("Vorname: "+this.vorname);
    win.document.writeln("Telefon: "+this.telefon);
  }
}
```

Die Funktion ***lehrer*** dient uns hier als *Konstruktor*, da sie die Eigenschaften des Objekts festlegt und gleichzeitig eine Methode **`show`** bereitstellt. Die Funktion *lehrer* erwartet drei Parameter als Übergabe, die zugleich die Namen der Objekteigenschaften sind. Dies wird mit Hilfe des Schlüsselworts **`this`** erreicht, welches Bezug auf das aktuelle Objekt nimmt. Auf die gleiche Art und Weise wird eine Methode `show` definiert, die anschließend als Funktion realisiert wird.

Nachdem das Objekt *lehrer* nun festgelegt ist, können mit dem bekannten Schlüsselwort `new` konkrete Objekte erzeugt werden. Die nachfolgende Funktion ***init*** erzeugt zwei *lehrer*-Objekte und speichert sie in einem Array ab.

```
function init(){
  daten=new Array();
  daten[0]=new lehrer("Wurst", "Hans", "265612");
  daten[1]=new lehrer("Liebherr", "Volker", "656573");
}
```

Sollen nun beispielsweise alle Lehrer angezeigt werden, so kann dies mit der bereitgestellten Methode `show` geschehen.

```
function zeige(){
  for(i=0; i<daten.length; i++){daten[i].show();}
}
```

Weiterhin lassen sich die Lehrerdaten noch alphabetisch sortieren, was durch die Methode **`sort`** des *Array*-Objekts geschieht. Die nachfolgende Funktion ***sortieren*** macht dies deutlich:

```
function sortieren(){
  daten.sort();
}
```

13 Anhang

13.1 ASCII – Tabelle

Zeichen	Dezimalcode	HTML – Code	Zeichen	Dezimalcode	HTML – Code
			W	W	
!	!		X	X	
"	"		Y	Y	
#	#		Z	Z	
$	$		[	[	
%	%	"	\	\	
&	&		]	]	
'	'		^	^	
(	(		_	_	
)	)	&	`	`	
*	*		a	a	
+	+		b	b	
,	,		c	c	
-	-		d	d	
.	.		e	e	
/	/		f	f	
0	0		g	g	
1	1		h	h	
2	2		i	i	
3	3		j	j	
4	4		k	k	
5	5		l	l	
6	6		m	m	
7	7		n	n	
8	8		o	o	
9	9		p	p	
:	:		q	q	
;	;		r	r	
<	<	<	s	s	
=	=		t	t	
>	>	>	u	u	
?	?		v	v	
@	@		w	w	
A	A		x	x	
B	B		y	y	
C	8		z	z	
D	D		{	{	
E	E		|			
F	F		}	}	
G	G		~	~	
H	H		□	&#127;	
I	I		€	€	
J	J		□		
K	K		‚	‚	
L	L		ƒ	ƒ	
M	M		„	„	
N	N		…	…	
O	O		†	†	
P	P		‡	‡	
Q	Q		ˆ	ˆ	
R	R		‰	‰	
S	S		Š	Š	
T	T		‹	‹	
U	U		Œ	Œ	
V	V		□		

Zeichen	Dezimalcode	HTML – Code	Zeichen	Dezimalcode	HTML – Code
Ž	Ž		Ê	Ê	Ê
□			Ë	Ë	Ë
□			Ì	Ì	Ì
‘	‘		Í	Í	Í
’	’		Î	Î	Î
“	“		Ï	Ï	Ï
”	”		Ð	Ð	Ð
•	•		Ñ	Ñ	Ñ
–	–		Ò	Ò	Ò
—	—		Ó	Ó	Ó
˜	˜		Ô	Ô	Ô
™	™		Õ	Õ	Õ
š	š		Ö	Ö	Ö
›	›		×	×	×
œ	œ		Ø	Ø	Ø
□			Ù	Ù	Ù
ž	ž		Ú	Ú	Ú
Ÿ	Ÿ		Û	Û	Û
			Ü	Ü	Ü
¡	¡		Ý	Ý	Ý
¢	¢	¢	Þ	Þ	Þ
£	£	£	ß	ß	ß
¤	¤	¤	à	à	à
¥	¥	¥	á	á	á
¦	¦	¦	â	â	â
§	§	§	ã	ã	ã
¨	¨	¨	ä	ä	ä
©	©	©	å	å	å
ª	&#170,	ª	æ	æ	æ
«	«	«	ç	ç	ç
¬	¬	¬	è	è	è
			é	é	é
®	®	®	ê	ê	ê
¯	¯	¯	ë	ë	ë
°	°	°	ì	ì	ì
±	±	±	í	í	í
²	²	²	î	î	î
³	³	³	ï	ï	ï
´	´	´	ð	ð	ð
µ	µ	µ	ñ	ñ	ñ
¶	¶	¶	ò	ò	ò
·	·	·	ó	ó	ó
¸	¸	¸	ô	ô	ô
¹	¹	¹	õ	õ	õ
º	º	º	ö	ö	ö
»	»	»	÷	÷	÷
¼	¼	¼	ø	ø	ø
½	½	½	ù	ù	ù
¾	¾	&frac34	ú	ú	ú
¿	¿	¿	û	û	û
À	À	À	ü	ü	ü
Á	Á	Á	ý	ý	ý
Â	Â	Â	þ	þ	þ
Ã	Ã	Ã	ÿ	ÿ	ÿ
Ä	Ä	Ä			
Å	Å	Å			
Æ	Æ	Æ			
Ç	Ç	Ç			
È	È	È			
É	É	É			

13.2 Vordefinierte Farbnamen

Farbname	Hexadezimaler Code	Farbname	Hexadezimaler Code	Farbname	Hexadezimaler Code
Aliceblue	F0F8FF	Indigo	4B0082	Purple	800080
Antiquewhite	FAEBD7	Ivory	FFFFF0	Red	FF0000
Aqua	00FFFF	Khaki	F0E68C	Rosybrown	BC8F8F
Aquamarine	7FFFD4	Lavender	E6E6FA	Royalblue	4169E1
Azure	F0FFFF	Lavenderblush	FFF0F5	Saddlebrown	8B4513
Beige	F5F5DC	Lawngreen	7CFC00	Salmon	FA8072
Bisque	FFE4C4	Lemonchiffon	FFFACD	Sandybrown	F4A460
Black	000000	Lightblue	ADD8E6	Seagreen	2E8B57
Blanchedalmond	FFEBCD	Lightcoral	F08080	Seashell	FFF5EE
Blue	0000FF	Lightcyan	E0FFFF	Sienna	A0522D
Blueviolet	8A2BE2	Lightgoldenrodyellow	FAFAD2	Silver	C0C0C0
Brown	A52A2A	Lightgreen	90EE90	Skyblue	87CEEB
Burlywood	DEB887	Lightgrey	D3D3D3	Slateblue	6A5ACD
Cadetblue	5F9EA0	Lightpink	FFB6C1	Slategray	708090
Chartreuse	7FFF00	Lightsalmon	FFA07A	Snow	FFFAFA
Chocolate	D2691E	Lightseagreen	20B2AA	Springgreen	00FF7F
Coral	FF7F50	Lightskyblue	87CEFA	Steelblue	4682B4
Cornflowerblue	6495ED	Lightslategray	778899	Tan	D2B48C
Cornsilk	FFF8DC	Lightsteelblue	B0C4DE	Teal	008080
Crimson	DC143C	Lightyellow	FFFFE0	Thistle	D8BFD8
Cyan	00FFFF	Lime	00FF00	Tomato	FF6347
Darkblue	00008B	Limegreen	32CD32	Turquoise	40E0D0
Darkcyan	008B8B	Linen	FAF0E6	Violet	EE82EE
Darkgoldenrod	B8860B	Magenta	FF00FF	Wheat	F5DEB3
Darkgray	A9A9A9	Maroon	800000	White	FFFFFF
Darkgreen	006400	Mediumaquamarine	66CDAA	Whitesmoke	F5DEB3
Darkkhaki	BDB76B	Mediumblue	0000CD	Yellow	FFFF00
Darkmagenta	8B008B	Mediumorchid	BA55D3	Yellowgreen	9ACD32
Karkolivegreen	556B2F	Mediumpurple	9370DB		
Darkorange	FF8C00	Mediumseagreen	3CB371		
Darkorchid	9932CC	Mediumslateblue	7B68EE		
Darkred	8B0000	Mediumspringgreen	00FA9A		
Darksalmon	E9967A	Mediumturquoise	48D1CC		
Darkseagreen	8FBC8F	Mediumvioletred	C71585		
Darkslateblue	483D8B	Midnightblue	191970		
Drakslategray	2F4F4F	Mintcream	F5FFFA		
Darkturquoise	00CED1	Mistyrose	FFE4E1		
Darkviolet	9400D3	Moccassin	FFE4B5		
Deeppink	FF1493	Navajowhite	FFDEAD		
Deepskyblue	00BFFF	Navy	000080		
Dimgray	696969	Oldlace	FDF5E6		
Dodgerblue	1E90FF	Olive	808000		
Firebrick	B22222	Olivedrab	6B8E23		
Floralwhite	FFFAF0	Orange	FFA500		
Forestgreen	228B22	Orangered	FF4500		
Fuchsia	FF00FF	Orchid	DA70D6		
Gainsboro	DCDCDC	Palegoldenrod	EEE8AA		
Ghostwhite	F8F8FF	Palegreen	98FB98		
Gold	FFD700	Paleturquoise	AFEEEE		
Goldenrod	DAA520	Palevioletred	DB7093		
Gray	808080	Papayawhip	FFEFD5		
Green	008000	Peachpuff	FFDAB9		
Greenyellow	ADFF2F	Peru	CD853F		
Honeydrew	F0FFF0	Pink	FFC0CB		
Hotpink	FF69B4	Plum	DDA0DD		
Indianred	CD5C5C	Powderblue	B0E0E6		

13.3 Web – Seiten zu JavaScript

Adresse	Beschreibung
http://www.netzwelt.com/selfhtml/	Tutorial Selfhtml von Stefan Münz
http://www.ksl.asn-linz.ac.at/ts/javascript/index.htm	JavaScript für den Unterrichtsgebrauch (Tutorial)
http://www.rabich.de/	Wissenswertes über JavaScript von Dietmar Rabich
http://falz.de/privat/	Erklärungen und Beschreibungen zu Javascript
http://www.stud.uni-hannover.de/~lm/kurse/javascript/bsp/	Beispielprogramme für JavaScript
http://www.rheinbreitbach.net/js-menue/	JavaScript – basiertes Menü und Navigationssystem
http://www.javascript-welt.de/webring/	Deutscher JavaScript Ring
http://www.geocities.com/Athens/3199/ws_web1.htm	Workshop für JavaScript
http://javascript.seite.net/	Kakao & Kekse: JavaScript – Verzeichnis mit vielen nützlichen Links.
http://web.urz.uni-heidelberg.de/Ausbildung/Unterlagen/JavaScript/	JavaScript – Anwendungen
http://home.t-online.de/home/Claudia.Thomas.Stahl/jslib.htm#dhtml	JavaScript – Sammlung
http://www.bodo.com/java.htm	The Java House: Java, JavaScript, Tutorials und Links
http://javascript.internet.com/	The JavaScript Source
http://www.javaworld.com/	Javaworld
http://www.chip.de/	Die Online – Seite der Zeitschrift Chip beschäftigt sich viel mit Java, JavaScript und HTML
http://www.meybohm.de	Download des HTML-Editors Phase5

13.4 Web – Seiten zu Graphiken

Adresse	Beschreibung
http://www.elated.com	Professionelle Sammlung von Buttons, Animationen etc.
http://moyra.com/jewels/minentrance.html	Tolle Web-Graphiken
http://my.erinet.com/~jelanc/families/	Für das professionelle Aussehen
http://www.snowcrest.net/kitty/hpages/ani1.html	Viele schöne Animationen
http://www.shawnsclipart.com/	Transparente GIF-Graphiken
http://www.geocities.com/HotSprings/3055/alphabet.html	Transparente Schriftarten
http://www.wisarts.com/	Große Auswahl an animierten Buttons
http://www.clip-art.com/	Sammlung der verschiedensten Clip-Arts
http://www.gifsammlung.de/	Viele GIF-Bilder
http://www.freegraphics.com/	Graphiken aller Art
http://www.dsp-network.de/projects/clipartarchiv.de/	Hintergrundbilder, Schriftarten etc.
http://www.graphicmaps.com/custmaps.htm	Karten, Flaggen usw.
http://soback.kornet.nm.kr/%7epixeline/heeyun/graphics.html	Linien, Hintergründe etc
http://www.geocities.com/SiliconValley/6603/	Buttons, Banner, Animationen

14 Glossar

Animation

Unter einer Animation versteht man bewegte Bilder, angefangen von → *GIF*-Bildern bis hin zu *Flash*-Dateien. Diese Technik wird häufig auf Webseiten verwendet, um diese anschaulicher und unterhaltsamer zu gestalten. Flash-Animationen finden auf Internetseiten immer mehr Zuspruch.

Array

Ein Array (dt. Reihung) bezeichnet eine Liste (Feld) zusammengehörender Daten. Dabei wird zwischen ein-, zwei- und mehrdimensionalen Arrays unterschieden (vgl. Kapitel 9).

ASCII (**A**merican **S**tandard **C**ode for **I**nformation **I**nterchange)

Der ASCII-Code ist ein international festgelegter Zeichensatz, der die Kommunikation zwischen Computersystemen erleichtert. Mit 7 Nullen bzw. Einsen können 128 Zeichen codiert werden; ausgenommen sind Sonder- und Formatierungszeichen.

Asymmetrische Verschlüsselung

Dieses Chiffrierverfahren benutzt zwei Schlüssel: Der → *öffentliche Schlüssel* wird zum chiffrieren benutzt, doch nur der → *private Schlüssel* kann bei diesem Verfahren wieder dechiffrieren. Wird auch Public-Key-Verfahren genannt (vgl. Kapitel 11).

Browser

Ein Browser (engl. to browse = durchblättern, stöbern) ist ein Programm, das die Verbindung zu einem Internetserver ermöglicht und mit dem Web-Seiten dargestellt werden können. Die meistbenutzten Browser sind der Netscape Communicator bzw. Navigator und Microsofts Internet Explorer.

Caesar - Chiffrierung

Die wohl einfachste Möglichkeit des Chiffrierens (vgl. Kapitel 11). Diese Methode wird aber heute nicht mehr verwendet.

Chat

Ein Chat ist eine Live-Unterhaltung im → *Internet* via Tastatur, an der mehrere Personen teilnehmen können, um Informationen auszutauschen oder einfach nur miteinander zu plaudern.

Datenbank

Datenbank ist die Bezeichnung für Programme, mit denen Informationen wie z.B. Adressen – meist in Tabellen – gespeichert werden können. In solchen Datenbanken können dann Datensätze durch bestimmte Regeln aussortiert, abgefragt, ausgedruckt usw. werden.

Email (Electronic Mail)

Elektronische Post. Vorteil bei dieser Art des „Briefverkehrs“ ist die Geschwindigkeit, mit der innerhalb von nur wenigen Sekunden eine Email aus Europa nach Amerika oder Asien gelangt. Desweiteren können an Emails verschiedene Dateien wie Programme, Graphiken, Fotos, Videos usw. angehängt werden.

Enigma

Enigma ist eine berühmte deutsche Chiffriermaschine aus dem 2. Weltkrieg. Sie verschlüsselte einen Großteil des deutschen Nachrichtenverkehrs, vor allem Nachrichten für die deutschen U-Boote.

Euler, Leonhard

Leonhard Euler war einer der produktivsten Mathematiker aller Zeiten. Er spielte eine hervorragende Rolle in der Entwicklung von Mathematik, Mechanik, Physik und Technik. Von Euler stammt die Bezeichnung i für die imaginäre Einheit (Quadratwurzel aus –1) und die nach ihm benannte Eulersche Zahl e = 2,718..., welche die Basis der natürlichen Logarithmen ist.

Euklidischer Algorithmus

Der Euklidische Algorithmus berechnet den größten gemeinsamen Teiler (→ *ggT*) zweier positiver ganzer Zahlen.

Flussdiagramm

Das Flussdiagramm veranschaulicht den Ablauf eines Programmes. Dabei wird graphisch dargestellt, wie bestimmte Daten, die für eine Problemstellung relevant sind, organisiert sind, um so die Grundlage für einen optimalen Programmablauf zu schaffen.

Flash

Flash ist ein Programm zum Animieren von Vektorgraphiken (wie gemalte Bilder, Comics, Fotomontagen und Graphiken).

Frame

Mit Frame (dt. Rahmen) ist der rechteckige Bildschirmbereich gemeint. Wird dieser in einzelne Frames eingeteilt, können mehrere → *HTML*-Seiten gleichzeitig dargestellt werden.

Farbtiefe

Die Farbtiefe gibt die Zahl der gleichzeitig darstellbaren Farben an. So ergeben sich bei einer Farbtiefe von 8 Bit 256 (2^8) Farben, bei 16 Bit 65536 (2^{16}) Farben und bei 24 Bit 16,7 Millionen (2^{24}) Farben.

Geheimtext

Ist das Ergebnis einer Verschlüsselung. Wird auch Chiffrat genannt.

ggT

Der ggT (größte gemeinsame Teiler) von zwei verschiedenen Zahlen ist die größte Zahl, die diese beiden teilen kann. Der ggT wird mit Hilfe des → *Euklidischen Algorithmus* berechnet.

GIF

(**G**raphics **I**nterchange **F**ormat)

GIF ist ein von CompuServe entwickeltes Graphikformat, mit dem Graphiken speichersparend übertragen werden können. Neben dem → *JPEG* – Format ist GIF der Standard für die Nutzung von Bildern im → *WWW*. GIF hat nur 256 Farben, da jeder Punkt mit nur 8 Bit gespeichert wird.

Hexadezimal

Das hexadezimale Rechensystem unterscheidet sich vom üblichen dezimalen System dadurch, dass die Basis 16 statt 10 ist. Als hexadezimale Ziffern gelten die aus dem dezimalen System gewohnten Ziffern 0 bis 9 sowie die ersten sechs Buchstaben des Alphabets A bis F, die das 16er System komplettieren.

Homebanking

Homebanking ist ein Service für Internet-Nutzer, online auf ihr Konto bei einer Bank oder Sparkasse jederzeit zuzugreifen.

HTML (**H**yper**t**ext **M**arkup **L**anguage)

HTML ist eine „einfache“ Programmiersprache zur Erstellung von Internetseiten. HTML-Dateien lassen sich mit jedem beliebigen Texteditor erstellen, der Daten als reine Textdateien speichern kann. Durch das Hypertext – Verfahren können Verknüpfungen von Texten und Links auf einer Seite formatiert werden.

HTTP (**H**yper**T**ext **T**ransfer **P**rotocol)

HTTP ist ein Übertragungsprotokoll, mit dem das Übertragen von Daten über das → *Internet* ermöglicht wird.

Hyperlink (kurz **Link**)

Ein Hyperlink auf einer Web-Seite kann ein Verweis auf eine andere Internetseite, ein Bild oder sonstige Dateien sein, der durch Mausklick aufgerufen werden kann.

Hypertext

Text, in dem durch Verweise Verknüpfungen zu anderen Informationen hergestellt werden. Die bekannte lineare Struktur eines Textes wird dadurch aufgebrochen.

Inkrementieren

Mit inkrementieren ist das Hochzählen von etwas, z.B. einen Wert um einen festen Betrag erhöhen, gemeint. Diese Technik wird häufig bei der Programmierung verwendet, um Vorgänge zu zählen bzw. um bestimmte Anweisungen in Abhängigkeit von Bedingungen n-mal zu wiederholen.

Internet

Der Name Internet kommt von **inter**connecting **net**work (Verbundnetzwerk). Das Internet ist ein Netzwerk aus lokalen, nationalen und internationalen Computernetzen (sogenannten Subnets), die alle über das Protokoll → *TCP / IP* kommunizieren und jeweils lokal verwaltet werden. Über das Internet sind mehrere zehn Millionen Menschen miteinander verbunden.

Intranet

Intranet ist die Bezeichnung für ein geschlossenes Netzwerk und ist deshalb nicht allgemein zugänglich. Es verwendet die gleichen Techniken → *TCP / IP* wie das Internet und bietet seinen Nutzern die bekannten Dienste → *Email, WWW* usw.

IP

Abkürzung für **I**nternet **P**rotocol, das Übertragungsprotokoll auf dem → *Internet*. Die IP-Adresse besteht aus vier Zahlenblöcken (z.B. 132.231.121.21) und wird eindeutig, d.h. sie wird nur einmal vom Internet-Provider vergeben.

Java

Java ist eine von der Firma SUN entwickelte objektorientierte Programmiersprache. Mit den – Applets genannten – Java-Programmen können → *HTML*-Dokumente mit zusätzlicher Funktionalität (wie interaktive Animationen, eingebettete Applikationen, 3D-Modelle) ausgestattet werden.

JavaScript

JavaScript ist eine eigenständige, kompakte und objektbasierte Scriptsprache.

JPEG (**J**oint **P**hotographic **E**xperts **G**roups)

JPEG ist ein Graphikkomprimierungsverfahren. Es eignet sich am Besten für fotorealistische Bilder, da das Format eine 24 Bit → *Farbtiefe* bietet. Das Datenformat nutzt bestimmte physiologische Eigenschaften des menschlichen Auges und „unterschlägt" visuell nicht wahrnehmbare Daten. Dadurch erzielt das JPEG-Format sehr hohe Kompressionsraten.

Klartext

Der Text, der chiffriert werden soll.

Kryptographie

Kryptographie (Geheimschrift, Verschlüsselung) ist ein Sammelbegriff für Verfahren, die dem Datenschutz dienen. Dazu werden Daten unter Verwendung von Algorithmen verschlüsselt. Das bedeutet, dass vorhandene Daten vertauscht oder ausgetauscht werden, um so zu verhindern, das Unbefugte Zugriff auf diese Daten haben.

Modulo Division (Division mit Rest)

Mathematisches Verfahren, um bei einer Division den auftretenden Rest zu ermitteln.

Öffentlicher Schlüssel

Dieser Schlüssel beim → *asymmetrischen Chiffrierverfahren* ist öffentlich zugänglich. Er wird nur zum chiffrieren benutzt.

Primzahlen

Primzahlen sind natürliche Zahlen, die durch keine ganze positive Zahl außer durch 1 oder sich selbst teilbar sind, also 2,3,5,7,11,13... Die Zahl 1 wird nicht als Primzahl bezeichnet. Es gibt unendlich viele Primzahlen und ihre gesetzmäßige Aufeinanderfolge ist nicht bekannt. Sie verteilen sich unter den natürlichen Zahlen äußerst unregelmäßig. Im Zusammenhang mit Verschlüsselungsverfahren (insbesondere der → *RSA*-Methode) kommt den Primzahlen eine große Bedeutung zu. Ganze Forschungsabteilungen suchen deshalb nach immer neuen und noch größeren Primzahlen.

Privater Schlüssel

Dieser Schlüssel beim → *asymmetrischen Chiffrierverfahren* ist nur dem Erzeuger der Nachricht bekannt. Im Unterschied zum → *öffentlichen Schlüssel* kann der private Schlüssel auch zum dechiffrieren benutzt werden.

Protokolltypen

Der Protokolltyp legt bei einer Übertragung fest, wie die Daten über das Netzwerk geschickt werden sollen. Das → *http*-Protokoll ist hierfür ein weiteres Beispiel.

Public-Key-Verfahren

Siehe → asymmetrische Verschlüsselung.

RSA-Verfahren

Das RSA-Verfahren (nach seinen Autoren **R**ivest, **S**hamir und **A**dleman benannt) beruht auf der → *asymmetrischen Verschlüsselung*. Grundlage dieses Verfahrens ist der Vorgang der Multiplikation zweier mindestens hundertstelliger *Primzahlen*. Das Produkt dieser Zahlen ist als → *öffentlicher Schlüssel* allgemein bekannt, mit ihm wird nur verschlüsselt. Entschlüsselt wird mit Hilfe der Ausgangsprimzahlen, die der Empfänger der Nachricht als → *privaten Schlüssel* zur Verfügung haben muss. Im Prinzip liegt im öffentlichen Schlüssel eine Angriffsstelle für Codebrecher. Doch ist der Zeitaufwand – selbst mit den Leistungen heutiger Supercomputer – zu hoch, eine 300-stellige Zahl in Primfaktoren zu zerlegen.

Schleifen

Unter Schleifen werden in der Programmierung Programmteile verstanden, die häufig hintereinander wiederholt werden, jedoch unter unterschiedlichen Umständen wie z.B. andere Werte mit einer Variablen. Mit Schleifen lassen sich einfache Aufgaben (z.B. das Einmaleins) lösen, auch Algorithmen (Lösen einer Aufgabe nach einem bestimmten Schema) basieren auf Schleifen.

String (Zeichenketten)

String ist ein Variablentyp, durch welchen Variablen in einem Programm definiert werden können. Es handelt sich hierbei um Variablen, die Zeichen (Buchstaben bzw. Wörter und Sätze) aufnehmen können.

Substitution

Unter Substitution ist die Chiffrierung zu verstehen, bei der die Klartextzeichen entsprechend einer vorgegebenen festen Tabelle ersetzt werden.

Symmetrische Verschlüsselung

Dieses Chiffrierverfahren benutzt nur einen einzigen geheimen Schlüssel, um Nachrichten sowohl zu ver- als auch zu entschlüsseln (vgl. Kapitel 11).

TCP / IP

Kombination aus **T**ransmission **C**ontrol **P**rotocol und **I**nternet **P**rotocol. Dabei übernimmt das IP den Transport der Daten, das TCP ist für die Zustellung verantwortlich.

Teilerfremd

Man nennt zwei Zahlen teilerfremd, wenn sie keinen gemeinsamen Teiler besitzen. Dies ist genau dann der Fall, wenn der **größte gemeinsame Teiler** → ggT dieser beiden Zahlen gleich eins ist.

Vigenère-Chiffrierung

Substitutionsalgorithmus, der verschiedene Chiffrierungen im Wechsel benutzt.

Wildcard

Wildcards (auch Joker genannt) sind Platzhalter für ein (?) oder mehrere (*) Zeichen. Das Fragezeichen in einem Befehl oder einem Namen bedeutet, dass genau an seiner Stelle ein beliebiges Zeichen stehen darf; an Stelle des Sterns können beliebig viele Zeichen stehen.

WWW

Das WWW (Abkürzung für **w**orld **w**ide **w**eb = weltweites Netz) ist ein multimediales → *Hypertext*-Informationssystem im → *Internet*. Es ermöglicht einen bequemen Zugriff auf Informationen, die weltweit auf vielen verschiedenen Computern gespeichert sind. Der Zugriff erfolgt über das Internet mit dem → *HTTP*-Protokoll.

15 Index